■2025年度高等学校受験用

京華商業高等学校

収録内容

★この問題集は以下の収録内容となっています。また、編集の都合上、解説、解答用紙を省略させていただいている場合もございますのでご了承ください。

（〇印は収録、ー印は未収録）

入試問題と解説・解答の収録内容		解答用紙
2024年度	英語・数学・国語	〇
2023年度	英語・数学・国語	〇
2022年度	英語・数学・国語	〇
2021年度	英語・数学・国語	〇
2020年度	英語・数学・国語	〇

★当問題集のバックナンバーは在庫がございません。あらかじめご了承ください。

●凡例●

【英語】

≪解答≫

〔　〕　①別解
②置き換え可能な語句（なお下線は置き換える箇所が２語以上の場合）
（例）<u>I am</u>〔I'm〕glad〔happy〕to～

（　）　省略可能な言葉

≪解説≫

1，**2**… 本文の段落（ただし本文が会話文の場合は話者の１つの発言）

〔　〕　置き換え可能な語句（なお〔　〕の前の下線は置き換える箇所が２語以上の場合）

（　）　①省略が可能な言葉
（例）「（数が）いくつかの」
②単語・代名詞の意味
（例）「彼（＝警察官）が叫んだ」
③言い換え可能な言葉
（例）「いやなにおいがするなべにはふたをするべきだ（＝くさいものにはふたをしろ）」

//　訳文と解説の区切り

cf.　比較・参照

≒　ほぼ同じ意味

【数学】

≪解答≫

〔　〕　別解

≪解説≫

（　）　補足的指示
（例）（右図１参照）など

〔　〕　①公式の文字部分
（例）〔長方形の面積〕＝〔縦〕×〔横〕
②面積・体積を表す場合
（例）〔立方体ABCDEFGH〕

∴　ゆえに

≒　約、およそ

【社会】

≪解答≫

〔　〕　別解

（　）　省略可能な語

＿＿　使用を指示された語句

≪解説≫

〔　〕　別称・略称
（例）政府開発援助〔ODA〕

（　）　①年号
（例）壬申の乱が起きた（672年）。
②意味・補足的説明
（例）資本収支（海外への投資など）

【理科】

≪解答≫

〔　〕　別解

（　）　省略可能な語

＿＿　使用を指示された語句

≪解説≫

〔　〕　公式の文字部分

（　）　①単位
②補足的説明
③同義・言い換え可能な言葉
（例）カエルの子（オタマジャクシ）

≒　約、およそ

【国語】

≪解答≫

〔　〕　別解

（　）　省略してもよい言葉

＿＿　使用を指示された語句

≪解説≫

〈　〉　課題文中の空所部分（現代語訳・通釈・書き下し文）

（　）　①引用文の指示語の内容
（例）「それ（＝過去の経験）が　～」
②選択肢の正誤を示す場合
（例）（ア，ウ…×）
③現代語訳で主語などを補った部分
（例）（女は）出てきた。

／　漢詩の書き下し文・現代語訳の改行部分

京華商業高等学校

所在地	〒112-8612 東京都文京区白山5-6-6
電　話	03-3946-4491
ホームページ	https://www.keika-c.ed.jp
交通案内	都営地下鉄三田線 白山駅A1出口より徒歩3分 東京メトロ南北線 本駒込駅1番出口より徒歩8分 東京メトロ千代田線 千駄木駅団子坂出口より徒歩18分

商業科

男女共学

くわしい情報は
ホームページへ

応募状況

年度	募集数	受験数	合格数	倍率
2024	推薦 70名	A 49名 B 25名	49名 25名	1.0倍 1.0倍
	一般 80名	① 152名 ② 87名	123名 67名	1.2倍 1.3倍
2023	推薦 70名	A 44名 B 19名	44名 19名	1.0倍 1.0倍
	一般 80名	① 87名 ② 70名	71名 59名	1.2倍 1.2倍
2022	推薦 70名	A 51名 B 19名	51名 19名	1.0倍 1.0倍
	一般 80名	① 131名 ② 89名	116名 76名	1.1倍 1.2倍

※A推薦には得意技能選抜を含む。

試験科目 （参考用：2024年度入試）

<A推薦・得意技能選抜・B推薦>
適性検査(国語・英語・数学)，面接
<一般第1回・一般第2回>
国語・英語・数学，面接

教育方針

明治34年に「わが国の商業を隆盛にするためには，実務知識をもつ経済人の養成が大切である」という主旨のもとに設立された本校は，国際化時代を担う有能な人材の育成を目指し，最新鋭機器による情報処理教育をはじめ，実社会に出てすぐに対応できる技術・能力を育成するとともに，大学進学に対応できる学力の育成にも努めている。

本校の特色

◎一人ひとりを大切にする「オンリーワン」教育

本校では，社会生活に必要な「生活力」，豊かな感性を磨くための「体感力」，将来に直結する「実学力」を身につけることを，教育の柱としている。また，クラブ活動やさまざまな学校行事を通して，一人ひとりの個性や能力を発揮できるよう，人間形成の面にも力を入れている。

◎商業高校ならではのカリキュラム

本校の教育の基本は，実践を重んじた少数精鋭教育にある。情報処理や簿記などの専門知識・技能の習得や資格取得はもちろん，大学進学を見据えた学力の養成にも力を入れている。また，商業学校ならではの教科は，学校行事にも生かされており，日頃の学習成果を競い合う「実科競技大会」は，内外を問わず高く評価されている。

◎多様化する進路に対応

近年，卒業生の約9割が進学を選択している。本校では3つのコース「大学進学コース」「情報処理コース」「ビジネスコース」を用意して，希望進路実現をバックアップしている。

イベント日程（予定）

◎オープンキャンパス　【要予約】
7/27(土)，8/31(土)，9/14(土)，10/5(土)
各回14：30～

◎入試説明会　【要予約】
11/2(土)，11/9(土)，11/16(土)，
11/23(土・祝)，11/30(土)
各回14：30～

◎個別入試相談会
12/1(日)，12/7(土)，12/25(水)，1/7(火)
各回14：30～

※詳細は本校ホームページでご確認ください。

編集部注―本書の内容は2024年5月現在のものであり，変更されている場合があります。正確な情報は，学校のホームページ等で必ずご確認ください。

出題傾向と今後への対策　英語

出題内容

	2024	2023	2022
大問数	17	13	13
小問数	50	45	45
リスニング	×	×	×

◎大問数13～17題，小問数45～50問。構成は，音声問題２題，整序結合１題，書き換え１題，長文読解１～２題，対話文完成１題，適文選択など文法・英文解釈問題などである。

2024年度の出題状況

1 長文読解―英問英答―説明文
2 対話文完成―適文選択
3 適語(句)選択・語形変化
4 書き換え―適語選択
5 整序結合
6 長文読解―英問英答―チャット
7 用法選択
8 英問英答
9 長文読解―要約文完成―説明文
10 対話文完成―適文選択
11 英問英答―広告
12 英問英答―図を見て答える問題
13 英文結合完成
14 文の強勢
15 文の区切り
16 単語のアクセント
17 単語の発音

解答形式

2024年度	記　述／マーク／併　用

出題傾向

長文読解のジャンルは物語が多く，長さは短めである。設問は内容一致，英問英答，内容真偽などである。対話文完成は適文選択形式である。文法題は，書き換え，整序結合が頻出であり，英文解釈の問題も見られる。音声問題は単語の発音・アクセント，文の区切りや強勢が問われる。その他，語形変化なども出題される。

今後への対策

問われるのは中学英語の必修事項の中でも最も基礎的なものである。１年生の教科書から基本単語，基本例文を覚えるくらい徹底的に復習をしよう。次に問題集を１冊決めて繰り返し解いてみよう。仕上げに過去問で時間配分や傾向を確認しよう。間違えた問題やあやふやな分野はしっかり見直し，問題集などで練習をしておこう。

◆◆◆◆◆ 英語出題分野一覧表 ◆◆◆◆◆

分野	年度	2022	2023	2024	2025 予想※
音声	放送問題				
	単語の発音・アクセント	●	●	●	◎
	文の区切り・強勢・抑揚	●	●	●	◎
語彙・文法	単語の意味・綴り・関連知識			●	△
	適語(句)選択・補充	■	■	■	◎
	書き換え・同意文完成	■	■	●	◎
	語形変化	●	●	●	◎
	用法選択			●	△
	正誤問題・誤文訂正				
	その他			●	△
作文	整序結合	●	●	●	◎
	日本語英訳　適語(句)・適文選択				
	日本語英訳　部分・完全記述				
	条件作文				
	テーマ作文				
会話文	適文選択	●	●	■	◎
	適語(句)選択・補充	●	●		◎
	その他				
長文読解	内容把握　主題・表題				
	内容把握　内容真偽				
	内容把握　内容一致・要約文完成		●	●	◎
	内容把握　文脈・要旨把握				
	内容把握　英問英答	■	●	★	◎
	適語(句)選択・補充				
	適文選択・補充				
	文(章)整序				
	英文・語句解釈(指示語など)				
	その他				

●印：１～５問出題，■印：６～10問出題，★印：11問以上出題。
※予想欄　◎印：出題されると思われるもの。　△印：出題されるかもしれないもの。

出題傾向と今後への対策 数学

出題内容

2024年度

大問６題，25問の出題。1は小問集合で，計算問題のほか，平面図形，確率からも出題されている。2は関数で，一次関数のグラフを利用した問題。回転体の体積を求める問題もある。3は関数で，座標平面上の図形について問うもの。特別な直角三角形の辺の比などの理解が問われる。4は空間図形で，水を入れた三角柱の容器を利用した問題。5は特殊・新傾向問題で，黒と白の正方形のタイルを規則的に並べる問題。6は３枚の紙に色を塗るときの場合の数に関する問題。

2023年度

大問６題，22問の出題。1は小問集合で，５問。数と式，図形，データの活用などの出題。2は関数で，放物線と直線に関するもの。回転させてできる立体の体積なども問われている。3は平面図形で，直角三角形を折ってできる図形について問うもの。三平方の定理や相似などの理解が問われている。4は空間図形で，直方体について問うもの。5は特殊・新傾向問題で，黒と白の正三角形を規則的に並べた図について問うもの。6はさいころを利用した確率の問題。

作…作図問題　証…証明問題　グ…グラフ作成問題

解答形式

2024年度	記　述／マーク／併　用

出題傾向

大問６題，設問22～30問程度の出題。1は小問集合で６問前後。2以降は各分野の総合題で，関数，図形分野からは必出。図形は，計量題のほか，面積の等しい三角形や２辺の位置関係などについて問うものもある。その他，方程式の応用や規則性に関するものが出題されることもある。全体的に，取り組みやすい内容のもので構成されている。

今後への対策

まずは教科書で，基礎の確認を。教科書にある確認問題や練習問題はひと通り解けるようにしよう。解けない問題があれば，教科書に戻って復習をすること。これができたら，公式や定理を定着させるために，基本問題集などで演習を積もう。公式や定理を忘れないようにするためには日々の積み重ねが大事。計算練習もおろそかにしないように。

◆◆◆◆◆ 数学出題分野一覧表 ◆◆◆◆◆

分野		2022	2023	2024	2025予想※
数と式	計算，因数分解	★	■	★	◎
	数の性質，数の表し方				
	文字式の利用，等式変形	●			△
	方程式の解法，解の利用		●	●	◎
	方程式の応用				
関　数	比例・反比例，一次関数	●		★	◎
	関数$y=ax^2$とその他の関数	★	★		◎
	関数の利用，図形の移動と関数			★	△
図　形	（平面）計　量	★	★	●	◎
	（平面）証明，作図				
	（平面）その他				
	（空間）計　量	★	★	★	◎
	（空間）頂点・辺・面，展開図				
	（空間）その他				
データの活用	場合の数，確率	★	★	★	◎
	データの分析・活用，標本調査		●		△
その他	不等式				
	特殊・新傾向問題など	★	★	★	◎
	融合問題				

●印：１問出題，■印：２問出題，★印：３問以上出題。
※予想欄　◎印：出題されると思われるもの。　△印：出題されるかもしれないもの。

出題傾向と今後への対策　国語

出題内容

2024年度

文学史　漢字　慣用句　語句　品詞　四字熟語　随筆

課題文
九ヤマザキマリ
『歩きながら考える』

※主な出題内容

2023年度

文学史　漢字　慣用句　語句　品詞　四字熟語　随筆

課題文
九藤原正彦
『数学者の言葉では』

※主な出題内容

2022年度

文学史　漢字　慣用句　語句　品詞　四字熟語　論説文

課題文
九山折哲雄
『こころの作法』

※主な出題内容

解答形式

2024年度	記　述／マーク／併　用

出題傾向

大問は例年十一題程度出され，設問は40問となっている。そのうち，25問が国語の知識に関するもので，残りの15問が論理的文章の読解問題である。国語の知識の問題は，漢字，語句，慣用句，四字熟語，品詞，敬語，文学史などが出される。論理的文章の課題文は，比較的新しい作品からの出題が多く，分量・内容ともに標準的である。

今後への対策

国語の知識に関する設問の占める割合が高いので，ここで確実に得点したい。そのためには，教科書や参考書などを使って，分野ごとにノートにまとめて知識の整理をし，最後に問題集で確認しておくこと。論理的文章の読解問題の対策としては，基礎学力養成用の問題集で，練習しておくのがよい。

◆国語出題分野一覧表◆

分野		年度	2022	2023	2024	2025予想※
現代文	論説文・説明文	主題・要旨	●			△
		文脈・接続語・指示語・段落関係	●			△
		文章内容	●			△
		表現	●			△
	随筆・日記・手紙	主題・要旨		●	●	◎
		文脈・接続語・指示語・段落関係		●	●	◎
		文章内容		●	●	◎
		表現				
		心情			●	△
	小説	主題・要旨				
		文脈・接続語・指示語・段落関係				
		文章内容				
		表現				
		心情				
		状況・情景				
韻文	詩	内容理解				
		形式・技法				
	俳句・和歌・短歌	内容理解				
		技法				
古典	古文	古語・内容理解・現代語訳				
		古典の知識・古典文法				
	漢文	(漢詩を含む)				
国語の知識	漢字・語句	漢字	●	●	●	◎
		語句・四字熟語	●	●	●	◎
		慣用句・ことわざ・故事成語	●	●	●	◎
		熟語の構成・漢字の知識				
	文法	品詞	●	●	●	◎
		ことばの単位・文の組み立て				
		敬語・表現技法	●	●	●	◎
	文学史		●	●	●	◎
作文・文章の構成・資料						
その他						

※予想欄　◎印：出題されると思われるもの。　△印：出題されるかもしれないもの。

合格を勝ち取るための

本書の使い方

本書に掲載されている過去問をご覧になって，「難しそう」と感じたかもしれません。でも，大丈夫。ほとんどの受験生が同じように感じるのです。高校入試の出題範囲は中学校の定期テストに比べて広いですし，残りの中学校生活で学ぶはずの，まだ習っていない内容からも出題されているかもしれません。

ですから，初めて本書に取り組む際には，点数を気にする必要はありません。点数は本番で取れればいいのです。

過去問で重要なのは「間違えること」です。自分の弱点を知るために，過去問に取り組むのです。当然，間違った問題をそのままにしておいては意味がありません。

本書には，長年にわたって高校受験に関わってきたベテランスタッフによる詳細な解説がついています。間違えた問題は重点的に解説を読み，何度も解きなおしてください。時にはもう一度，教科書で復習するのもよいでしょう。

別冊として，抜き取って使える解答用紙を収録しました。表示してあるように拡大コピーをとれば，実際の入試と同じ条件で，何度でも過去問に取り組むことができます。特に記述問題では解答欄の大きさがヒントになる場合があります。そうした，本番で使える受験テクニックの練習ができるのも，本書の強みです。

前のページにある「出題傾向と今後への対策」もよく読んで，本校の出題傾向に慣れておきましょう。

2024年度 京華商業高等学校

【英　語】（45分）〈満点：100点〉

1 次の英文を読み、下の[1]～[5]の各問いの答えとして最も適切なものを①～④の中から1つ選び、番号で答えなさい。

Amelia Earhart loved to fly fast and far. She is a famous woman pilot. Amelia was born in Kansas on July 24, 1897. From the start, Amelia was different from other girls. She wanted to have adventures like boys had.

In 1927, Charles Lindbergh flew across the Atlantic Ocean alone and the publisher who published his book asked Amelia to be the first woman to fly across the Atlantic. Though Amelia could fly an airplane in those days, she wasn't ready yet for such a long flight. So, a man named Bill Stulz would fly the plane. Slim Gordon, an airplane mechanic, would go too. Amelia would be a captain. It was 1928, and the trip would be dangerous. There were no instruments to help pilots see their location in bad weather. Ameila wasn't afraid. She thought it would be an exciting adventure. The name of the plane was *Friendship*. The plane took off from and landed in the water. Amelia liked its bright gold wings. On June 17, 1928, *Friendship* took off. The plane flew into fog and clouds. Amelia and the men couldn't see where they were going.

They used their radio to call ships. People on the ships would tell them their location. Then the radio broke. They flew for hours and hours. Were they still going the right way? They didn't know. With one hour of gas left, they had to find out. The pilot flew under the clouds and found a ship. They could have landed near the ship, but then Amelia would not have crossed the ocean. They kept going. They were almost out of gas. Finally, they landed on Burry Port. Everyone read the news. "AMELIA EARHART CROSSES ATLANTIC!" Amelia became famous. She rode in a big parade in New York City.

（注）the Atlantic（Ocean）：大西洋　publisher：出版社（者）　mechanic：整備士
location：位置　fog：霧

[1] When is Amelia's birthday?

① June 17, 1928.　② July 24, 1927.
③ June 17, 1897.　④ July 24, 1897.

2 What kind of child was she?

① She was a woman pilot.

② She was a famous girl.

③ She was as active as boys.

④ She was the same as other boys and girls.

3 Who was the pilot of *Friendship*?

① Amelia. ② Charlse Lindbergh.

③ Slim Gordon. ④ Bill Stulz.

4 Why was the trip to fly across the Atlantic dangerous?

① Because no one had flown across the Atlantic before.

② Because *Friendship* didn't have the tools to help pilots know where they were.

③ Because the color of *Friendship* was too bright.

④ Because there were no mechanics on *Friendship*.

5 Which is true about the story?

① Amelia was the first pilot who crossed the Atlantic Ocean alone.

② Amelia was afraid of the flight with the members of *Friendship*.

③ Members of *Friendship* used their radio to ask for help and landed near the ship.

④ Members of *Friendship* never gave up letting Amelia cross the Atlantic.

2

次の会話文を読んで 6 ～ 10 に入れるのに最も適切なものを①～⑤の中から選び番号で答えなさい。

A: What time does your plane leave?

B: It leaves at 12:15.

A: (6)

B: I have to be there two hours early.

A: (7)

B: That means we have to leave the house at 9:15.

A: Well, it's an hour to get there, if there are no traffic problems.

B: (8)

A: Yes, we should get there too early than too late.

B: I agree. We can have a cup of tea there if we have time.

A: (9) You never know what might happen on these freeways.

B: There's at least one huge accident every day. (10)

（注） freeways：高速道路

① We have to be careful.
② So we have to be at the airport at 10:15.
③ Yes, we can.
④ When do you have to be at the airport?
⑤ So maybe we should leave at 8:15?

3

次の 11 ～ 20 の（　）内に入れるのに最も適切なものを①～④の中から選び、番号で答えなさい。

11 Kim and Saki (　　　) good friends but now, they are not.
① am　② was　③ are　④ were

12 My mother (　　　) up at 5:30 every morning.
① get　② gets　③ getting　④ got

13 My sisters like to eat both carrots (　　　) tomatoes.
① and　② to　③ but　④ so

14 My aunt is (　　　) to visit my house next week.
① go　② went　③ gone　④ going

15 I know the girl (　　　) has beautiful blue eyes.
① which　② what　③ who　④ it

16 I have a good science teacher. I really like (　　　).
① he　② him　③ his　④ it

17 I had a terrible headache. I need to get some medicines from the (　　　).
① zoo　② dentist　③ pharmacy　④ school

18 Have you ever (　　　) this energy drink before?
① try　② tries　③ trying　④ tried

19 Bill didn't have lunch, so he is very (　　　) now.
① different　② clean　③ hungry　④ new

20 My cat is (　　　) than your cat.
① big　② bigger　③ biggest　④ more big

4 次の各組の英文がほぼ同じ意味になるように 21 ～ 23 の(　　)内に入れるのに最も適切なものを①～④の中から選び、番号で答えなさい。

21
He is an English teacher.
He (　　　) English.
① plays　② explains　③ tells　④ teaches

22
I can't swim very fast.
It is (　　　) for me to swim fast.
① possible　② impossible　③ cannot　④ not

23
Tomoya speaks French very well.
Tomoya is (　　　) at speaking French.
① well　② perfect　③ good　④ great

5 次の 24 ～ 26 の日本語の意味に合うように(　　)内の語(句)を正しい順序に並べかえた場合、(　　)内の語で**3番目**にくるものを番号で答えなさい。

24 あなたはどんな音楽が好きですか？
What (① music ② you ③ of ④ do ⑤ kind) like?

25 私は昨夜、宿題をする時間が全くありませんでした。
I had (① do ② no ③ time ④ to ⑤ homework) last night.

26 私は３年間医者として働いています。
I (① for ② a doctor ③ as ④ worked ⑤ have) three years.

6 次の Eric と Dan のやり取りを読み、27～29 の問いに対する最も適切な答えを①～④の中から選び、番号で答えなさい。

Dan

Hi. We are going to see a Kabuki show today.

8:20 AM At the Kabuki Theater in the afternoon.

Eric

Yes! I can't wait to see Kabuki because it's my first time! 8:25 AM

Dan

Me, too. By the way, I'd like to see your little brother, Ken.

8:35 AM I heard that he will move to India because he will go to an Indian university.

Eric

Yes, he will. He will be happy to see you if you could meet!

I will tell him to wait for us at home then. 8:45 AM

Dan

8:52 AM That'd be great!

Eric

Then, when are you going to meet him? 8:55 AM

Dan

8:58 AM Before the show. See you at the station.

27 What are Eric and Dan going to do today?

① Go fishing with Eric's little brother.
② Watch a movie in the theater.
③ See a Kabuki show at the theater.
④ Buy flowers for Dan's mother.

28 At 8:45 AM, what does Eric mean when he writes, "He will be happy to see you if you could meet!"?

① It means Eric will be happy if he can see Kabuki show.
② It means Eric will be happy because he can enter the university in India.
③ It means Ken will be able to see Kabuki show together.
④ It means Ken will be happy if he could meet Dan.

29 Which sentence is true about Dan and Eric's conversation?

① Ken doesn't have any other plans today.
② Eric really wants to meet Ken.
③ They will meet Ken after watching Kabuki show.
④ Eric already watched Kabuki show twice.

7

次の 30 の下線部と同じ用法を含む文を①～④の中から選び、番号で答えなさい。

30 I like to play video games.

① I want something to drink.
② I want to eat fresh oranges.
③ He played the guitar to relax.
④ I studied hard to pass the test.

8

次の 31 32 の問いに対する適切な答えを①～④の中から選び、番号で答えなさい。

31 Your friend is planning to give a birthday present to his brother. His brother likes to play baseball. You want to help him choose a present. What would you say?

① I'll make a cake for you.
② Let's play baseball.
③ How about going to trip?
④ How about giving balls and a bat?

32 You would like to get your friend's e-mail address. What would you say to her?

① Here is my address.
② Can I ask your name?
③ Can you tell me your e-mail address?
④ Can you tell me the way to your house?

9 次の文章はカンガルーラットと呼ばれる動物の紹介文と要約文です。文章をよく読み、要約文の 33～37 に入れるのに最も適切なものを①～④の中から選び、番号で答えなさい。

紹介文

I am a kangaroo rat! I'm very small. I have four legs and a long tail. I live in North America in the desert. I'm called a kangaroo rat, but I'm not really like a kangaroo at all! They call me a kangaroo rat because I jump around, just like a kangaroo does. I can jump very high! I usually stand on two legs, just like you do! I use my front legs to make holes because I live underground.

要約

Kangaroo rats have four legs and a long tail. They are 33. They live in the 34 in North America. People call them kangaroo rats because they 35 like real kangaroos. They can stand with 36 legs and they usually sleep in their houses 37.

33 ① strong ② small ③ big ④ cute

34 ① forest ② town ③ city ④ desert

35 ① jump ② play ③ eat ④ run

36 ① one ② two ③ three ④ four

37 ① on a bed ② in the desert ③ underground ④ on the ground

10 次の 38～40 の会話について（　）内に入れるのに最も適切なものを①～④の中から選び番号で答えなさい。

38 A: We are going to take a math test next week.
B: Yeah, but (38), so I'm worried about it.

① I think it will be easy
② I'm ready for the test
③ I haven't studied much
④ I will pass the test

39 A: What should we give my friend for her birthday?

B: I think zoo ticket is good. (39)

A: Aquarium ticket would be better.

① What do you think?
② When do you come?
③ Do you need any help?
④ Is there any zoo around here?

40 A: What would you like to drink?

B: (40) I don't need any sugar or milk in it.

① Yes, I do.
② A cup of coffee, please.
③ No, I won't.
④ That's my coffee.

11 次のお知らせの内容について 41 42 の質問に対する答えとして最も適切なものを①～④の中から選び、番号で答えなさい。

KEIKA
FLOWER SHOP

Opened on Keika Street recently!

We have more than 30 kinds of flowers!

*Monday – Friday: OPEN 9:30 a.m. – 8:00 p.m.
Saturday – Sunday: OPEN 10:00 a.m. – 11:30 p.m.

*Closed at 6 p.m. on Tuesday

<u>We will have an opening sale on Tuesday afternoon of May 15th !</u>

If you need more information about sale, please visit our website!

41 How many days a week is Keika Flower Shop open?

① Three days a week.
② Five days a week.
③ Six days a week.
④ Every day.

42 If you want to go to opening sale on May 15th, what time should we go?

① 11:00 a.m.
② 2:00 p.m.
③ 7:00 p.m.
④ Any time.

12 次の 43 の会話文を読み、その内容に関する質問の答えとして最も適切なものを①～④の中から選び、番号で答えなさい。

43
Bob: It has been raining for three days, hasn't it?
Lucy: Yes, it has. It was quite sunny on Sunday.
Bob: I heard it may snow tomorrow.
Lucy: Really?　That's too bad.

Question : Which city are they talking about?

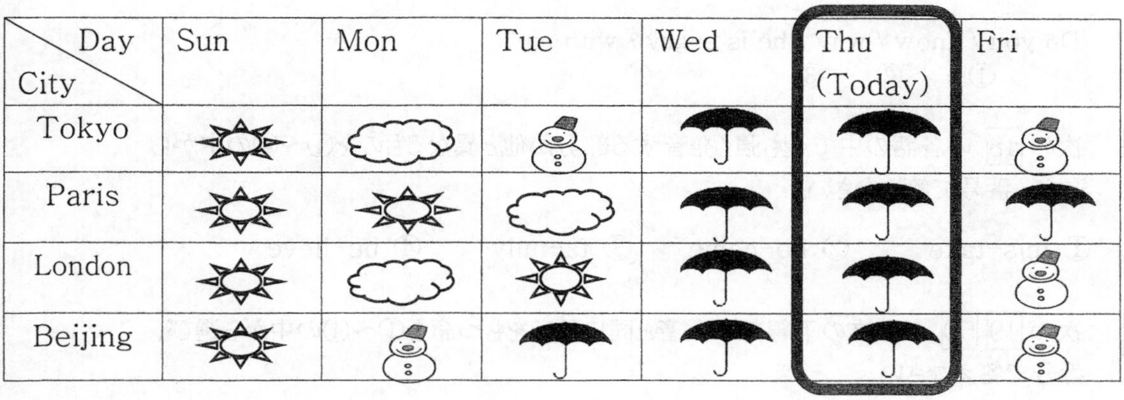

① Tokyo　② Paris　③ London　④ Beijing

13

「高校で部活動をするなら運動部と文化部のどちらに入りたいか」というテーマで、それぞれの立場から意見を述べる場合、44 45 に入れるのにふさわしくないものを①～④の中から選び、番号で答えなさい。

(1) 運動部の場合

I want to join a sports club because (44).

① I am very busy after school
② I like to move around with my friends
③ I am interested in tennis
④ I want to be a good soccer player

(2) 文化部の場合

I want to join a culture club because (45).

① I am interested in taking photos
② I like watching baseball on TV
③ I like to sing songs in a group
④ I am interested in computer programming

14

次の 46 の質問に対する答えの文を読むとき、ふつうどの語を最も強く発音しますか。下線部①～④の中から選び、番号で答えなさい。

46 A: How long does it take to go to school?
B: It takes① about twelve② minutes③ from home④.

15

次の 47 の文を1か所区切って読むとすれば、どこが最も適切ですか。①～④の中から選び、番号で答えなさい。

47 Do you ① know ② why ③ he is angry ④ with me?

16

次の 48 の各語の中で最も強く発音する部分が他と異なるものを①～④の中から選び、番号で答えなさい。

48 ① mis-take ② be-come ③ fa-mily ④ be-lieve

17

次の 49 50 の各文の下線部の発音と同じ発音をもつ語を①～④の中から選び、番号で答えなさい。

49 I arrived there ten minutes ago.
(① ninety ② drive ③ night ④ finish)

50 I have never watched that TV show.
(① laughed ② visited ③ moved ④ started)

【数　学】（45分）〈満点：100点〉

注意　1．答えが分数になるときは，約分してもっとも簡単な分数にしてください。
　　　2．答えに根号が含まれるときは，根号の中の数をもっとも小さい正の整数にしてください。

1　次の(1)～(7)に当てはまるものを答えよ。解答は①～⑤の中から１つ選び，解答用紙に番号のみを記入すること(○は記入しないこと)。

i）$\dfrac{x+y}{2}-\dfrac{2x-y}{3}$ を計算すると(1)である。解答欄は 設問１

(1)　① $\dfrac{-x+2y}{5}$　② $\dfrac{-x+y}{6}$　③ $\dfrac{-x+5y}{6}$
　　④ $\dfrac{x+4y}{6}$　⑤ $\dfrac{-x+2y}{6}$

ii）$(x+2)^2-3(x+2)+2$ を因数分解すると(2)である。解答欄は 設問２

(2)　① $(x+2)^2$　② $(x+1)(x+2)$　③ $x(x-1)$
　　④ $x(x-2)$　⑤ $x(x+1)$

iii）方程式 $x^2+4x=x+4$ の解は $x=$(3)，(4)である。ただし，(3)<(4)とする。解答欄は 設問３～設問４

(3)　① -5　② -4　③ -3　④ -2　⑤ -1

(4)　① 1　② 2　③ 3　④ 4　⑤ 5

iv）$(2\sqrt{5}-2)^2-2\sqrt{5}+2$ を計算すると(5)である。解答欄は 設問５

(5)　① $7-2\sqrt{5}$　② $26-10\sqrt{5}$　③ $20+\sqrt{5}$　④ $7+2\sqrt{5}$　⑤ $26+10\sqrt{5}$

v）右図の円Oにおいて，△OABの面積は(6)である。
解答欄は 設問６

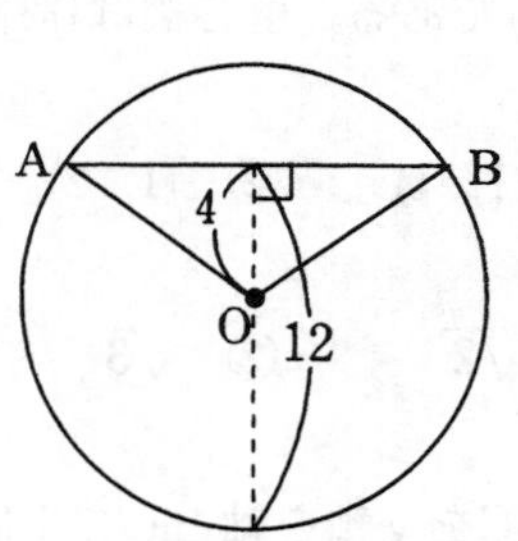

(6)　① $2\sqrt{3}$　② $4\sqrt{2}$　③ 8
　　④ $8\sqrt{3}$　⑤ $16\sqrt{3}$

vi）大小２個のさいころを同時に１回投げるとき，出た目の和が10以上になる確率は(7)である。解答欄は 設問７

(7)　① $\dfrac{1}{12}$　② $\dfrac{1}{6}$　③ $\dfrac{1}{5}$　④ $\dfrac{1}{4}$　⑤ $\dfrac{5}{12}$

2 下図のように，直線AB: $y=\frac{4}{3}x+4$， AC: $y=-2x+4$がある。このとき，次の(8)～(15)に当てはまるものを答えよ。**解答は①～⑤の中から１つ選び，解答用紙に番号のみを記入すること(〇は記入しないこと)。**

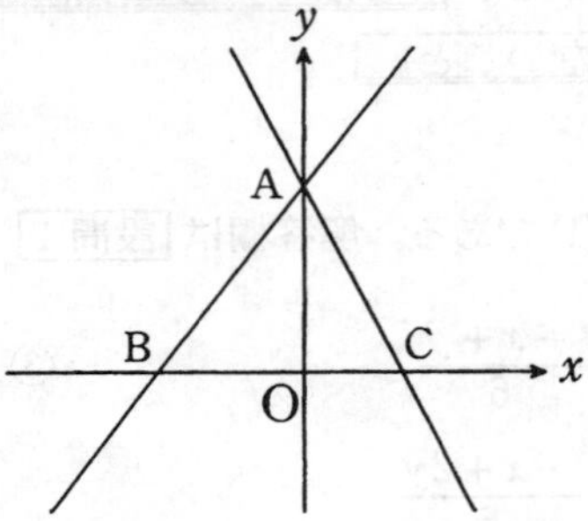

ⅰ) 点Aの座標は(8)，点Bの座標は(9)，点Cの座標は(10)である。解答欄は 設問８ ～ 設問10

(8) ① $(0,\ \frac{4}{3})$ ② $(0,\ 3)$ ③ $(0,\ 4)$ ④ $(\frac{4}{3},\ 0)$ ⑤ $(4,\ 0)$

(9) ① $(-3,\ 0)$ ② $(-2,\ 0)$ ③ $(-\frac{4}{3},\ 0)$ ④ $(0,\ -3)$ ⑤ $(0,\ -\frac{4}{3})$

(10) ① $(0,\ 2)$ ② $(0,\ 3)$ ③ $(0,\ 4)$ ④ $(2,\ 0)$ ⑤ $(3,\ 0)$

ⅱ) ABの長さは(11)，△ABCは(12)である。解答欄は 設問11 ～ 設問12

(11) ① 2 ② 3 ③ 4 ④ 5 ⑤ 6

(12) ① 正三角形 ② 直角三角形 ③ 二等辺三角形
④ 直角二等辺三角形 ⑤ ①から④以外の三角形

ⅲ) 点Bから直線ACに垂線を引き，その交点をDとする。点Dの座標は(13)，ADの長さは(14)である。解答欄は 設問13 ～ 設問14

(13) ① $(1,\ 1)$ ② $(1,\ 2)$ ③ $(1,\ 3)$ ④ $(2,\ 1)$ ⑤ $(2,\ 2)$

(14) ① $\sqrt{2}$ ② $\sqrt{3}$ ③ 2 ④ $\sqrt{5}$ ⑤ $\sqrt{6}$

ⅳ) △ABCをy軸を軸として１回転させたときにできる立体の体積は(15)である。ただし，円周率はπとする。解答欄は 設問15

(15) ① 8π ② 9π ③ 10π ④ 11π ⑤ 12π

3 下図のように，原点Oと点A(0, 6)，x 軸上の点Bの3点を通る円がある。直線ABがこの円の直径で，∠OAB＝60° であるとき，次の (16)〜(19) に当てはまるものを答えよ。ただし，点Bの x 座標は正とする。<u>解答は①〜⑤の中から１つ選び，解答用紙に番号のみを記入すること(○は記入しないこと)。</u>

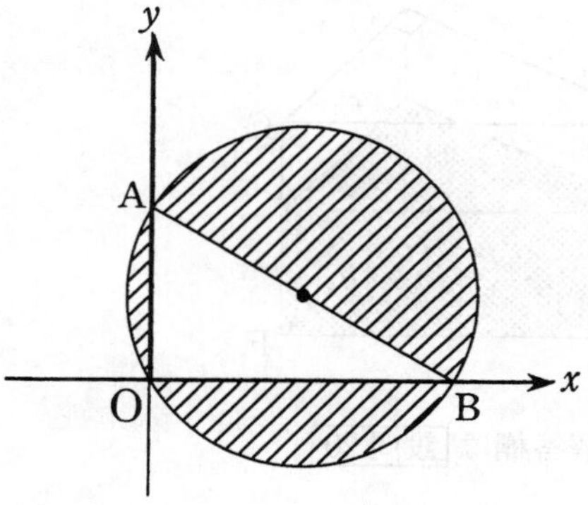

i) ABの長さは (16) である。解答欄は 設問 16

(16) ① 12 ② 13 ③ 14 ④ 15 ⑤ 16

ii) 点Bの x 座標は (17) である。解答欄は 設問 17

(17) ① 6 ② 7 ③ $6\sqrt{2}$ ④ $6\sqrt{3}$ ⑤ 11

iii) 3 点O,A,Bを通る円の中心の座標は (18) である。解答欄は 設問 18

(18) ① $(2,\ 3\sqrt{3})$ ② $(3,\ 3)$ ③ $(3,\ 3\sqrt{2})$
④ $(2\sqrt{3},\ 3)$ ⑤ $(3\sqrt{3},\ 3)$

iv) 図の斜線部分の面積は (19) である。ただし，円周率は π とする。解答欄は 設問 19

(19) ① $36\pi-27\sqrt{3}$ ② $36\pi-24\sqrt{3}$ ③ $36\pi-18\sqrt{3}$
④ $36\pi-9\sqrt{3}$ ⑤ $36\pi-6\sqrt{3}$

4

下図のように，AC＝4cm，BE＝5cm，EF＝6cmの三角柱の容器があり，水が底面から３cmのところまで入っている。このとき，次の(20)～(24)に当てはまるものを答えよ。ただし，容器の厚さは考えないものとする。**解答は①～⑤の中から１つ選び，解答用紙に番号のみを記入すること(○は記入しないこと)。**

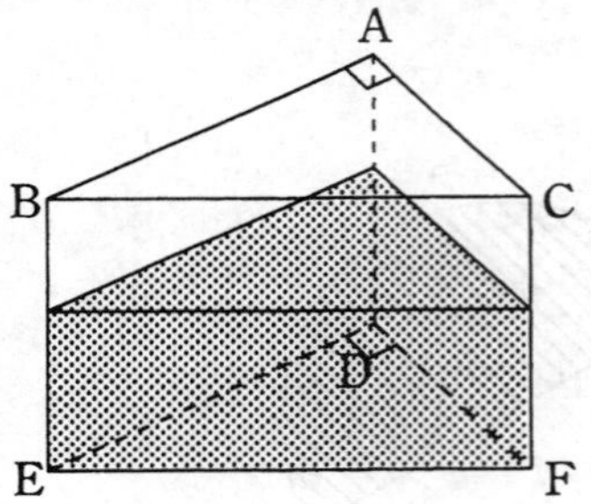

i）　ABの長さは(20) cmである。解答欄は 設問 20

(20)　①　$\sqrt{2}$　　②　$\sqrt{3}$　　③　$2\sqrt{2}$　　④　$2\sqrt{5}$　　⑤　$2\sqrt{6}$

ii）　△DEFの面積は(21) cm^2 である。解答欄は 設問 21

(21)　①　$4\sqrt{2}$　　②　$4\sqrt{5}$　　③　9　　④　$7\sqrt{2}$　　⑤　$8\sqrt{2}$

iii）　容器に入っている水の量は(22) cm^3 である。解答欄は 設問 22

(22)　①　6　　②　10　　③　$12\sqrt{5}$　　④　$15\sqrt{2}$　　⑤　27

iv）　この容器の水中におもりを完全に沈めたところ，水面が1.5 cm上がった。おもりの体積は(23) cm^3 であり，このときの容器の水が入っていない部分の容積は(24) cm^3 になる。解答欄 は 設問 23 ～ 設問 24

(23)　①　$\sqrt{5}$　　②　$2\sqrt{5}$　　③　$4\sqrt{5}$　　④　$6\sqrt{5}$　　⑤　$8\sqrt{5}$

(24)　①　2　　②　$2\sqrt{2}$　　③　$2\sqrt{3}$　　④　4　　⑤　$2\sqrt{5}$

5　下図のように，ある規則によって1辺の長さが 1 cmの白と黒の正方形のタイルが並んでいる。このとき，次の (25)～(29) に当てはまるものを答えよ。解答は①～⑤の中から1つ選び，解答用紙に番号のみを記入すること(○は記入しないこと)。

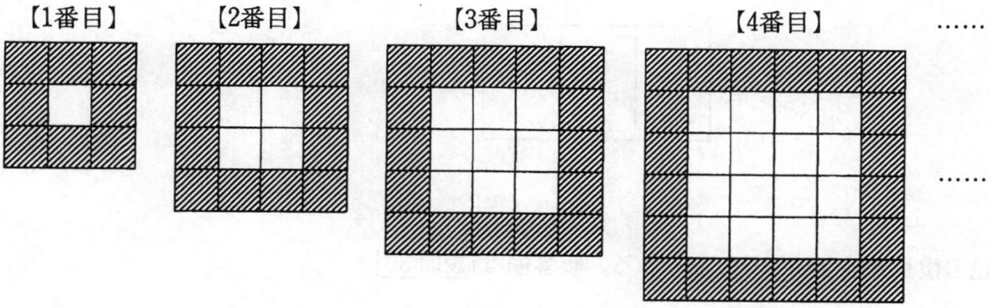

ⅰ）黒のタイルの数は，1番目は8枚，2番目は12枚である。5番目は (25) 枚で，8番目は (26) 枚である。解答欄は 設問 25 ～ 設問 26

(25)　①　24　②　25　③　26　④　27　⑤　28

(26)　①　35　②　36　③　37　④　38　⑤　40

ⅱ）黒のタイルの数は，n 番目は (27) 枚である。解答欄は 設問 27

(27)　①　$3n+4$　②　$4n+2$　③　$4n+4$　④　$5n-1$　⑤　$5n$

ⅲ）白のタイルの面積は，1番目は $1\ \text{cm}^2$，2番目は $4\ \text{cm}^2$ である。6番目は (28) cm^2 であり，(29) 番目は $121\ \text{cm}^2$ である。解答欄は 設問 28 ～ 設問 29

(28)　①　32　②　34　③　35　④　36　⑤　41

(29)　①　11　②　12　③　13　④　14　⑤　15

6 下図のような左側からA,B,Cの3枚の紙に，赤,白,黄,緑の4色から選んで色を塗る。同じ色を何度も使ってよいとするとき，次の(30)～(34)に当てはまるものを答えよ。解答は①～⑤の中から1つ選び，解答用紙に番号のみを記入すること(○は記入しないこと)。

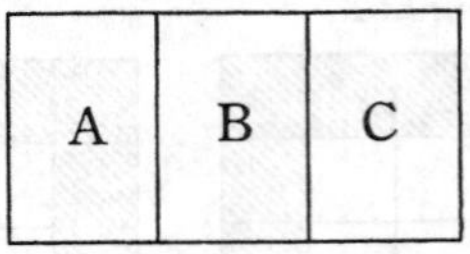

i） 色の塗り方は全部で(30)通りある。解答欄は 設問30

(30) ① 9　② 12　③ 16　④ 24　⑤ 64

ii） A,B,C 3枚の紙すべてが同じ色になる場合は全部で(31)通り，すべてが異なる色になる場合は全部で(32)通りある。解答欄は 設問31 ～ 設問32

(31) ① 3　② 4　③ 5　④ 6　⑤ 7

(32) ① 12　② 16　③ 20　④ 24　⑤ 36

iii） 2枚だけ同じ色になる場合は全部で(33)通りある。解答欄は 設問33

(33) ① 15　② 16　③ 20　④ 32　⑤ 36

iv） Bの紙だけ赤になる場合は全部で(34)通りある。解答欄は 設問34

(34) ① 9　② 10　③ 11　④ 12　⑤ 13

40 この文章に題名をつけるとしたらどのようなものがふさわしいか。1～5の中から一つ選び、その番号を書きなさい。解答番号は40

1 「常識」はすべて打ち破らなければならない
2 「常識」ではなく「知識」で生きる
3 「常識」ではなく「良識」で生きる
4 「良識」は人それぞれに違うものである
5 本当の「知識」は体験を通して得るもの

38 文中の——線部J「常識と良識の差異」とはどのようなことか。1～5の中から一つ選び、その番号を書きなさい。解答番号は 38

1 常識とは今までの社会的ルールや倫理性のことで、良識とはそれらをいったん吸収した上で、本当にそれらが必要なことなのかと疑ってみることによって獲得できるもののことである。

2 常識とは社会的なルールや倫理性のことで、良識とはそれらを知性と想像力を駆使して疑い、すべてを否定することによって新に身に付けた価値観のことである。

3 常識とは人間の長い歴史の中で修練されてきた知性のことで、良識とは信仰や信念から作られた判断基準によって常識を疑うことで手に入れた真理のことである。

4 常識とはメディアからの情報や周囲の人の言葉などによって作りあげられた倫理観のことで、良識とはそれらが本当に正しいことなのかを掘り下げてできた価値観のことである。

5 常識とは環境によって形成される価値観のことで、良識とは人間としてこの世界で生きる上で何が必要なのか、それを追求するために世間体や宗教による修練によって身に付けた判断力のことである。

39 この文章の内容に合っているものを1～5の中から一つ選び、その番号を書きなさい。解答番号は 39

1 『フランダースの犬』に登場するネロは目の前の環境をもう少し正確に理解し、自分なりの価値観を築いていれば、自分の進みたい方向で生きていくこともできたはずである。

2 メディアからの情報や、周囲の人の言葉に流されていると、見るべきものが見えなくなることがあるので、最初から信用せず、受け入れない方がよい。

3 人間がぶつかる壁の多くは、自分の中に生き方の定型というフォーマットを作ってしまうことによって発生するので、定型を作らず、その場しのぎといった生き方をするのがよい。

4 今まで確信を持ってきたことを疑うには、知性と想像力、普段使わないエネルギーが必要になるので、基本的に怠惰を好む人間にとっては、視野を広げるのは無理なことである。

5 新型コロナウイルス感染症によるパンデミックが始まって以来、私たちは今までの社会的ルールや倫理性が必ずしも通用するとは限らないという状況を経験してきた。

36 文中の——線部H「自分で壁を形成してしまうわけです」とあるが、「自分で壁」を作らないためにはどうすればいいのか。1～5の中から一つ選び、その番号を書きなさい。解答番号は 36

1 外に目を向けることによっていろいろな解決策が見えてくるので、常に逃げ道を用意しながら、自分の価値観を見つけることができるようにすること。

2 ちょっと後ろを振り返って違う進路や逃げ道を探しながらも、一方で「これ以外の解決策はない」といった自分の自信を明確に持って行動できるようにすること。

3 「これを成し遂げなければもう終わりだ」といった柔軟性のない考え方を打破し、知性と想像力を駆使しながら、自分の中に強い倫理性を確立できるようにすること。

4 目の前の状況ばかりを見るのではなく、大きく広い視野に立ち、全体を見るつもりで自分なりの価値観を築き柔軟な考え方ができるようにすること。

5 自らのなかに生き方の定型というフォーマットを細かく定めないようにし、様々な方法を試しながら「生きるとはこういうことだ」と常に考えることができるようにすること。

37 文中の——線部I「自分たちの判断」する力を付けるためにどのようなことが必要か。1～5の中から一つ選び、その番号を書きなさい。解答番号は 37

1 知性と想像力を使って今まで正しいと確信してきたことについて疑ってみることによって、普段使わない量のエネルギーを身につけ、不安や疑念をなくすという訓練をすること。

2 想像力を駆使して今まで正しいと思ってきた社会的ルールや倫理性を疑ってみることによって、良識を身につけ、人間がこの世界で生きる上で何が必要かを追求するための知性や考察を磨くこと。

3 信仰や信念といった元々存在している考え方を疑ってみることによって、怠惰を好む人間から生まれ変わり、信念を持って本来の自分自身を取り戻そうと努力すること。

4 世間の倫理や社会の常識が本当に必要なことかを疑ってみることによって、自分なりの審美眼を鍛え、自分の頭で考える実績を積んで、常識を獲得しようと努力すること。

5 社会の倫理や常識をいったん理解し、それが本当に真意に向けて真摯に掘り下げられた考えなのかを疑ってみることによって、改めて倫理や常識の重要性に気づける感性を磨くこと。

33 文中の――線部E「そういうこと」とは、どういうことか。1～5の中から一つ選び、その番号を書きなさい。解答番号は 33

1 ネロが絵描きになれずに死んでしまうように、あなたも運命には逆らえないのだということ。
2 ネロが愛犬と死んでしまうように、あなたもかわいそうなことになってしまうのだということ。
3 ネロと同じく極寒のなか、あなたも愛犬とともに絶命することになってしまうのだということ。
4 ネロが極寒のなか愛犬と死んでしまうように、あなたもひとりよがりの自己満足で終わるのだということ。
5 ネロの話が多くの人々を悲しませるように、あなたも人々を悲しませることになってしまうのだということ。

34 文中の――線部F「ネロは勇気がなかった」の「勇気」とは、どのような勇気か。1～5の中から一つ選び、その番号を書きなさい。
解答番号は 34

1 誰かが自分の絵を認めてくれるのを、謙虚に辛抱強くじっと待つという信念を貫こうとする勇気。
2 今までの煮え切らない態度に気づき、自分の将来の進路についてしっかりと結論を出そうとする勇気。
3 目の前の環境だけを見るのではなく、大きな視点に立ち、より広い世界に向けて飛び出していこうとする勇気。
4 いざというときには知恵を狡猾に駆使し、他人をだましたり苦しめたりするようなずる賢さを発揮しようとする勇気。
5 自分の絵はすばらしいもので、誰もその価値を認めることはできないのだという「驕り」をうち捨てようとする勇気。

35 文中の――線部G「未知の国イタリア」へ行ってどのようなことがわかったのか。1～5の中から一つ選び、その番号を書きなさい。
解答番号は 35

1 世界の国々には、その国ごとに独自の社会環境を守るためにできた、いろいろなルールがあるということがわかった。
2 訪れた国ごとの倫理観や価値観の違いを知ることで、外国文化にはない日本文化の新たな価値に気づくことができた。
3 イタリアは個人主義の集団であるが、日本でも大きな声を出すことによって自己主張ができる国であることがわかった。
4 イタリアは個人主義の集団で、日本人と違って周りの人と考え方を共有することができないということを感じることができた。
5 地球全体を見るつもりで自分なりに価値観を築いていけば、自己主張の強いイタリアでも生きていくことができると気づいた。

[30] 文中の――線部B「そういった自覚」とは、どういう「自覚」か。1～5の中から一つ選び、その番号を書きなさい。解答番号は[30]

1 幼いうちに国外に出て様々な国の価値観を学ぶことにより、日本の魅力を再確認することができたという自覚。
2 幼い頃から価値観の違いを学ぶためにいろいろな本を読んだり、たくさんの国々を旅することができたという自覚。
3 幼いうちに各国を旅することにより、絵描きになるための糧を作り上げ、その道を極めていくことができたという自覚。
4 幼い頃から読書や外国を旅することにより、人間として生きていく上で大きな糧になるものを得ることができたという自覚。
5 幼い頃から外国を旅することにより、それぞれの国独自の価値観の違いを自分の目で実際に見て学ぶことができたという自覚。

[31] 文中の――線部C「子どもの頃に母から『フランダースの犬』の本を渡された」とあるが、なぜ母はこの本を筆者に渡したのか。1～5の中から一つ選び、その番号を書きなさい。解答番号は[31]

1 絵描きになろうとしても容易にはなれる職業ではないので、筆者に絵描きになるという覚悟をさせようと思ったから。
2 絵描きになるということは最終的に悲惨な結果になるので、筆者に絵描きになることを考え直させようと思ったから。
3 絵描きになるには才能を持っているだけでは評価されないので、筆者に才能を発揮させる方法を考えさせようと思ったから。
4 絵描きになるため外国に行くとかわいそうな思いをするので、筆者にはそうならないよう日本に留まらせようと思ったから。
5 絵描きになるには勇気と知恵を駆使する必要があるので、筆者には絵描きになる力がないことを自覚させようと思ったから。

[32] 文中の――線部D「本の最後のページをじっと見入っている私」はどのようなことを思ったのか。1～5の中から一つ選び、その番号を書きなさい。解答番号は[32]

1 ネロは忍耐力がなかったから死ななければならなかったのだ。他人の助けを当てにせずもっと我慢すればよかったのだ。
2 ネロは自分の絵を理解する人物はいないのだという「驕り」のために死んだのだ。もっと自己反省をするべきだったのだ。
3 ネロは勇気がなかったから極寒の祭壇画の前で愛犬と死ななければならなかったのだ。知恵を巧みに駆使すればよかったのだ。
4 ネロは煮え切らない態度でいたから極寒のなか、愛犬と死ななければならなかったのだ。もっと謙虚にふるまえばよかったのだ。
5 ネロは自分の絵を認めてくれるのを待つという受身の姿勢だったから死ななければならなかったのだ。結局、運が悪かったのだ。

※スポイル―― 甘やかしてだめにすること。
※不条理―― 事柄の筋道が立たないこと。
※諦観―― 本質を明らかに見て取ること。
※狡猾―― わるがしこいこと。
※フォーマット―― 型。様式。構成。
※パンデミック―― 世界的な大流行のこと。ここでは新型コロナウイルス感染症のこと。
※審美眼―― 美しいものとみにくいものとを見分ける能力。
※業―― 善悪の行為。前の世での行いの報い。

26～28 文中の ア ～ ウ に入る語句をそれぞれ1～5の中から一つずつ選び、その番号を書きなさい。解答番号はアが 26 、イが 27 、ウが 28

ア　1 また　2 では　3 だが　4 たしかに　5 したがって
イ　1 もしくは　2 もちろん　3 むしろ　4 だから　5 ところが
ウ　1 または　2 すると　3 なぜなら　4 では　5 しかし

29 文中の――線部A「ご自分の〃芯〃を強くしたものは何だと思いますか?」という問いに対し、筆者自身は「何だ」と考えているか。1～5の中から一つ選び、その番号を書きなさい。解答番号は 29

1 子どもの頃から多くの社会的な不条理に向きあってきたことと、価値観の違った世界をたくさん見てきたことによって物事の本質を知ることができたということ。
2 幼い頃より読書を通じて世界中の倫理観や価値観の違いについて興味をもったことと、それぞれの国には独自の社会環境を守るためのルールがあることに気づいたということ。
3 子どもの頃からたくさんの困難に耐え忍んできたということと、いくつもの社会の不条理と向きあってきた経験によって価値観の違いを理解することができたということ。
4 若いうちから大きな声にスポイルされてしまう傾向がある日本を離れたことと、長い間、個人主義の集団とも言えるイタリアで生活してきたということ。
5 若いうちからイタリアで生活することにより価値観の違いを自分の目でリアルに学んだことと、日本にある伝統的文化の価値を新たに発見したこと。

フランダースのネロも、外に目を向ければ逃げ道がたくさんあったと思うのです。目の前の環境だけでなく、地球全体を見るつもりで、自分なりの価値観を築いていけば生きていくこともできる。実際、ちょっと後ろを振り返るだけでも、「なんだ、あっちにもこっちにも、道や扉がたくさんあるじゃないか」と違う進路が見えてくる。事実、私はそうして17歳のときに、絵の道を選ぶことが推奨されない日本を飛び出して、G未知の国イタリアへ行ってしまいました。

人は誰しも、逃げ道がないとなれば壁にぶつかり、行き詰まります。そしてその壁の多くは、自らのなかに生き方の定型という※フォーマットを細かくつくることで発生します。「生きるとはこういうことだ」「これ以外の解決策はない」「これを成し遂げなければもう終わりだ」……といった柔軟性の足りない考え方によって、H自分で壁を形成してしまうわけです。頑《かたく》な思い込みに囚《とら》われていると、後ろを振り向けないし、逃げ道も探せないし、歩き出すこともできなくなるでしょう。

※パンデミックが始まって以来、私たちは今までの社会的ルールや倫理性のすべてが正しいとも言えない状況を経験してきました。まるでコロナウイルスに、「人間の世界には群れをまとめるための法則があるようだけど、今回はそれが通用しないかもしれません。いよいよ既存の考え方にはすがらない、I自分たちの判断に頼るときがきたのです」というようなことを告げられているようにも感じていました。

もっとも、それまで信じ、確信をもってきたことを疑うのには、知性と想像力を駆使しなければなりません。基本的に怠惰を好む人間には、普段は使わない量のエネルギーが必要になってきます。信じていたものに疑念をもつことで不安も増長し、そこに費やされるエネルギーもまた増えることでしょう。信仰や信念というある種の怠惰とも言える既存のタガを外すことは、それほど私たち人間にはハードルが高い。［ウ］、これまでの常識に「疑い」をもつことは、壁を壊して新しい生き方を模索するのにいちばん有効な鍵になると私は思っています。

メディアからの情報や、周囲の人の言葉に流されていると、見えるべきものが見えなくなってしまうことが往々にしてあります。世間の倫理や社会の常識は、いったん吸収した上で、それらが本当に必要なことなのか、真意に向けて真摯《しんし》に掘り下げられた考えなのか、と疑ってみる。そうして自分なりの※審美眼《しんびがん》を鍛え、自分の頭で考える実践を積んだ先に獲得できるのが、自分にとっての真理、つまり「良識」です。世間体や宗教の教理から生まれたルールに囚われず、人間という生き物としてこの世界で生きる上で何が必要か、それを追求するための知性や考察の修練が自分に相応しい判断力を磨いていくのです。人間に必要なのは、環境によって形成される常識よりも、そうした良識だと私は考えます。

とは言え、※業《ごう》に脅《おびや》かされることなく知性を修練するなど、プラトンやソクラテスレベルの哲学者にならなければ容易にできることではないかもしれません。それでも、J常識と良識の差異を感じられるよう試みるだけでも、日々の意識が少しは変わってくるのではないかと思うのです。

（ヤマザキマリ『歩きながら考える』による）

十二　次の文章を読み、後の問いに答えなさい。

「ヤマザキさん、Aご自分の〝芯《しん》〟を強くしたものは何だと思いますか?」

何かのインタビューでそんな質問を受けました。[ア]今まで生きてきていろいろと耐えてきたことはありますが、そんなときに自分に〝芯〟があるなんて実感したこともなければ、あったとしてもそれが強いなどと思ったことすらありません。個人主義の集団とも言えるイタリアにいるときとは違って、日本にいるとつい大きな声に※スポイルされてしまう傾向の強い自分は、[イ]軟弱な〝芯〟の持ち主かもしれないと感じるくらいです。それでも、周りの人に私の何かが強いものとして見えるのであれば、それは子どもの頃からいくつもの社会の※不条理と向き合ってきた経験と、価値観の異なる世界をたくさん見てきたことによる※諦観《ていかん》を指しているのかもしれません。

私にとって、旅とは価値観の違いを学ぶ教育の場でした。幼い頃から読書を通じて世界中の倫理観や価値観の違いが気になっていたこともありますが、若いうちに国外に出たことによって、それぞれの国にはそれぞれの国独自の社会環境を守るためにでき上がった、様々なルールがあるということも明確に見えてきたのだと思います。

価値観の違いをこの目でリアルに学べたことは、人間として生きていく上で私の大きな糧《かて》になっていることは間違いありません。Bそういった自覚が、傍目《はため》には〝芯の強さ〟として見えているのかもしれません。

周りと考え方の共有ができないと初めて感じたのはいつだったのか。思い出すのは、C子どもの頃に母から『フランダースの犬』の本を渡されたときのことです。

日本でアニメ化もされた19世紀イギリスの児童文学を私に読ませた母の目論《もくろ》みは、絵描きになりたいと言い出した娘を思い直させようというものでした。ご存じの方も多いと思いますが、あの物語は実に悲しいクライマックスを迎えます。画家になる夢をもった牛乳運びの貧しい少年ネロが、極寒《ごっかん》のなか、大聖堂のルーベンスの祭壇画の前で愛犬パトラッシュと絶命してしまいます。アニメ放映の最終回では大概《たいがい》の人が、「かわいそうに」とその死に涙しましたし、今でも思い出すと泣けるという友人もいます。母も、D本の最後のページをじっと見入っている私に、兼ねてから準備していたと思しき言葉を掛けてきました。

「ね？　かわいそうでしょ？　絵描きさんになるというのは、Eそういうことなのよ」

しかし、物語を読み終えた私には、ネロをかわいそうだと思うことができませんでした。そこへ至るまでの彼の煮え切らない態度に何か納得のいかないものを覚えていたので、「Fネロは勇気がなかったから、こんな目に遭ったんだ」と受け止めたのです。誰かが自分の絵を認めてくれるのを待っている姿には、謙虚さよりも「驕《おご》り」すら感じました。誰かの助けを当てになどせず、いざというときには知恵を※狡猾《こうかつ》に駆使すればいいだけのことだったのではないか、運河に停まっている船にでもこっそり乗り込んで、もっと暖かい地域に行っていれば、犬まで道連れにして死ぬようなことはなかったのでは、と考えたものです。

当時、私が『フランダースの犬』と共に読んでいたのが、『シンドバッドの冒険』と『ニルスの不思議な旅』でした。二つの物語に共通するのは、主人公が困った状況に陥っても、より広い世界に目を向けて冒険に乗り出すという点です。「才能があるのにそれを発揮することもなく、誰にも認められないまま死んでいくのね。かわいそう」という慈愛の倫理よりも、私にはシンドバッドのずる賢さのほうがずっと魅力的に思えてなりませんでした。

八　四字熟語の表記として適切なものを1～5の中から一つ選び、その番号を書きなさい。解答番号は[23]

1　絶対絶命　2　言語道断　3　危機一発　4　支離滅列　5　朝礼暮改

九　――線部の敬語の使い方として適切なものを1～5の中から一つ選び、その番号を書きなさい。解答番号は[24]

1　担任の先生は、八時ごろ、家庭訪問に参るということです。
2　皆さん、この会議資料をいただいていない方はいませんか。
3　この会場まで自家用車でいらっしゃった方は受付に申し出てください。
4　君が先日、区の展覧会で最優秀賞を獲得した作品を拝見したいと思います。
5　先生が申されたことを、心に留めてこれからの人生を生きて行こうと決心しました。

十　――線部の動詞の活用の種類と活用形の組み合わせとして適切なものを1～5の中から一つ選び、その番号を書きなさい。解答番号は[25]

毎日少しの時間でも勉強をしていれば、試験など少しも恐れることはない。

1　ラ行下一段活用　連体形　2　ラ行上一段活用　終止形　3　ラ行五段活用　連体形
4　ア行上一段活用　連体形　5　サ行変格活用　終止形

四

16・17の慣用句の意味をそれぞれ1～5の中から一つずつ選び、その番号を書きなさい。解答番号は16・17

16 二の足を踏む

1 失敗しないようによく考える習慣を身に付けること。
2 同じ過ちを繰り返してしまい後悔していること。
3 どうしたらよいか決心がつかない状態になること。
4 迷ったときには常に基本に返るようにすること。
5 だまされないように何度も確認すること。

17 舌を巻く

1 非常に感心し驚く様子。
2 いい加減な態度に対して許せない様子。
3 期待はずれでがっかりする様子。
4 相手をばかにする様子。
5 失敗して恥ずかしがる様子。

五

18・19の語句の類義語をそれぞれ1～5の中から一つずつ選び、その番号を書きなさい。解答番号は18・19

18 気質　1 本質　2 気骨　3 性能　4 性格　5 質素
19 冷淡　1 冷静　2 薄情　3 静観　4 軽薄　5 感情

六

20・21の語句の対義語をそれぞれ1～5の中から一つずつ選び、その番号を書きなさい。解答番号は20・21

20 需要　1 補給　2 支給　3 供給　4 要求　5 供与
21 拾得　1 紛失　2 遺失　3 得失　4 喪失　5 自失

七

――線部の語句の文法的意味と同じものを1～5の中から一つ選び、その番号を書きなさい。解答番号は22

朝、登校しようとしたら急に雨が降ってきたので驚いてしまった。

1 ドアを閉めて、玄関で傘をさがしたら、簡単に見つかってよかった。
2 台所にいた母が心配して声をかけてきた。
3 その傘はおじいさんのだから、使っていいかおじいさんに聞いてみなさい。
4 大丈夫、おじいさんはもうすでに出かけたから、この傘はいらないと思うよ。
5 朝こんなに早いのに、おじいさんはどこへ行ったのかしら。

三

11～15の━━線部と同一の漢字を使うものをそれぞれ1～5の中から一つずつ選び、その番号を書きなさい。解答番号は11～15

11 生徒会長の任期が満リョウした。
1 彼からリョウ承を取り付けた。
2 彼とは会社の同リョウだ。
3 荒リョウとしていて寂しい風景だ。
4 建築の材リョウを発注した。
5 彼は体調が悪くリョウ養が必要だ。

12 馬が大草原をシッ駆する。
1 仕事の失敗で上司にシッ責された。
2 夏はシッ気が多く、気持ちが悪い。
3 夜は深いシッ黒の闇につつまれた。
4 彼は強い決意でその小説をシッ筆した。
5 彼は軽いシッ病にかかってしまった。

13 美術は彼のセン門分野だ。
1 彼は議会の開催をセン言した。
2 彼は人気商品を独センした。
3 ピアノの美しいセン律が聞こえる。
4 彼は事務所とセン属契約を交わした。
5 犯人がセン伏している場所を捜す。

14 新薬は効果がケン著に現れた。
1 彼は身に覚えのないケン疑をかけられた。
2 彼は自分の力をみんなにケン示した。
3 事ケン解決には君の協力が必要だ。
4 会社では彼はもう中ケンの社員になる。
5 彼はみんなの期待を双ケンに担った。

15 見違えるほどに街がハン栄した。
1 庭園に美しい草木がハン茂している。
2 諸ハンの事情により大会を中止した。
3 彼は社会の規ハンを理解している。
4 新しい家具をハン入した。
5 本を印刷するには製ハンが必要だ。

二〇二四年度 京華商業高等学校

【国語】（四五分）〈満点：一〇〇点〉

一

1～5の文学作品の作者名をそれぞれ1～5の中から一つずつ選び、その番号を書きなさい。解答番号は1～5

1 『浮雲』　1 二葉亭四迷　2 幸田露伴　3 林芙美子　4 井伏鱒二　5 正岡子規

2 『たけくらべ』　1 国木田独歩　2 坪内逍遙　3 樋口一葉　4 斎藤茂吉　5 井上　靖

3 『鼻』　1 萩原朔太郎　2 島崎藤村　3 川端康成　4 武者小路実篤　5 芥川龍之介

4 『暗夜行路』　1 志賀直哉　2 高村光太郎　3 北原白秋　4 有島武郎　5 与謝野晶子

5 『一握の砂』　1 森　鷗外　2 石川啄木　3 夏目漱石　4 宮沢賢治　5 太宰治

二

6～10の――線部の漢字の読みがなをそれぞれ1～5の中から一つずつ選び、その番号を書きなさい。解答番号は6～10

6 既成の概念にとらわれる。　1 がいすい　2 がいせい　3 こうせい　4 きせい　5 こうそう

7 彼は信頼を失墜させた。　1 しつぼう　2 ついらく　3 しっつい　4 ついずい　5 しっせき

8 様々な事情を勘案して決定した。　1 たいあん　2 けんあん　3 かんあん　4 こうりょ　5 はいりょ

9 白旗を掲げて、降伏した。　1 あ　2 かか　3 つな　4 さ　5 な

10 彼に自覚を促した。　1 もど　2 うなが　3 ため　4 ゆる　5 きたい

英語解答

大問	解答
1	1 ④　2 ③　3 ④　4 ②　5 ④
2	6 ④　7 ②　8 ⑤　9 ③　10 ①
3	11 ④　12 ②　13 ①　14 ④　15 ③　16 ②　17 ③　18 ④　19 ③　20 ②
4	21 ④　22 ②　23 ③
5	24 ①　25 ④　26 ③
6	27 ③　28 ④　29 ①
7	30 ②
8	31 ④　32 ③
9	33 ②　34 ④　35 ①　36 ②　37 ③
10	38 ③　39 ①　40 ②
11	41 ④　42 ②
12	43 ④
13	44 ①　45 ②
14	46 ②
15	47 ②
16	48 ③
17	49 ④　50 ①

1 〔長文読解─英問英答─伝記〕

≪全訳≫❶アメリア・イアハートは，速く遠くまで飛ぶことが大好きだった。彼女は有名な女性パイロットである。アメリアは1897年７月24日にカンザス州で生まれた。そもそもの初めから，アメリアは他の少女たちとは違っていた。彼女は男子たちがするような冒険をしたがった。❷1927年に，チャールズ・リンドバーグが大西洋横断単独飛行を行い，彼の本を出版した出版者はアメリアに大西洋横断飛行を達成する初の女性になってほしいと持ちかけた。当時，アメリアは飛行機を操縦することはできたが，それほどの長距離にわたる飛行の準備はまだできていなかった。そこで，ビル・スタルツという男性が飛行機を操縦することになった。スリム・ゴードンという飛行機の整備士も同行することになった。アメリアは機長となった。時代は1928年のことで，その旅は危険を伴うものだった。悪天候の中でパイロットが自分たちの位置を確認するのに役立つ道具は何もなかった。アメリアは恐れなかった。彼女はそれがわくわくするような冒険になるだろうと考えた。飛行機の名前はフレンドシップ号といった。この飛行機は水上を離着陸できた。アメリアはこの飛行機の輝く金色の両翼が気に入っていた。1928年６月17日，フレンドシップ号は飛び立った。この飛行機は霧と雲の中に突っ込んだ。アメリアと乗組員たちは自分たちがどこへ向かっているのかわからなくなってしまった。❸彼らは無線を使って船に連絡した。船上にいた人々が彼らに現在地を知らせてくれるはずだった。そのうちに無線が壊れてしまった。彼らは何時間も飛び続けた。彼らはまだ正しい方向に進んでいるのだろうか。彼らにはわからなかった。燃料はあと１時間分しか残っていなかったので，道を見つけ出さなければならなかった。パイロットが雲の下を飛ぶと，一隻の船を見つけた。彼らはその船の近くに着水することもできたが，それではアメリアは海を横断したことにならない。彼らは飛び続けた。ほとんどガス欠状態だった。とうとう彼らはバリー港に着陸した。皆がこのニュースを読んだ。「アメリア・イアハート，大西洋を横断する！」　アメリアは有名になった。彼女はニューヨーク市で大規模なパレードを行った。

＜解説＞1「アメリアの誕生日はいつか」─④「1897年７月24日」　第１段落第３文参照。　2「彼女はどんな子どもだったか」─③「男子のように活発だった」　第１段落最終文参照。　3「フレ

ンドシップ号のパイロットは誰だったか」―④「ビル・スタルツ」　第2段落第3文参照。 [4]

「大西洋横断飛行はなぜ危険だったのか」―②「フレンドシップ号には，パイロットが，自分たちがどこにいるかを知るのに役立つ道具がついていなかったから」　第2段落第6，7文参照。 [5]

「この話に関して正しいものはどれか」―④「フレンドシップ号の乗組員はアメリアに大西洋を横断させるのを決して諦めなかった」　第3段落第8～12文参照。

[2]〔対話文完成―適文選択〕

≪全訳≫❶A：あなたの飛行機は何時に出発するの？❷B：12時15分発だよ。❸A：空港にはいつまでに着いていないといけないの？❹B：2時間前には着いてないといけないんだ。❺A：じゃあ，10時15分には空港にいないといけないね。❻B：つまり9時15分には家を出る必要があるってことか。❼A：うーん，交通に全く問題がない場合でも，そこまで1時間かかるよ。❽B：だったら，8時15分に出た方がいいかな？❾A：うん，着くのが遅すぎるよりは早すぎる方がいいよ。❿B：確かにそうだね。もし時間があれば，そこでお茶を飲めるし。⓫A：うん，そうだね。⓬B：毎日最低でも1件は大きな事故があるもんね。気をつけなくちゃ。

＜解説＞[6]直後のBの発言にある there は at the airport を受けていると考えられ，この発言は④の疑問に対する答えになる。　[7]直後の That means ～「それは～を意味する」の That が指す内容が入る。この後の内容から空港までは1時間かかることがわかるので，10時15分に着くことは，9時15分に出ることを意味する。　[8]この後Aが Yes と言って「遅すぎるより早すぎる方がいい」と言っているので，Bは早く行くことを提案したと考えられる。　[9]直前の We can have ～ という発言に同意して Yes, we can. で答えたのである。　[10]毎日事故があるので，(遅れないように)気をつけた方がいい，という流れである。

[3]〔適語(句)選択・語形変化〕

[11]2人は以前親友だったが今は違う，という文意なので過去形を選ぶ。主語の Kim and Saki は複数名詞なので，were が適切。　「キムとサキは親友だったが，今はそうではない」

[12]every morning「毎朝」するような‘現在の習慣’は現在形で表す。主語の My mother は3人称なので，3単現の -s が必要。　「私の母は毎朝5時30分に起きる」

[13]‘both *A* and *B*’で「*A*も*B*も両方とも」。　「私の妹〔姉〕はニンジンとトマトの両方とも食べるのが好きだ」

[14]be going to ～ で「～する予定だ」。　「私のおばが来週私の家を訪れる予定だ」

[15]空所以下は girl を先行詞とする関係代名詞節。直後に動詞が続いているので‘人’を先行詞とする主格の関係代名詞を選ぶ。　「私は美しい青い目をした少女を知っている」

[16]動詞 like の目的語となるので目的格「～をの形」になる。　he－his－him－his　「私には優秀な理科の先生がいる。私は彼が本当に好きだ」

[17]pharmacy「薬局」　「ひどい頭痛がした。薬局で薬を買ってくる必要がある」

[18]‘have/has＋過去分詞’の現在完了の文である。‘Have you ever＋過去分詞…?’は「今までに～したことはありますか」という意味を表す‘経験’用法の疑問文。　try－tried－tried　「あなたは今までにこのエナジードリンクを飲んだことがありますか」

[19]昼食をとらなかった人の状態を表す語を選ぶ。　hungry「空腹な」　「ビルは昼食をとらなかっ

たので，今とてもおなかがすいている」

⑳後ろに than「～よりも」があるので比較級の文。big の比較級は bigger。　big－bigger－biggest　「私の猫はあなたの猫よりも大きい」

4〔書き換え―適語選択〕

㉑「彼は英語の教師だ」→「彼は英語を教えている」　動詞 teach の３単現は teaches となることに注意。explain は「～を説明する」という意味。

㉒「私はあまり速く泳ぐことはできない」→「私にとって速く泳ぐことは不可能だ」　下は‘It is ～ for … to ―’「…が〔…にとって〕―することは～だ」の形式主語構文。　impossible「不可能な」⇔possible「可能な」

㉓「トモヤはフランス語をとても上手に話す」→「トモヤはフランス語を話すのが上手だ」　be good at ～ で「～が上手〔得意〕だ」という意味。

5〔整序結合〕

㉔「どんな音楽」は「何の種類の音楽」と読み換えて What kind of music とまとめ，これを文頭に置く。残りは疑問文の語順で do you like ? とする。　What kind of music do you like ?

㉕「時間がありませんでした」は I had no time で表せる。「宿題をする(ための)」は，形容詞的用法の to不定詞を用いて to do homework とまとめ time の後ろに置く。　I had no time to do homework last night.

㉖「私は働いています」は，‘have/has＋過去分詞’の現在完了で I have worked とする。この後は，as を「～として」の意味の前置詞として用いて as a doctor とまとめ，最後に for を置く。この for は「～の間」と‘期間’を表す。　I have worked as a doctor for three years.

6〔長文読解―英問英答―チャット〕

≪全訳≫❶ダン(D)：やあ。今日は歌舞伎を見にいくんだよね。／午後に歌舞伎劇場だったよね。(午前８時20分)❷エリック(E)：そうだよ！　僕は初めてだから，歌舞伎を見るのが待ちきれないよ！(午前８時25分)❸D：僕もだよ。ところで，君の弟のケンに会いたいな。／インドの大学に行くから，インドに引っ越すんだってね。(午前８時35分)❹E：そうなんだよ。もし会えれば，弟はきっと喜ぶと思う！／じゃあ家で僕らを待ってるように言っておくよ。(午前８時45分)❺D：そうだといいな！(午前８時52分)❻E：じゃあ，いつ弟に会う？(午前８時55分)❼D：歌舞伎の前がいいね。駅で会おう。(午前８時58分)

＜解説＞㉗「エリックとダンは今日何をする予定か」―③「劇場で歌舞伎を見る」　第１，２段落参照。　㉘「午前８時45分に『もし会えれば，弟はきっと喜ぶと思う！』と書いたとき，エリックは何を言おうとしているか」―④「ダンと会えたらケンは喜ぶだろうということ」　この文の he は Ken を，you は Dan ダンをそれぞれ指している。　㉙「ダンとエリックの会話について正しいのはどの文か」―①「ケンは，今日は他に何も予定がない」　ダンが突然ケンに会いたいと言い出したところ，エリックはケンを家で待機させると言い，２人が会う時間をダンに決めさせているので，ケンには特に予定はないと考えられる。

7〔用法選択〕

「私はビデオゲームをするのが好きだ」　「～すること」の意味を表す名詞的用法。この用法と同じものを含むのは，②「私は新鮮なオレンジが食べたい」。 ①「～するための」の意味を表す形容詞的用法。「私は何か飲むものがほしい」 ③・④「～するために」という‘目的’を表す副詞的用法。「彼はリラックスするためにギターを弾いた」／「私はその試験に合格するために必死に勉強した」

8〔英問英答〕

[31]「あなたの友人は兄〔弟〕に誕生日プレゼントをあげようと計画している。彼の兄〔弟〕は野球をするのが好きだ。あなたは彼がプレゼントを選ぶのを手伝いたい。あなたは何と言うか」―④「ボールとバットをあげるのはどう？」 How about ～ing？は「～するのはどう？」と‘提案’を示す表現。

[32]「あなたは友人のEメールアドレスを知りたいと思っている。あなたは彼女に何と言うか」―③「あなたのEメールアドレスを教えてくれる？」 Can you ～？は「～してくれますか」と‘依頼’を表すことができる。

9〔長文読解―要約文完成―説明文〕

≪全訳≫紹介文：僕はカンガルーラットだよ！ 僕はとても小さいんだ。４本の脚と長いしっぽがあるよ。北アメリカの砂漠で暮らしているんだ。僕はカンガルーラットって呼ばれているけど，ほんとは全然カンガルーには似てないんだよ！ みんなが僕をカンガルーラットって呼ぶのは，僕がまるでカンガルーみたいに跳ね回るからなんだ。僕はとっても高く跳べるんだよ！ ふだんは２本脚で立ってるんだ，君たちとそっくり同じようにね！ 僕は地下で暮らしているから，前脚を使って穴を掘るんだよ。

要約：カンガルーラットには４本の脚と長い尾がある。彼らは[33]小型である。彼らは北アメリカの[34]砂漠に生息している。人々が彼らをカンガルーラットと呼ぶのは，彼らが本物のカンガルーのように[35]跳ぶからである。彼らは[36]２本脚で立つことができ，ふだんは[37]地下にある彼らの家で眠る。

＜解説＞[33]第２文参照。 [34]第４段落参照。 desert「砂漠」 [35]第６文参照。 [36]第７文参照。 [37]最終文参照。 underground「地下」

10〔対話文完成―適文選択〕

[38]A：来週，数学のテストがあるね。／B：そうだね，でも[38]僕はあまり勉強してないんだ，だからそのテストのことが心配だよ。∥直後にある so「だから」に着目する。この so の前後は‘理由’→‘結果’の関係になる。勉強していないから，心配なのである。 be worried about ～「～について心配している」

[39]A：友達の誕生日に何をあげたらいいかな？／B：動物園のチケットがいいと思うな。[39]君はどう思う？／A：水族館のチケットの方がもっといいかな。∥直後のAの発言は，プレゼントのアイデアになっている。Aは友達にあげるプレゼントについてどう思うか尋ねたのである。

[40]A：何をお飲みになりますか？／B：[40]コーヒーを１杯お願いします。お砂糖とミルクは入れなくてけっこうです。∥何を飲むかという質問に対する返答である。④は「それは私のコーヒーです」という意味で返答にならない。

11〔英問英答―広告〕

≪全訳≫ケイカ花店／最近，ケイカ通りにオープンしました！ 30種類以上の花をご用意しております！／＊月曜日～金曜日：営業時間 午前９時30分～午後８時 土曜日～日曜日：営業時間 午前10時～午後11時30分／＊火曜日は午後６時に閉店いたします／５月15日火曜日の午後，開店セールを行います！　セールについて詳しい情報を知りたい場合は，当店のウェブサイトをご覧ください！

[41]「ケイカ花店は週に何日開店しているか」―④「毎日」

[42]「5月15日の開店セールに行きたい場合，何時に行けばいいか」―②「午後2時」　このセールは火曜日の午後に開催され，＊の注によると火曜日は午後6時に閉店する。

12〔英問英答―図を見て答える問題―対話文〕

≪全訳≫❶ボブ（B）：この3日間ずっと雨が降ってるよね。❷ルーシー（L）：そうね。日曜日はよく晴れてたのに。❸B：明日は雪かもしれないんだって。❹L：ほんとに？　それは困ったな。

<解説>「彼らはどの都市について話しているか」―④「北京」　第1段落参照。It has been raining for three days. は「(過去のある時点から現在まで)ずっと～している」という意味を表す現在完了進行形。図で Today「今日」までの3日間ずっと雨なのは Beijing「北京」だけである。

13〔英文結合完成〕

[44]「(　　)ので，私は運動部に入りたいです」の空所に入らないのは，①「私は放課後とても忙しい」。他の選択肢は，②「私は友達と一緒に運動したい」，③「私はテニスに興味がある」，④「私は優れたサッカー選手になりたい」。

[45]「(　　)ので，私は文化部に入りたいです」の空所に入らないのは，②「私はテレビで野球を見るのが好き」。他の選択肢は，①「私は写真を撮ることに興味がある」，③「私は集団で歌を歌いたい」，④「私はコンピュータープログラミングに興味がある」。

14〔文の強勢〕

A：通学にどのくらい時間がかかるの？／B：家から約12分かかるよ。∥How long は「どのくらい」で‘所要時間’をきかれているので，twelve「12」を最も強く発音する。

15〔文の区切り〕

why he is angry with me は know の目的語となる1つのまとまりなので，この前で区切る。
「なぜ彼が私に対して怒っているのか，あなたは知っていますか」

16〔単語のアクセント〕

[48]　①　mis-táke　　②　be-cóme　　③　fá-mily　　④　be-líeve

17〔単語の発音〕

[49]　minutes[i]　①　ninety[ai]　②　drive[ai]　③　night[ai]　④　finish[i]

[50]　watched[t]　①　laughed[t]　②　visited[id]　③　moved[d]　④　started[id]

2024年度／京華商業高等学校

数学解答

1 ⅰ) ③　ⅱ) ⑤
ⅲ) (3)…②　(4)…①　ⅳ) ②
ⅴ) ⑤　ⅵ) ②

2 ⅰ) (8)…③　(9)…①　(10)…④
ⅱ) (11)…④　(12)…③
ⅲ) (13)…②　(14)…④　ⅳ) ⑤

3 ⅰ) ①　ⅱ) ④　ⅲ) ⑤　ⅳ) ③

4 ⅰ) ④　ⅱ) ②　ⅲ) ③
ⅳ) (23)…④　(24)…⑤

5 ⅰ) (25)…①　(26)…②　ⅱ) ③
ⅲ) (28)…④　(29)…①

6 ⅰ) ⑤　ⅱ) (31)…②　(32)…④
ⅲ) ⑤　ⅳ) ①

1〔独立小問集合題〕

ⅰ)＜式の計算＞与式$=\dfrac{3(x+y)-2(2x-y)}{6}=\dfrac{3x+3y-4x+2y}{6}=\dfrac{-x+5y}{6}$

ⅱ)＜式の計算―因数分解＞与式$=x^2+4x+4-3x-6+2=x^2+x=x(x+1)$

ⅲ)＜二次方程式＞$x^2+3x-4=0$，$(x+4)(x-1)=0$　$\therefore x=-4,\ 1$

ⅳ)＜数の計算＞与式$=(2\sqrt{5})^2-2\times2\sqrt{5}\times2+2^2-2\sqrt{5}+2=4\times5-8\sqrt{5}+4-2\sqrt{5}+2=20-8\sqrt{5}+4-2\sqrt{5}+2=26-10\sqrt{5}$

ⅴ)＜平面図形―面積＞右図のように，２点C，Hを定める。$OC=CH-OH=12-4=8$ だから，円Oの半径より，$OA=OB=OC=8$ である。$OH\perp AB$ なので，△OAHで三平方の定理より，$AH=\sqrt{OA^2-OH^2}=\sqrt{8^2-4^2}=\sqrt{48}=4\sqrt{3}$ となり，同様にして，$BH=4\sqrt{3}$ となる。よって，$AB=AH+BH=4\sqrt{3}+4\sqrt{3}=8\sqrt{3}$ となるので，$\triangle OAB=\dfrac{1}{2}\times AB\times OH=\dfrac{1}{2}\times8\sqrt{3}\times4=16\sqrt{3}$ である。

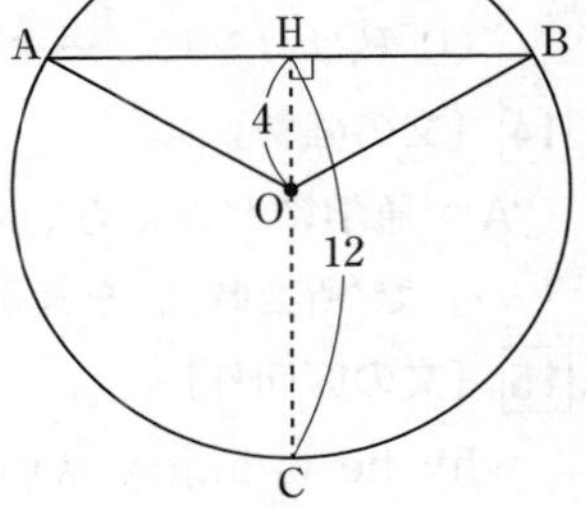

ⅵ)＜確率―さいころ＞大小２個のさいころを同時に１回投げるとき，目の出方は全部で$6\times6=36$(通り)ある。このうち，出た目の和が10以上となるのは，(大，小)＝(4，6)，(5，5)，(5，6)，(6，4)，(6，5)，(6，6)の６通りある。よって，求める確率は$\dfrac{6}{36}=\dfrac{1}{6}$である。

2〔関数―一次関数のグラフ〕

ⅰ)＜座標＞右図で，直線$y=\dfrac{4}{3}x+4$，直線$y=-2x+4$はともに切片が４だから，y軸上の点(0，4)を通る。よって，A(0，4)である。点Bは，直線$y=\dfrac{4}{3}x+4$とx軸の交点である。x軸上の点のy座標は０だから，$y=0$を代入して，$0=\dfrac{4}{3}x+4$，$-\dfrac{4}{3}x=4$，$x=-3$となり，B(−3，0)である。点Cは直線$y=-2x+4$とx軸の交点だから，同様にして，$0=-2x+4$，$2x=4$，$x=2$となり，C(2，0)である。

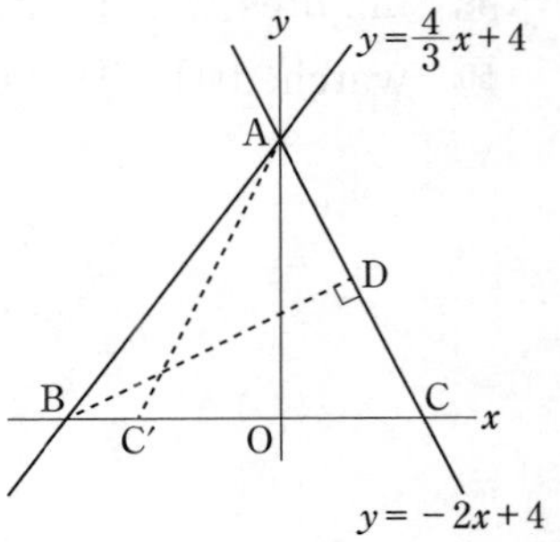

ⅱ)＜長さ，図形の形＞右上図で，ⅰ)より，A(0，4)，B(−3，0)だから，$OA=4$，$OB=3$である。$\angle AOB=90^\circ$だから，△ABOで三平方の定理より，$AB=\sqrt{OA^2+OB^2}=\sqrt{4^2+3^2}=\sqrt{25}=5$である。また，C(2，0)だから，$OC=2$であり，$BC=OB+OC=3+2=5$となる。よって，$AB=BC$である。△OACで三平方の定理より，$AC=\sqrt{OA^2+OC^2}=\sqrt{4^2+2^2}=\sqrt{20}=2\sqrt{5}$であり，線分ACの長さは，

AB，BC とは等しくない。△ABC の内角の大きさはいずれも90° にはならないので，△ABC は AB＝BC の二等辺三角形である。

ⅲ)**＜座標，長さ＞**前ページの図で，ⅱ)より，△ABC は AB＝BC の二等辺三角形だから，BD⊥AC より，点Dは線分 AC の中点となる。A(0，4)，C(2，0)より，点Dの x 座標は $\frac{0+2}{2}=1$，y 座標は $\frac{4+0}{2}=2$ だから，D(1，2)である。また，$\mathrm{AC}=2\sqrt{5}$ だから，$\mathrm{AD}=\frac{1}{2}\mathrm{AC}=\frac{1}{2}\times2\sqrt{5}=\sqrt{5}$ となる。

ⅳ)**＜体積―回転体＞**前ページの図で，点Cと y 軸について対称な点を C′ とすると，OB＝3，OC′＝OC＝2より，点 C′ は線分 OB 上の点となる。△ACO を y 軸を軸として１回転させてできる立体は，△AC′O を y 軸を軸として１回転させてできる立体と同じだから，△ABO を y 軸を軸として１回転させてできる立体に含まれる。よって，△ABC を y 軸を軸として１回転させたときにできる立体は，△ABO を y 軸を軸として１回転させてできる立体で，底面の半径が OB＝3，高さが OA＝4の円錐だから，求める立体の体積は，$\frac{1}{3}\times\pi\times3^2\times4=12\pi$ となる。

3〔関数―座標平面と図形〕

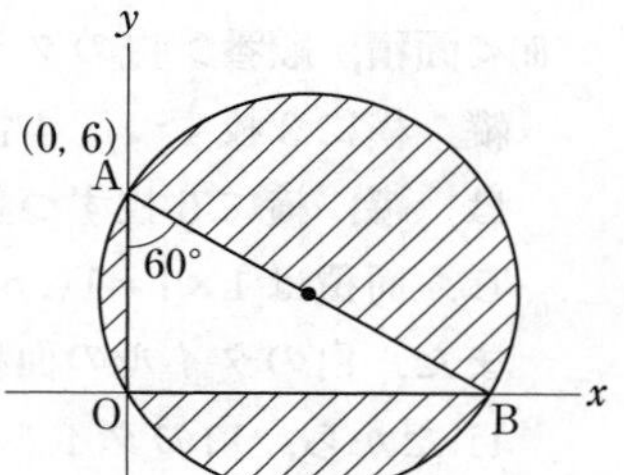

ⅰ)**＜長さ―特別な直角三角形＞**右図で，∠OAB＝60°，∠AOB＝90° より，△OAB は３辺の比が $1:2:\sqrt{3}$ の直角三角形だから，OA：AB＝1：2である。A(0，6)より，OA＝6なので，AB＝2OA＝2×6＝12となる。

ⅱ)**＜x 座標―特別な直角三角形＞**右図で，ⅰ)より，△OAB は３辺の比が $1:2:\sqrt{3}$ の直角三角形だから，$\mathrm{OA}:\mathrm{OB}=1:\sqrt{3}$ であり，$\mathrm{OB}=\sqrt{3}\mathrm{OA}=\sqrt{3}\times6=6\sqrt{3}$ となる。よって，点Bの x 座標は，$6\sqrt{3}$ である。

ⅲ)**＜座標＞**右上図で，線分 AB は円の直径なので，円の中心は，線分 AB の中点である。A(0，6)であり，ⅱ)より，B($6\sqrt{3}$，0)だから，円の中心の x 座標は $\frac{0+6\sqrt{3}}{2}=3\sqrt{3}$，$y$ 座標は $\frac{6+0}{2}=3$ となる。よって，円の中心の座標は，($3\sqrt{3}$，3)である。

ⅳ)**＜面積＞**右上図で，ⅰ)より，円の直径は AB＝12だから，半径は $\frac{1}{2}\mathrm{AB}=\frac{1}{2}\times12=6$ であり，円の面積は $\pi\times6^2=36\pi$ である。また，△OAB の面積は，$\frac{1}{2}\times\mathrm{OA}\times\mathrm{OB}=\frac{1}{2}\times6\times6\sqrt{3}=18\sqrt{3}$ である。よって，斜線部分の面積は，〔円〕－△OAB＝$36\pi-18\sqrt{3}$ となる。

4〔空間図形―三角柱〕

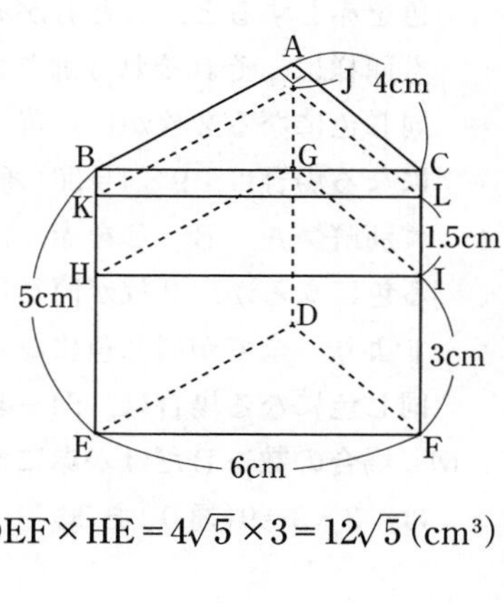

ⅰ)**＜長さ―三平方の定理＞**右図で，△ABC は∠BAC＝90° の直角三角形である。BC＝EF＝6だから，△ABC で三平方の定理より，$\mathrm{AB}=\sqrt{\mathrm{BC}^2-\mathrm{AC}^2}=\sqrt{6^2-4^2}=\sqrt{20}=2\sqrt{5}$(cm)である。

ⅱ)**＜面積＞**右図で，$\triangle\mathrm{ABC}=\frac{1}{2}\times\mathrm{AB}\times\mathrm{AC}=\frac{1}{2}\times2\sqrt{5}\times4=4\sqrt{5}$ だから，$\triangle\mathrm{DEF}=\triangle\mathrm{ABC}=4\sqrt{5}$(cm²)である。

ⅲ)**＜体積＞**右図のように，水面と辺 AD，辺 BE，辺 CF の交点をそれぞれG，H，Iとすると，容器に入っている水の量は，三角柱 GHI-DEF の体積である。ⅱ)より，底面積は $\triangle\mathrm{DEF}=4\sqrt{5}$ であり，高さは HE＝3だから，水の量は，〔三角柱 GHI-DEF〕＝△DEF×HE＝$4\sqrt{5}\times3=12\sqrt{5}$(cm³)となる。

iv)＜**体積**＞前ページの図で，おもりを完全に沈めたときの水面と辺 AD，辺 BE，辺 CF の交点をそれぞれ J，K，L とする。おもりの体積は，水面が上がった部分の水の体積と等しいので，三角柱 JKL-GHI の体積である。水面が1.5cm 上がったので，$\triangle GHI=\triangle DEF=4\sqrt{5}$，$KH=1.5$ より，〔三角柱 JKL-GHI〕$=\triangle GHI\times KH=4\sqrt{5}\times1.5=6\sqrt{5}$ となり，おもりの体積は$6\sqrt{5}cm^3$である。また，水が入っていない部分は，三角柱 ABC-JKL である。$\triangle JKL=\triangle DEF=4\sqrt{5}$，$BK=BE-KH-HE=5-1.5-3=0.5$ だから，水が入っていない部分の容積は，〔三角柱 ABC-JKL〕$=\triangle JKL\times BK=4\sqrt{5}\times0.5=2\sqrt{5}(cm^3)$である。

5 〔特殊・新傾向問題―規則性〕

i)＜**タイルの数**＞黒のタイルの数は，1番目が8枚，2番目が12枚，3番目が16枚，4番目が20枚で，$12-8=4$，$16-12=4$，$20-16=4$ より，4枚ずつ増えている。このことから，5番目の黒のタイルの数は，4番目の黒のタイルの数より4枚増えて，$20+4=24$(枚)となる。また，8番目の黒のタイルの数は，5番目の黒のタイルの数より$4\times(8-5)=12$(枚)増えて，$24+12=36$(枚)となる。

ii)＜**タイルの数**＞ i)より，黒のタイルの数は，1番目が8枚で，4枚ずつ増えるから，n番目の黒のタイルの数は，1番目の黒のタイルの数より$4(n-1)$枚増えて，$8+4(n-1)=4n+4$(枚)と表せる。

iii)＜**面積，順番**＞白のタイルは，1番目が縦，横に1枚ずつ，2番目が縦，横に2枚ずつ，3番目が縦，横に3枚ずつ，4番目が縦，横に4枚ずつ並んでいる。同様に考えると，6番目の白のタイルは，縦，横に6枚ずつ並ぶので，$6\times6=36$(枚)ある。タイルは，1辺の長さが1cm の正方形だから，面積は$1\times1=1(cm^2)$である。よって，6番目の白のタイルの面積は，$1\times36=36(cm^2)$となる。また，白のタイルの面積が$121cm^2$となるとき，白のタイルは$121\div1=121$(枚)である。$121=11\times11$ だから，白のタイルは縦，横に11枚ずつ並ぶ。縦，横に11枚ずつ並ぶのは11番目だから，白のタイルが$121cm^2$となるのは，11番目である。

6 〔データの活用―場合の数〕

i)＜**場合の数**＞同じ色を使ってよいので，A，B，Cはいずれも，赤，白，黄，緑の4通りあり，色の塗り方は，全部で，$4\times4\times4=64$(通り)ある。

ii)＜**場合の数**＞A，B，Cが全てが同じ色になる場合は，全てが赤，全てが白，全てが黄，全てが緑の4通りある。また，全てが異なる色になる場合，Aは，赤，白，黄，緑の4通りあり，Bは，Aの色以外の色だから，残りが3色より，3通りある。Cは，A，Bの色以外の色だから，残りが2色より，2通りある。よって，全てが異なる色になる場合は，$4\times3\times2=24$(通り)ある。

iii)＜**場合の数**＞2枚が同じ色になるとき，その2枚は，AとB，AとC，BとCである。また，その色を赤とすると，AとBが赤のとき，Cは，白，黄，緑の3通りある。AとC，BとCが赤のときも同様に，それぞれ3通りある。よって，同じ色になる2枚が赤の場合は，$3\times3=9$(通り)ある。同じ色になる2枚が白，黄，緑のときも同様に，それぞれ9通りある。したがって，2枚が同じ色になる場合は，$9\times4=36$(通り)ある。

≪別解≫A，B，Cを赤，白，黄，緑で塗るので，このとき，全てが同じ色になるか，全てが異なる色になるか，2枚が同じ色になるかのいずれかとなる。i)より，色の塗り方は全部で64通りあり，ii)より，全てが同じ色になる場合は4通り，全てが異なる色になる場合は24通りあるから，2枚が同じ色になる場合は，$64-4-24=36$(通り)である。

iv)＜**場合の数**＞Bだけが赤になるとき，A，Cは白，黄，緑の3通りだから，Bだけが赤になる場合は，$3\times3=9$(通り)ある。

国語解答

一 [1] 1　[2] 3　[3] 5　[4] 1
　[5] 2
二 [6] 4　[7] 3　[8] 3　[9] 2
　[10] 2
三 [11] 1　[12] 5　[13] 4　[14] 2
　[15] 1
四 [16] 3　[17] 1
五 [18] 4　[19] 2
六 [20] 3　[21] 2
七 1
八 2
九 4
十 1
十一 [26] 4　[27] 3　[28] 5　[29] 1
　[30] 5　[31] 2　[32] 3　[33] 2
　[34] 3　[35] 1　[36] 4　[37] 2
　[38] 1　[39] 5　[40] 3

一〔文学史〕

[1]『浮雲』は，明治20～22(1887～1889)年にかけて発表された二葉亭四迷の小説。　[2]『たけくらべ』は，明治28～29(1895～1896)年にかけて発表された樋口一葉の小説。　[3]『鼻』は，大正５(1916)年に発表された芥川龍之介の小説。　[4]『暗夜行路』は，大正10～昭和12(1921～1937)年にかけて発表された志賀直哉の小説。　[5]『一握の砂』は，明治43(1910)年に刊行された石川啄木の歌集。

二〔漢字〕

[6]「既成」は，すでにできあがっていること。　[7]「失墜」は，信用や権威などを失うこと。　[8]「勘案」は，あれこれと考え合わせること。　[9]音読みは「掲示」などの「ケイ」。　[10]音読みは「促進」などの「ソク」。

三〔漢字〕

[11]「満了」と書く。２は「同僚」，３は「荒涼」，４は「材料」，５は「療養」。　[12]「疾駆」と書く。１は「叱責」，２は「湿気」，３は「漆黒」，４は「執筆」。　[13]「専門」と書く。１は「宣言」，２は「独占」，３は「旋律」，５は「潜伏」。　[14]「顕著」と書く。１は「嫌疑」，３は「事件」，４は「中堅」，５は「双肩」。　[15]「繁栄」と書く。２は「諸般」，３は「規範」，４は「搬入」，５は「製版」。

四〔慣用句〕

[16]「二の足を踏む」は，思いきれずに迷う，という意味。　[17]「舌を巻く」は，あまりにも優れていて，圧倒されるさま。

五〔語句〕

[18]「気質」は，生まれながらに持つ気性のこと。特に，感情面の傾向のこと。「性格」は，その人が持っている感じ方や行動の特性のこと。　[19]「冷淡」は，冷ややかで思いやりがないさま。「薄情」は，思いやりの気持ちがないさま。

六〔語句〕

[20]「需要」は，市場で商品を購入しようとする欲求のこと。「供給」は，商品を市場に提供すること。
[21]「拾得」は，落とし物を拾うこと。「遺失」は，落としたり置き忘れたりして物をなくすこと。

七〔品詞〕

「急に」と「簡単に」の「に」は，形容動詞「急だ」「簡単だ」の連用形の活用語尾。「台所に」と「おじいさんに」の「に」は，格助詞。「すでに」の「に」は，副詞の一部。「早いのに」の「に」は，接続助詞。

八〔四字熟語〕

「絶体絶命」は，追いつめられて，どうにも切り抜けることができない立場や状況のこと。「言語道断」は，言葉で表現できないほどひどいこと。「危機一髪」は，危ない瀬戸際であるさま。「支離滅裂」は，物事に一貫性がなく，まとまりがないさま。「朝令暮改」は，法令や命令などがすぐに変更されて一定しないこと。

九〔敬語〕

君の作品を「見る」という自分の行為について，「見る」の謙譲語「拝見する」を用いる(４…○)。「先生」などの目上の人の動作には，謙譲表現の「参る」「申された」を使わず，尊敬表現の「いらっしゃる」「おっしゃった」などを用いる(１・５…×)。出席者に資料の受け取りを確認する場面なので，謙譲表現の「いただいて」ではなく，尊敬表現の「お受け取りになって」などを用いる(２…×)。来場のお客様に対するアナウンスなので，謙譲表現の「申し出て」ではなく，尊敬表現「お申し出て」などを用いる(３…×)。

十〔品詞〕

「恐れる」は，活用語尾が「れ／れ／れる／れる／れれ／れろ・れよ」となるラ行下一段活用の動詞で，「こと」という名詞に接続しているので，連体形。

十一〔随筆の読解―哲学的分野―人生〕出典：ヤマザキマリ『歩きながら考える』「心を強くするために」。

≪本文の概要≫「自分の“芯”を強くしたものは何か」と問われても，私は，自分自身で“芯”があると実感したことはない。それでも，周囲から強いものとして見えるのであれば，それは，子どもの頃からいくつもの社会的不条理と向き合ってきた経験と，価値観の異なる世界をたくさん見てきたことによる諦観を指すのかもしれない。特に，若いうちに国外に出たことで，それぞれの国にはそれぞれの国独自の社会環境を守るためにでき上がった，さまざまなルールがあることをリアルに学べたことは，生きていくうえで大きな糧となっている。パンデミックが始まって以来，私たちは，今までの社会的ルールや倫理性が必ずしも通用しない状況を経験してきた。私たちは，常識だと言われていることに疑いを持ち，今まで培ってきた知性や想像力をはたらかせて，世間の倫理や社会の常識が本当に必要なことなのかを，自分の頭で判断していくことが必要である。そうして自分の頭で考える実践を積むことで，自分にとっての真理が得られるのである。

26～28**＜接続語＞**26自分の“芯”の強さについて問われると，間違いなく，「いろいろと耐えてきた」ことはあるが，自分に“芯”があるとか，それが強いと思ったことはない。　27日本にいると甘やかされだめになりそうな自分は，どちらかと言えば，「軟弱な“芯”の持ち主」かもしれない。

28「既存のタガを外すこと」は「ハードルが高い」ことだけれども，これまでの常識を疑うことは，「壁を壊して新しい生き方を模索するのにいちばん有効な鍵になる」のである。

29**＜文章内容＞**子どもの頃から「社会の不条理と向き合ってきた経験」や，「価値観の異なる世界をたくさん見てきたこと」によって，物事の本質を見極める力を身につけたことが，周囲には何かの強さに見えるのかもしれない。

30**＜指示語＞**若いうちに国外に出て，「価値観の違いをこの目でリアルに学べた」といった自覚が，生きていくうえで大きな糧となり，“芯の強さ”に見えるのだと，「私」は考えている。

31**＜文章内容＞**母は，絵描きになりたいと言い出した「私」に，「画家になる夢」を持った少年が極寒の中で「絶命」する，悲しい結末を迎える『フランダースの犬』の物語を通して，夢を諦めさせようとしたのである。

32**＜心情＞**ネロは「勇気がなかった」から死ぬことになったのであり，自分の絵を認めてくれる人をただ待つのではなく，「知恵を狡猾に駆使すれば」よかったのではないかと，「私」は思った。

33**＜指示語＞**母は，「ね？　かわいそうでしょ？」と言い，絵描きを目指すとネロのように「かわいそう」なことになると言った。

34**＜文章内容＞**ネロは目の前の環境で，「誰かが自分の絵を認めてくれるのを待っている」のではなく，勇気を出して「外に目を向ければ逃げ道がたくさんあった」と，「私」は考えた。

35**＜文章内容＞**「私」は，イタリアへ行ったことで，「それぞれの国にはそれぞれの国独自の社会環境を守るためにでき上がった，様々なルールがある」ことを知り，価値観の違いを学んだ。

36**＜文章内容＞**目の前の状況にとらわれ，自分の中に壁となるような思い込みをつくらず，広い視野を持ち，「地球全体を見るつもりで，自分なりの価値観を築いて」いけば，違う進路も見えてくる。

37**＜文章内容＞**これまでの世間の倫理や社会常識を「知性と想像力を駆使」して疑い，自分で考える実践を積むことで，「良識」が得られる。人間として「この世界で生きる上で何が必要か」を追求する「知性や考察の修練」によって，「自分に相応しい判断力」が磨かれるのである。

38**＜文章内容＞**常識は，「環境によって形成」された「今までの社会的ルールや倫理性」である。良識は，その常識を「いったん吸収した上で，本当に必要なことなのか」と疑い，「自分の頭で考える実践を積んだ先に獲得できる」ものである。

39**＜要旨＞**『フランダースの犬』のネロが，目の前の環境にばかり目をとめず，「地球全体を見るつもり」で物事を考えていれば，結末は変わっていたと思われる（１…×）。人生における壁の多くは，自分の中の「生き方の定型」によって発生しており，人は，「柔軟性の足りない考え方」によって自分で壁をつくっている（３…×）。私たちは，パンデミックが始まって以来，「今までの社会的ルールや倫理性のすべてが正しいとも言えない状況を経験して」きた（５…○）。今まで確信を持ってきたことを疑うことは，「基本的に怠惰を好む人間には，普段は使わない量のエネルギーが必要」になる（４…×）。メディアからの情報や周囲の人の言葉に流されないよう，「世間の倫理や社会の常識は，いったん吸収した上」で疑い，自分で確かめることが大切である（２…×）。

40**＜主題＞**今までの社会的ルールや倫理性といった「常識」が通用するかどうかわからない状況において，自分の知性や想像力を駆使して審美眼を磨き，社会に通用する「良識」を見出すことが必要である。

Memo

2023年度　京華商業高等学校

【英　語】（45分）〈満点：100点〉

【記号問題（マーク）】各指示に合わせて[1]～[35]の各問に答えなさい。

[1]

次の英文を読み、下の[1]～[5]の英文に続く最も適当なものを①～④の中から１つ選び、番号で答えなさい。

The Soviet Union launched the first man-made satellite, called Sputnik, in 1957. It was the very first object sent into space. Two years later, they launched Luna 2. This drove the United States and the Soviet Union toward a "space race" to see which country would be the first to send humans into space and which would be the first to reach the moon. This race led to new technologies and the creation of NASA in the United States.

The United States created NASA in 1958 and started the Mercury project in 1960. This was a project to test if humans could survive in space. They decided to have an American reach the moon by the end of the 1960s. On May 5, 1961, Alan Shepard became the first American to travel into space. He was less than one month behind the Soviet astronaut, Yuri Gagarin. He made the historical "*first* flight" in the same year.

（注）The Soviet Union:ソビエト連邦　launch:打ち上げる
satellite:人工衛星　object:物体　race: 競争　funding:資金
creation：つくり出すこと　less than～：～より少なく

[1] The Soviet Union launched (　　).
① Sputnik with a driver
② Sputnik after Luna 2
③ Luna 2 in 1957
④ Luna 2 in 1959

[2] The United States (　　).
① didn't want to take humans to space
② created NASA before Luna 2 was launched
③ started the Mercury project at the end of 1958
④ knew that humans could live on the moon in the 1960s

[3] Alan Shepard was (　　).
① the first American who reached the moon
② the first human who traveled into space
③ the first American who traveled into space
④ the astronaut who was sent to space with Gagarin

[4] The goal of the "*first* flight" was (　　).

① to launch the first satellite
② to reach the moon for the first time
③ to test the satellite first
④ to travel into space first

[5] According to this story, (　　).

① the Soviet Union sent humans into space earlier than the United States
② the United States sent humans into space earlier than the Soviet Union
③ both the United States and the Soviet Union sent humans into space at the same time
④ the Soviet Union sent humans to the moon earlier than the USA

2

次の会話文を読んで [6]～[10] に入れるのに最も適当なものを、①～⑤の中から選び番号で答えなさい。

Clerk ：[6]
Nick ：Yes please. Can I get a cheese hamburger and two French fries?
Clerk ：Sure. [7]
Nick ：What kinds of sizes do you guys have?
Clerk ：We have small, medium, large, and super large.
Nick ：Wow! You guys have super large!
I'll have one medium and one super large fries then.
Clerk ：OK, [8]
Nick ：No, thank you. By the way, I have a coupon today, Can I use this?
Clerk ：[9] I'm afraid that your coupon is expired.
You can't use this coupon.
Nick ：Oh, I see. I'll pay for it without coupon. [10]
Clerk ：28.80 dollars.
Nick ：Here you are.

(注) French fries：フライドポテト　coupon：クーポン　expire：(期限などが) 切れた

① What's the total?
② May I take your order?
③ What size would you want for fries?
④ Let me check.
⑤ Is there anything else you would like to order?

3 次の 11 ～ 20 の（　　）内に入れるのに最も適当なものを①～④の中から選び、番号で答えなさい。

11 Nancy is (　　　) the piano now.
① play　② plays　③ played　④ playing

12 There is a coffee shop between park (　　　) gym.
① and　② to　③ at　④ by

13 Jun had a bad cold (　　　) week.
① ago　② next　③ last　④ before

14 Tom and Kota (　　　) good friends.
① are　② is　③ was　④ did

15 My father (　　　) fresh oranges every morning.
① eat　② eats　③ ate　④ eaten

16 Let's play soccer (　　　) the weather is nice tomorrow.
① if　② or　③ so　④ but

17 (　　　) I borrow your dictionary?
① Would　② Cannot　③ Will　④ Can

18 I (　　　) Bob since he was a child.
① know　② knew　③ have known　④ knowing

19 I have a brother (　　　) lives in Osaka.
① where　② which　③ whose　④ who

20 (　　　) time is it now?—It's 7:30.
① When　② What　③ Which　④ How

4

次の 21～23 の各組の英文がほぼ同じ意味になるように（　）内に入れるのに最も適当なものを、①～④の中から選び番号で答えなさい。

21
People use smartphones all over the world.
Smartphones are (　　) all over the world.

① use　② used　③ using　④ uses

22
Bob is the best player in our tennis club.
Nobody can play tennis (　　) than Bob.

① well　② good　③ better　④ as well

23
(　　) you help me with my homework?
Please help me with my homework.

① Will　② Shall　③ Must　④ May

5

次の 24～26 の日本語の意味に合うように（　）内の語(句)を正しい順序に並べかえた場合、（　）内の語(句)で<u>３番目</u>にくるものを番号で答えなさい。

24 私たちにとって十分な睡眠をとることは重要だ。

It's (① to　② for　③ important　④ us) get enough sleep.

25 私は全ての問題に答えることができました。

I (① to　② was　③ answer　④ able) all the questions.

26 私たちは２年間教師として働いています。

We (　　) two years.
(① for ② worked ③ have ④ as teachers)

6

次の 27 の会話文を読み、その内容に関する質問の答えとして最も適当なものを①～④の中から選び、番号で答えなさい。

27

Josh: It's the very last day of 2022, so we have a special guest today!
Thank you for coming to this show. How are you feeling right now?

Noah: Well, I'm little bit nervous because I haven't appeared on a show like this.

Josh: When was the last time you appeared on a TV show?

Noah: Actually, it has been 15 years.

Question: When was the last time Noah appeared on television?

① 1997　　② 2007　　③ 2017　　④ 2037

7

次の 28 の問いに対する最も適切な答えを①～④の中から選び番号で答えなさい。

28 One of your best friends will move to another city. You want to tell her you're feeling lonely. What would you say to her?

① I'll make a cake for you.
② I hope you enjoy your trip.
③ I'll miss you a lot.
④ You'll miss the next train.

8

次の 29 のカレンダーに関する対話を読み、質問の答えとして最も適当なものをカレンダー上の①～④の中から選び、番号で答えなさい。

29 カレンダー

Sunday	Monday	Tuesday	Wednesday	Thursday	Friday	Saturday
			①1	2	3	②4
5	③6	7	8	9	④10	11

Ken: Look, the train is coming.
Lisa: Oh, it's almost empty.
Ken: That's because it's a weekday afternoon now. Many people work this time of day. But, it's always crowded on weekends because there is a big park around here.
Lisa: I see. Look, the poster says the Curry Festival is going to be held there this weekend. Can you come with me?
Ken: OK. Let's meet in front of the station at noon tomorrow.

Question: When did Ken and Lisa have this conversation?

（注）weekday：平日　conversation：会話

9

次の 30 の質問に対する答えの文を読むとき、ふつうどの語を最も強く発音しますか。下線部①～③の中から選び、番号で答えなさい。

30　A: Do you live in Tokyo?
B: No. I live in Osaka with my family.
①　②　③

10

次の 31 の英文を１か所区切って読むとすれば、どこが最も適当ですか。①～④の中から選び、番号で答えなさい。

31　I will / play soccer with / my friends / if it is fine / this weekend.
①　②　③　④

11

次の 32・33 の各語の中で最も強く発音する部分が他と異なるものを①～④の中から選び、番号で答えなさい。

32　① bus-y　② en-ter　③ hap-pen　④ re-turn

33　① to-ma-to　② hos-pi-tal　③ li-brar-y　④ di-a-ry

12

次の 34・35 の下線部の発音と同じ発音をもつ語を①～④の中から選び、番号で答えなさい。

34　I take my dog for a walk every day.
（① taxi　② cake　③ apple　④ cat）

35　We have two apple trees in our garden.
（① learn　② great　③ meat　④break）

【記述問題】各指示に合わせて、記述１～１０の各問に答えなさい。

●次の（　　　）の語をそれぞれ文に合う形にして解答欄に記入しなさい。
ただし、全文を記入する必要はありません。

記述１　I met my friend on the street and I (speak) to her.
記述２　Please call (I) Ken.
記述３　I have a lot of friends from different (country).

●次の各文がほぼ同じ意味になるように（　　　）に適語を入れなさい。
ただし、全文を記入する必要はありません。

記述４　He wrote this book.
= This book was written (□□) him.
記述５　Sayaka has no brothers.
= Sayaka (□□□□) not have any brothers.
記述６　Nancy is going to play tennis next week.
= Nancy (□□□□) play tennis next week.

●次の二つの文章がほぼ同じ内容になるように、(記述７)(記述 8)に適する語を入れなさい。ただし、書き出しは与えられた文字から始め、完成した語を解答欄に記入しなさい。

There was interesting news on the Internet. It said that "YouTuber" was one of the most popular jobs among boys in junior high schools in Japan.

The writer was (記述７) in the news that there were many junior high school students (記述 8) wanted to be a "YouTuber" in Japan.

記述７ (in□□□□□□□□　) 記述８ (w□□)

●次の会話が成立するように、（　　　）に適切な語を入れなさい。
ただし、書き出しは与えられた文字から始め、完成した語を解答欄に記入しなさい。

記述９　(W　　　　) are you from?
－ I'm from Canada.

記述 10 How (m　　　　) times have you been to Hawaii?
－ I have been there twice.

【数　学】　(45分)　〈満点：100点〉

注意　1．答えが分数になるときは，約分してもっとも簡単な分数にしてください。

　　　2．答えに根号が含まれるときは，根号の中の数をもっとも小さい正の整数にしてください。

1　次の(記述1)～(記述8)に当てはまるものを答えよ。解答は，記述解答用紙に答えのみを記入すること。

i）　$\sqrt{3}(\sqrt{5}-\sqrt{27})+3\sqrt{15}$ を計算すると(記述1)である。

ii）　$(x-3)^2-3(x-3)+2$ を因数分解すると(記述2)である。

iii）　連立方程式 $\begin{cases} 2x-5y=-1 \\ -3x+2y=-4 \end{cases}$ の解は，$x=$(記述3)，$y=$(記述4)である。

iv）　下の図において，$\angle x=$(記述5)度，$\angle y=$(記述6)度である。

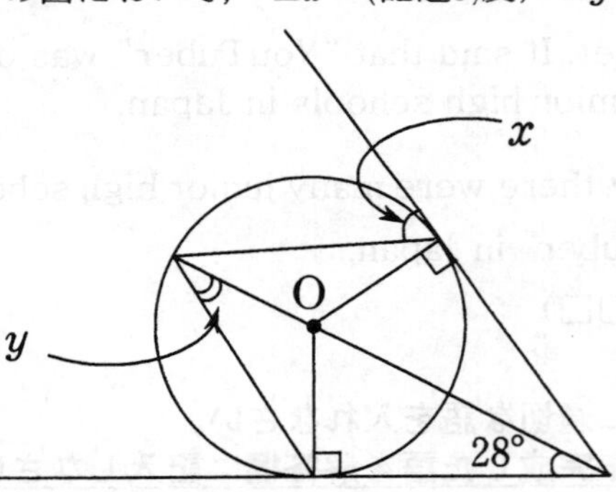

v）　下の表は，あるクラスの生徒20人のボール投げの記録を度数分布表にまとめたものである。記録が18m未満の生徒はクラス全体の(記述7)％，最頻値は(記述8)mである。

あるクラスのボール投げの記録

階級(m)	度数(人)
10 以上 14 未満	3
14 ～ 18	3
18 ～ 22	6
22 ～ 26	7
26 ～ 30	1
計	20

2 下の図のような長方形ABCDがあり，点A$(-1,2)$，点B$(-1,-1)$，点Dのx座標は5である。また，直線ℓは点Cと点E$(0,4)$を通り，辺ADとの交点をFとする。さらに，関数$y=ax^2$ $(a>0)$は原点と点Fを通る。このとき，次の(1)～(7)に当てはまるものを答えよ。ただし，円周率はπとする。解答は①～⑤の中から1つ選び，記号解答用紙に番号のみを記入すること(○は記入しないこと)。

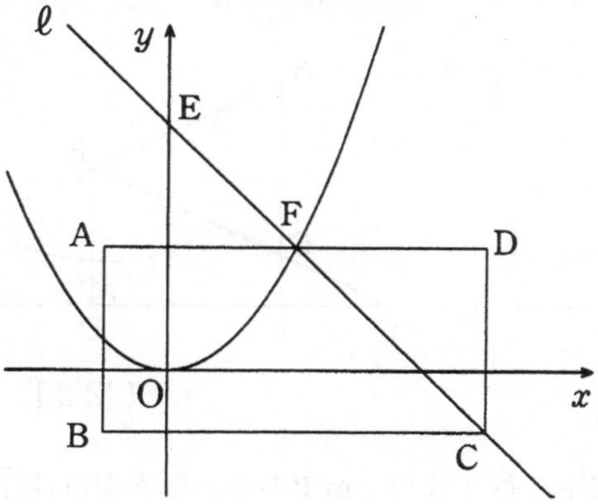

i） 直線ℓの式は(1)，点Fのx座標は(2)である。解答欄は 設問1 ～ 設問2

(1) ① $y=-4x+4$　② $y=-4x+5$　③ $y=-\frac{1}{4}x+4$
　④ $y=-x+4$　⑤ $y=-x+5$

(2) ① 1　② $\sqrt{2}$　③ $\sqrt{3}$　④ 2　⑤ $\frac{5}{2}$

ii） aの値は(3)である。解答欄は 設問3

(3) ① $\frac{1}{6}$　② $\frac{1}{5}$　③ $\frac{1}{4}$　④ $\frac{1}{3}$　⑤ $\frac{1}{2}$

iii） 直線ℓと関数$y=ax^2$ $(a>0)$の点F以外の交点のx座標は(4)，y座標は(5)である。解答欄は 設問4 ～ 設問5

(4) ① -3　② -4　③ $-2\sqrt{5}$　④ $-2\sqrt{6}$　⑤ -5

(5) ① 8　② 9　③ $7\sqrt{2}$　④ 10　⑤ 11

iv） 台形ABCFをy軸を軸として1回転させたときにできる立体の体積は(6)，△CDFをy軸を軸として1回転させたときにできる立体の体積は(7)である。解答欄は 設問6 ～ 設問7

(6) ① 8π　② 25π　③ 39π　④ $\frac{125}{3}\pi$　⑤ 125π

(7) ① 18π　② 27π　③ 36π　④ 45π　⑤ 86π

3　【図1】は，AB＝10 cm，BC＝20 cm，∠ABC＝90°の直角三角形ABCである。点Dは辺BCをBD:DC＝2:3に分ける点で，BC⊥DEとなる点Eを辺AC上にとる。次に，【図2】のように，この三角形をEDを折り目として折り返し，点Cが移る点をF，EFと辺ABとの交点をGとする。このとき，次の(8)～(13)に当てはまるものを答えよ。解答は①～⑤の中から1つ選び，記号解答用紙に番号のみを記入すること(○は記入しないこと)。

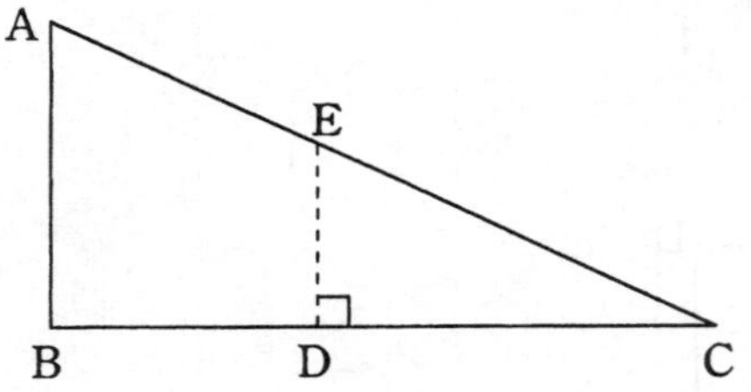

【図1】

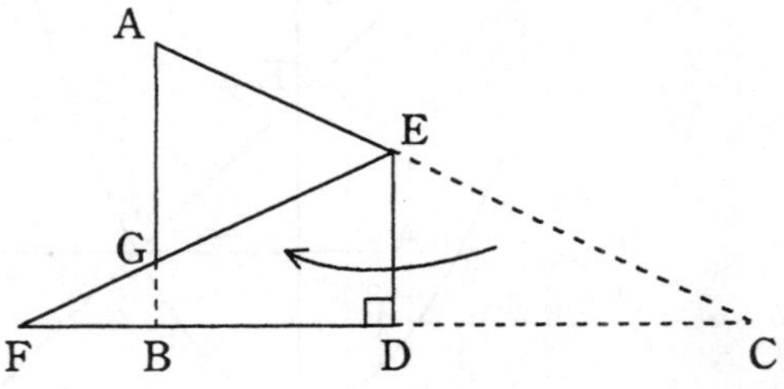

【図2】

i）　辺ACの長さは(8) cm，EFの長さは(9) cmである。解答欄は 設問8 ～ 設問9

(8)　①　$10\sqrt{2}$　②　$7\sqrt{5}$　③　$10\sqrt{3}$　④　$10\sqrt{5}$　⑤　$14\sqrt{5}$

(9)　①　$3\sqrt{5}$　②　$5\sqrt{2}$　③　$5\sqrt{3}$　④　$4\sqrt{5}$　⑤　$6\sqrt{5}$

ii）　FBの長さは(10) cmで，BDの長さの(11)倍である。解答欄は 設問10 ～ 設問11

(10)　①　$\sqrt{2}$　②　$\sqrt{5}$　③　4　④　5　⑤　$4\sqrt{2}$

(11)　①　$\frac{1}{3}$　②　$\frac{1}{2}$　③　$\frac{\sqrt{2}}{2}$　④　$\frac{3}{2}$　⑤　2

iii）　△AGEの面積は(12) cm^2，△GFBと△AGEの面積の比は(13)である。解答欄は 設問12 ～ 設問13

(12)　①　30　②　32　③　35　④　36　⑤　38

(13)　①　1:8　②　1:10　③　3:7　④　5:8　⑤　5:9

4

下の図のような底面EFGH の1 辺が $6\sqrt{2}$ cm の正方形で，高さが $3\sqrt{7}$ cm の直方体がある。辺 BC と CD の中点をそれぞれ 点 P , Qとするとき，次の (14)～(18) に当てはまるものを答えよ。解答は①～⑤の中から１つ選び，記号解答用紙に番号のみを記入すること(○は記入しないこと)。

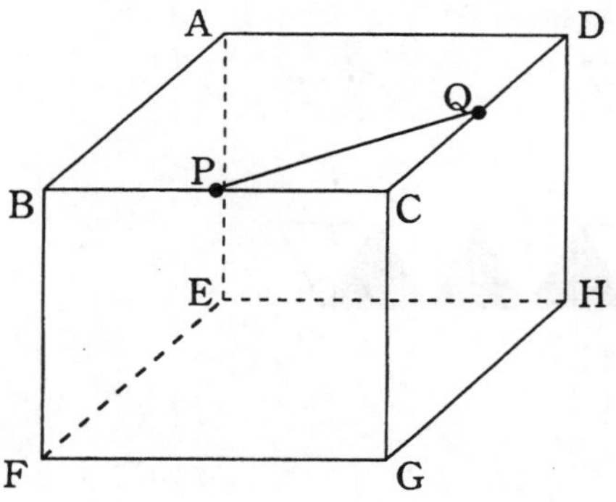

i) 三角すい G−CQP の体積は (14) cm^3 である。解答欄は 設問 14

(14) ① $9\sqrt{2}$ ② $10\sqrt{2}$ ③ $9\sqrt{7}$ ④ $18\sqrt{7}$ ⑤ $27\sqrt{7}$

ii) PQ の長さは (15) cm ，FHの長さは (16) cmである。 解答欄は 設問 15 ～ 設問 16

(15) ① 6 ② 7 ③ 8 ④ 8.5 ⑤ 9

(16) ① 10 ② 10.5 ③ 11 ④ 11.5 ⑤ 12

iii) PF の長さは (17) cm ，台形 PFHQ の面積は (18) cm^2 である。解答欄は 設問 17 ～ 設問 18

(17) ① 6 ② 7 ③ 8 ④ 8.5 ⑤ 9

(18) ① 60 ② $27\sqrt{6}$ ③ $54\sqrt{2}$ ④ $55\sqrt{7}$ ⑤ $74\sqrt{7}$

5　下の図のように黒と白の正三角形をある規則に従って並べた。このとき，(19)～(25) に当てはまるものを答えよ。<u>解答は①～⑤の中から１つ選び，記号解答用紙に番号のみを記入すること(○は記入しないこと)。</u>

【図1】 

【図2】 

【図3】 

⋮　　　⋮

i）　【図1】では黒が1個，白が1個の合計2個の正三角形が使われ，【図2】では黒が3個，白が2個の合計5個の正三角形が使われている。【図5】では黒が (19) 個，白が (20) 個の合計 (21) 個の正三角形が使われる。解答欄は 設問 19 ～ 設問 21

(19)　①　15　　②　16　　③　17　　④　18　　⑤　19

(20)　①　4　　②　5　　③　6　　④　7　　⑤　8

(21)　①　19　　②　20　　③　21　　④　22　　⑤　23

ii）　【図 n】では黒が (22) 個，黒と白を合計して (23) 個の正三角形が使われる。解答欄は 設問 22 ～ 設問 23

(22)　①　$\frac{n^2-1}{2}$　　②　$\frac{n^2+1}{2}$　　③　$\frac{n^2}{2}$　　④　$\frac{n^2+n}{2}$　　⑤　n^2+n

(23)　①　$\frac{n^2}{2}$　　②　$\frac{n^2-n}{2}$　　③　$\frac{n^2+n}{2}$　　④　$\frac{n^2+2n}{2}$　　⑤　$\frac{n^2+3n}{2}$

iii）　黒と白を合計して正三角形が275個使われるのは【図 (24) 】で，そのとき黒は (25) 個使われる。解答欄は 設問 24 ～ 設問 25

(24)　①　19　　②　20　　③　21　　④　22　　⑤　23

(25)　①　198　　②　250　　③　253　　④　262　　⑤　263

6 下の図のような紙の左下の角に，●のカードが1枚置かれている。このカードをさいころを投げて奇数の目が出たら目の数だけ右に，偶数の目が出たら目の数だけ上に移動する。例えば1回目に3が出て，2回目に2が出たらアの位置に移動する。このとき，(26)～(30)に当てはまるものを答えよ。解答は①～⑤の中から1つ選び，記号解答用紙に番号のみを記入すること(○は記入しないこと)。

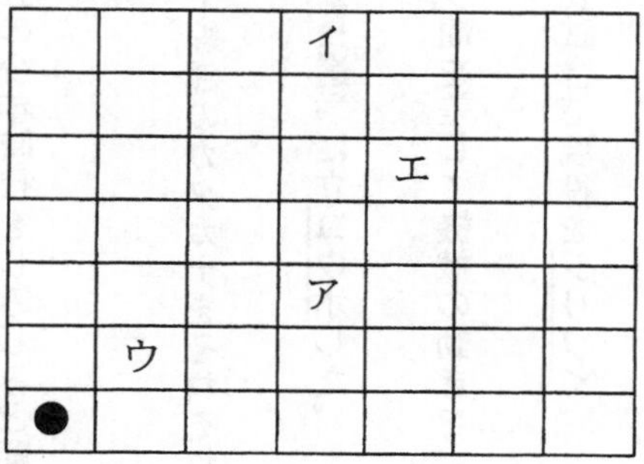

i）　さいころを2回投げて，左下の角からイの位置に移動できる確率は(26)である。
解答欄は 設問 26

(26)　①　$\frac{2}{49}$　②　$\frac{1}{18}$　③　$\frac{1}{12}$　④　$\frac{1}{7}$　⑤　$\frac{1}{6}$

ii）　さいころを2回投げて，左下の角からウの位置に移動できる確率は(27)である。
解答欄は 設問 27

(27)　①　0　②　$\frac{1}{4}$　③　$\frac{1}{2}$　④　$\frac{3}{4}$　⑤　1

iii）　さいころを3回投げて，左下の角からイの位置に移動できる確率は(28)である。
解答欄は 設問 28

(28)　①　$\frac{1}{49}$　②　$\frac{1}{42}$　③　$\frac{1}{36}$　④　$\frac{1}{18}$　⑤　$\frac{1}{6}$

iv）　左下の角からエの位置に移動したい。さいころを投げる回数は，最も少ない場合で(29)回，最も多い場合で(30)回である。 解答欄は 設問 29 ～ 設問 30

(29)　①　2　②　3　③　4　④　5　⑤　6

(30)　①　2　②　3　③　4　④　5　⑤　6

【記述問題 31～40】（記述問題用の解答用紙を使用してください）

一　31～35の――線部の漢字の読みがなをそれぞれひらがなで書きなさい。

31　懸賞作文が雑誌に掲載された。

32　新型コロナ対策の規制を緩和する。

33　古いコンセントは漏電の危険がある。

34　私と彼との考え方には大きな隔たりがある。

35　彼は、自分の少年時代をしみじみと顧みた。

二　36～40の――線部のカタカナをそれぞれ漢字になおしなさい。

36　彼は生徒会長選挙に立コウホした。

37　昨日の試合で、勝負を決めたホームランはアッカンだった。

38　ジュンカツ油を差して機械の動きをよくする。

39　山の上にキズかれたお城は街のシンボルになっている。

40　九月の公式試合で現役をシリゾく。

29 この文章の内容に合っているものを1～5の中から一つ選び、その番号を書きなさい。解答番号は 29

1 アメリカの学生たちが溌剌として学問に対し強い好奇心を持っているのは、高校までの自主的学習を尊重するという教育環境により、勉強に苦しめられたり、打ちのめされたりした経験がないからである。
2 日本では、初等教育において読み書きそろばんと言われるように確実な基礎を叩き込むことを最重要視しているが、中高生には今後さらに論理的思考や表現力を身につける比重を高めていかなければならない。
3 アメリカの学生が、議論に強く、相手の論理的飛躍を指摘する技術に熟練し、自分の考えを論理的に表現することが得意なのは、高校までの教育が知識を詰め込むといった基本的なことに重点が置かれているからである。
4 日本の学生が、大学に入学してからはあまり成績に対してこだわらないのは、長年の受験勉強で心身ともに疲れ果ててしまったということと、自分の生き方について考えるのが大学だと考えているからである。
5 アメリカでは、学生以外でも誰もが論理的な考え方を持ち、それを筋道を立てて表現することができるのは、高校までの教育というよりも、それぞれの家庭環境や親の考え方、教育方針によるものである。

30 この文章に題名をつけるとしたらどのようなものがふさわしいか。1～5の中から一つ選び、その番号を書きなさい。解答番号は 30

1 ハードとソフト
2 論理的思考と知識力
3 二つのインテリジェンス
4 論理的飛躍を指摘する技術
5 論理的に考えるということ

27 文中の――線部H「日本ではインテリジェンスの知識的側面が強調され、アメリカではその技術的側面が重視されている」とはどういうことか。1～5の中から一つ選び、その番号を書きなさい。解答番号は 27

1 日本では初等教育から国語と算数を中心に確実な知識を身につけることが大切だと考えられ、アメリカでは物事を論理的に考え処理し、表現することが重要だと考えられているということ。

2 日本では論理的思考ができるように基礎的知識を学ぶことが大切だと考えられ、アメリカでは議論の場で相手にどうしたら勝てるかといった技術的な考え方が重要だと考えられているということ。

3 日本では問題点をどのように見つけて解決するかということが大切だと考えられ、アメリカでは基本的な教養を詰め込み、それを基に論理的な考えを身につけていくことが重要だと考えられているということ。

4 日本ではものごとをいかに論理的に考え、処理するかということが大切だと考えられ、アメリカではまずしっかりとした自分の考えを持ち、それを筋道を立てて話せるようになることが重要だと考えられているということ。

5 日本では一流大学に進学するために猛烈に勉強することが大切だと考えられ、アメリカではどの大学を卒業したのかということは意味がなく、大学でどう学んで、どのような資格を取得したかが重要だと考えられているということ。

28 文中の――線部I「〝不可解な日本人（inscrutable Japanese）〟」とはどのようなことを表しているか。1～5の中から一つ選び、その番号を書きなさい。解答番号は 28

1 論理的思考や表現力に比重を置いている日本人が、国際交流の場面ではその力をうまく発揮することができないということ。

2 科学技術で世界の一流国を作り上げた優秀な日本人が、国際社会において政治経済の面で孤立してしまっているということ。

3 思想面でも宗教でも文学でもすぐれている日本人が、場面に応じた婉曲的な考え方や表現方法がなかなかできないということ。

4 世界的にすぐれた科学技術をもっている日本人が、論理的に物事を考えたり表現するということがうまくできないということ。

5 初等教育から基礎をしっかりと形成している日本人が、知的発展においてはその可能性が限定されてしまっているということ。

25 文中の――線部F「彼らが勉強らしい勉強をしていない」とはどういうことか。1～5の中から一つ選び、その番号を書きなさい。解答番号は 25

1 アメリカでは、自分は何に興味があるのか、どんな学問を学びたいのかをじっくりと考えさせる教育方針があるため、高校までに知識量をどう増やしていくかといったことには重点が置かれていないということ。
2 アメリカでは、ものごとを論理的に考えどう対処していくかといったことや、問題点をどのように発見してどう議論していくかといったことに重きを置いているため、高校までは知識を詰め込むようなことはしないということ。
3 アメリカでは、大学生になったときに勉強へのバイタリティーや知識欲を出させるために、高校までは苦しい勉強で打ちのめすことや知識量を増やしていくといったことが成長の障害になると考えているということ。
4 アメリカでは、本格的な学習は大学生活に入ってからするものだと考えているため、将来大学に入ってから勉強が嫌いにならないように、大量の宿題や課題を出して苦しめないようにしているということ。
5 アメリカでは、高校までは人間関係について学んだり、将来に向けて自分の人格を形成するための時期と考えているので、知識量を増やすより、友人などとの交流の時間をむだにしないようにするということ。

26 文中の――線部G「真の意味での国際人」とはどのような人物のことか。1～5の中から一つ選び、その番号を書きなさい。解答番号は 26

1 相手の論理的飛躍を指摘し、相手を論破する技術に熟練した人物。
2 口べたであっても知識が豊富で論理的思考がきちんとできる人物。
3 知識がなくても、しっかりとした自分なりの考え方を持っている人物。
4 表現力がなくても物事を論理的にとらえ、理路整然と考えることができる人物。
5 自分の考えを持ち、その考えを筋道を立ててはっきりと表現することができる人物。

23 文中の――線部D「この習慣」とはどのような習慣か。1～5の中から一つ選び、その番号を書きなさい。解答番号は23

1 教官が、学生に数学の演習問題を解かせたり、レポートを出させるなどといった毎週大量の宿題を出すこと。
2 学生が、大学の教官に対し、高い授業料に見合う授業をしているかどうかという評価を毎週出すこと。
3 教官が、学生に対し、良い会社や良い大学院に進むための基礎学力を残せるように猛烈な指導をすること。
4 学生が、大学の教官に対し、高い授業料に見合う大量の宿題を出してもらえるように毎週催促すること。
5 教官が、学生に大量の宿題を出し、指定期日までにきちんと仕上げて提出できるように指導をすること。

24 文中の――線部E「無気力とさえ思える日本の学生」とあるが、なぜ日本の学生は無気力になってしまうのか。1～5の中から一つ選び、その番号を書きなさい。解答番号は24

1 基礎知識は十分に身に付いている反面、その知識を使って論理的に考える方法が身に付かず、自分の力不足を痛感してどうしてよいのかわからなくなってしまったから。
2 毎月各教科からかなりの分量の宿題が与えられ、その合計が大変な分量になってしまっているので、その宿題を完成させなければならないという使命感に追いつめられてしまったから。
3 大学を受験する際に、長い間受験勉強を続けなければならず、さらに基本的な知識を習得する勉強の苦しみに打ちのめされ、身も心も疲れ果ててしまったから。
4 長年にわたる受験勉強で心身を摩耗させ、ようやく一流大学に合格できても、いざ大学に入学してみると大学側には知識欲旺盛な学生たちを指導できる体制が整っていなかったから。
5 大学では論理的思考を身につけることが本当の学問だと知り、今まで知識をたたき込んできた勉強方法では、大学で通用しないことがわかり、実力のない自分に失望したから。

20 文中の――線部A「彼らはむしろ大学に入ってからの方が成績に一喜一憂する」のはなぜか。1～5の中から一つ選び、その番号を書きなさい。解答番号は 20

1 アメリカでは、高校生まで勉強らしい勉強をしておらず、苦しい勉強に打ちのめされたこともないまま大学に入学するが、初めて勉強というものに向きあうことで、新しいものに対する好奇心や知識欲が旺盛になったから。

2 アメリカでは、良い会社や大学院に進むのに有利だと言われている一流大学の校数が非常に少ないため、現在進学した地方の大学から一流大学に編入するためには、少しでも良い成績をとらなければならないから。

3 アメリカでは、一流大学とよばれるものの多くは授業料が高い私立大学であったり、また、他の州立大学でも多額の納入金を納めなければならないので、多くの学生は少しでも成績を上げ奨学金を手に入れようと考えているから。

4 アメリカでは、成績優秀なものがすべて一流大学に集まるのではなく地方の大学に散らばっているため、良い会社や大学院に入るには、大学名ではなく大学時代に何を学び、良い成績を残せたかどうかが重要になっているから。

5 アメリカでは、学生たちが、勉強が嫌いなら大学をやめればよいと割り切って考えていたり、高い授業料に見合うだけの勉強をしないと割が合わないなどといった損得勘定でものを考えているから。

21 文中の――線部B「そこで」の説明として適切なものを、1～5の中から一つ選び、その番号を書きなさい。解答番号は 21

1 「そこで」は接続詞で「そういうわけで」「そういう事態になったので」といった意味である。

2 「そこで」は接続詞で「さて」「今まで述べたことは、そうしておいて」といった意味である。

3 「そこ」は指示代名詞で「大学」を指していて、「で」は場所を示す格助詞である。

4 「そこ」は指示代名詞で「遠方の一流大学」を指していて、「で」は原因・理由を示す格助詞である。

5 「そこ」は指示代名詞で「授業料の高い私立大学」を指していて、「で」は順接の理由を示す接続助詞である。

22 文中の――線部C「彼らは音を上げない」とはどのようなことか。1～5の中から一つ選び、その番号を書きなさい。解答番号は 22

1 学生が各教官からの大量の宿題に対して、一つ一つの問題について自分で考えず、最初から質問しに行くこと。

2 教官が学生から大量の宿題を要求されることに負担を感じ、どうしてよいかわからなくなってしまうこと。

3 学生が教官から毎週かなりの分量の宿題を与えられても、できなければ大学をやめればいいと割り切って考えること。

4 教官が学生から毎週かなりの分量の宿題を催促されても、その理不尽な要求に対して自分の感情を押し殺すこと。

5 学生が教官から大量の宿題を出されてもあきらめようとせず、宿題を終わらせようと立ち向かっていくこと。

※ バイタリティー —— 活力。生活力。　※ フレッシュメン —— フレッシュマン。新入生。新人。
※ インテリジェンス —— 知力。知性。　※ 婉曲 —— 表現の仕方が遠回しで、穏やかなさま。

16〜18 文中の ア 〜 ウ に入る語句をそれぞれ1〜5の中から一つずつ選び、その番号を書きなさい。解答番号はアが 16 、イが 17 、ウが 18

ア　1 つまり　2 また　3 ただ　4 では　5 したがって
イ　1 もちろん　2 それとも　3 もしくは　4 だから　5 ところが
ウ　1 なぜなら　2 しかも　3 やはり　4 ただし　5 または

19 文中の X 〜 Z に入る語句の組み合わせとして適切なものを1〜5の中から一つ選び、その番号を書きなさい。解答番号は 19

1 X 値　Y 口　Z 的
2 X 手　Y 頭　Z 真
3 X 声　Y 手　Z 要
4 X 腕　Y 鼻　Z 心
5 X 骨　Y 目　Z 当

りした考えを持っているし、スポーツ選手、スター、政治家などのインタビューを聞いていても、実に[Z]を得たことを理路整然と話す。

これとは対照的に、知識の豊富さにおいては格段に優れている日本人の方が、概して論理的思考や表現に弱く、口べたで、いつまでたってもG真の意味での国際人になり得ないでいる。

こうなると、いったい※インテリジェンスとは何なのだろうか、とつい考えてしまう。数学の問題をスマートなテクニックで手ぎわよく処理するのも、アメリカ大統領の名をワシントンからカーターまで覚えているのも、日食・月食を説明するための天文学的知識を持つことも、みなインテリジェンスであろう。しかし、論理的に事物を分析し、思考し、それを表現することも疑いなくインテリジェンスである。

このような日米での著しい差異が、高校までの学校及び家庭教育の違いによりもたらされていることはほとんど明らかであろう。端的にいうと、H日本ではインテリジェンスの知識的側面が強調され、アメリカではその技術的側面が重視されている、といえるかも知れない。ハードとソフトと言いかえてもよい。

それではいったいどちらの教育が正しいのだろうかということになるが、[イ]問題は、ハードとソフトのどちらがより重要であるかということではなく、教育の場において、発達を視野に入れながら二つをいかに適切にくみ合わせていくかということである。

初等教育では昔から読み書きそろばんと言われている通り、国語と算数を中心に確実な知識を叩《たた》き込むことが時代を問わず最重要と思われる。この基礎がしっかり形成されていないと以降の知的発展の可能性が限定されてしまうからである。日本の伝統的な教育はこの点で間違っていない。これに反し中高では論理的思考や表現能力の比重を現在よりはるかに高める必要がある。この頃に身につけないと大学に入ってからでは遅過ぎるのである。

西洋人がI“不可解な日本人（inscrutable Japanese）”という言葉を口にすることがよくあるが、これは吟味を要する文句である。不可解なのは、われわれの思想でも宗教でも文学でもなく（これらは彼らに良く理解されつつある）、実は、ほかでもない論理面での未熟さ（精神面でのといってもよい）なのであり、それをただ※婉曲《えんきょく》に言い表わしているに過ぎないのではないか。私にはそう思えてならない。科学技術で世界の一流国を作り上げた優秀なる日本人が、論理的にものを考えたり表現するというごく当たり前のことを、うまくなし得ないでいるということ。それが彼らにはとても信じられないのだろう。

日本が政治経済の面で国際的に孤立化しそうな今日、この“論理”なるもの、日本にはもともと存在しなかったものなのだろうか、と悲観的になることもある。

しかし、[ウ]教育の影響が大きいのであろう。となると、受験地獄とのかねあいから一朝一夕には改善されないかも知れない。

とにかくこのごろ、長年にわたる受験勉強で心身を摩耗《まもう》させてしまったような若者をキャンパスで見かけるたびに、無知ではあるが学問への素朴な憧《あこが》れを抱いたアメリカ学生たちの輝いた目をなつかしく思い出してしまう。

（藤原正彦『数学者の言葉では』による）

九 次の文章を読み、後の問いに答えなさい。（設問の都合で、省略したところがある。）

期末試験の季節が近づいてきた。といってもこれはアメリカの話である。あちらの大学では、たいてい四月末から五月中旬にかけて春学期の期末試験が行われる。

アメリカの学生も、成績にこだわるという点に関しては日本と大差ない。［ア］、日本の学生が大学に入学してからはそれほどでもないのに対し、A彼らはむしろ大学に入ってからの方が成績に一喜一憂する。

アメリカにも一流大学と呼ばれるものがあるにはあるが、それらの多くは授業料の高い私立であるし、また州立であっても他州の者に対しては多額の納入金を課しているから、おいそれと遠方の一流大学へは行けない。だから成績抜群の学生が、小さな地方大学にもいくらでも散らばっているということになる。こうなると、卒業の時点において、どの大学を卒業したかということは大した意味を持たず、Bそこで実際に何をどう学んだか、が重要になってくる。

従って、良い成績を残すことが彼らにとって大きな関心事なのである。特に、不景気の昨今、良い会社に入るため、また良い大学院へ進むために猛烈に勉強をする。彼らの馬力は大したものである。試験前に頑張るのはもちろん、どの教官も毎週かなりの分量の宿題を与えるが、ほぼ全員が指定日時までにきちんと仕上げて提出する。私の専門の数学では、宿題といえば演習問題を解かせることと決まっているが、文科系では、一ヶ月以内に分厚い参考書を数冊読了してレポートにまとめさせるという［X］の折れるものもあるらしい。各教官がそんな宿題を出すので合計すると大変な量になるのだが、それでもC彼らは音《ね》を上げない。勉強が嫌いなら大学をやめればよい、と割り切って考えているし、また高い授業料に見合うだけの勉強をしないと割が合わない、と損得勘定をしているせいもある。Dこの習慣に慣れていなかった私は、宿題を出し忘れたり、老婆心から量を少なくし過ぎたりして、学生から逆に催促されたことも何度かあった。

ともすればE無気力とさえ思える日本の学生を見る時、アメリカの学生たちのこの※バイタリティーを支えているものはいったい何なのだろうか、と考えさせられる。やはり一番大きいのは、高校までの段階で、F彼らが勉強らしい勉強をしていないということだろう。まだ苦しい勉強に打ちのめされたことがないから、実に溌剌《はつらつ》としていて知識欲は旺盛《おうせい》だし、何より学問に対して無邪気ではあるが強い好奇心を持っている。私の経験からいうと、あちらの※フレッシュメンの知識量は驚くほど乏しい。歴史、地理、科学一般に関しての知識はいわずもがな、母国語の英語だってかなり怪しい。とりわけ数学については［Y］を覆いたくなるほどだ。

こう書いてくると、アメリカの学生がいかにもバカであるかのように聞こえるが、決してそうではなく、私のいっているのは、単に知識が少ないということだけである。むこうでは、高校までの教育において、知識を詰め込むことよりも、ものごとをいかに論理的に考え処理するか、問題点をどのように発掘し解決するか、とか議論をいかに展開させてゆくかなどといった基本的なことに重点が置かれているらしい。

とにかく連中は、議論になると極めて強い。相手の論理的飛躍を指摘する技術にかけては小憎らしいほど熟練しているし、自分の考えを筋道立てて表現するのも上手だ。これは学生に限られたことではなく、暗算のロクに出来ない主婦でも、話してみると驚くほどしっか

七 ――線部の敬語の使い方として適切なものを1～5の中から一つ選び、その番号を書きなさい。解答番号は[14]

1 お父様が申されたことは本当のことでしょうか。
2 明日の夕方、家庭訪問で先生がうかがうとのことです。
3 先生、先生が絵画展で優秀賞を受賞された作品をご覧にならせてください。
4 お母様、太郎君の作品が受賞したことは、当然もうすでにご存じだと思います。
5 田舎のおばあさまから送られたお菓子を、今日、ありがたく召し上がっております。

八 ――線部の動詞の活用の種類と活用形の組み合わせとして適切なものを1～5の中から一つ選び、その番号を書きなさい。解答番号は[15]

面接試験対策として、普段からニュースを見ることが大切だ。

1 マ行上一段活用　連体形
2 マ行下一段活用　連体形
3 ラ行上一段活用　終止形
4 ラ行上一段活用　連体形
5 ラ行下一段活用　終止形

三

8・9の語句の類義語をそれぞれ1～5の中から一つずつ選び、その番号を書きなさい。解答番号は8・9

8 熟読　1 解読　2 精読　3 既読　4 拝読　5 通読

9 関与　1 介入　2 関心　3 仲介　4 関連　5 介在

四

10・11の語句の対義語をそれぞれ1～5の中から一つずつ選び、その番号を書きなさい。解答番号は10・11

10 原告　1 勧告　2 上告　3 被告　4 抗告　5 公告

11 一般　1 特殊　2 高級　3 例外　4 異質　5 希少

五

――線部の「ない」で、文法上性質が同じものを1～5の中から一つ選び、その番号を書きなさい。解答番号は12

「朝の天気予報だと晴れだから、家には傘を持って帰らないことにする。」

1 A君「今、置き傘を探しているが、ロッカーの中にも、机の中にもない。確かに一本折りたたみ傘があったはずだが、ない。」

2 Bさん「ああ、その話は確か、おさないころにおじいさんから聞かされたことがあるな。でもいいや。ご忠告有り難う。」

3 C君「君は『降らずとも傘の用意を』という言葉をご存じないかな。最近の天気予報ははずれることが多いからね。持参すれば。」

4 Dさん「なくてもいいじゃない。そんなにむきになるのは大人げないね。」

5 E君「そんなに言わなくてもいいじゃない。気になるんだから仕方ないだろう。」

六

四字熟語の表記として適切なものを1～5の中から一つ選び、その番号を書きなさい。解答番号は13

1 興味深々　2 孤立無縁　3 千変万花　4 一網打尽　5 前代未聞

二〇二三年度　京華商業高等学校

【国　語】（四五分）〈満点：一〇〇点〉

【記号問題　1～30】（記号問題用の解答用紙を使用してください）

一　1～5の文学作品の作者名をそれぞれ1～5の中から一つずつ選び、その番号を書きなさい。解答番号は1～5

1　『放浪記』　1　正岡子規　2　幸田露伴　3　二葉亭四迷　4　樋口一葉　5　林芙美子

2　『山椒魚』　1　国木田独歩　2　坪内逍遙　3　井伏鱒二　4　斎藤茂吉　5　井上　靖

3　『雪国』　1　川端康成　2　志賀直哉　3　芥川龍之介　4　武者小路実篤　5　萩原朔太郎

4　『若菜集』　1　北原白秋　2　高村光太郎　3　島崎藤村　4　有島武郎　5　与謝野晶子

5　『明暗』　1　森　鷗外　2　夏目漱石　3　宮沢賢治　4　壺井　栄　5　太宰　治

二　6・7の慣用句の意味をそれぞれ1～5の中から一つずつ選び、その番号を書きなさい。解答番号は6・7

6　しのぎを削る

1　相手の領地を侵略すること。
2　地道な努力を重ねること。
3　出費をおさえて倹約すること。
4　激しく争うこと。競うこと。
5　お互いに技を磨きあうこと。

7　二の句がつげない

1　すぐに言葉が出ないほど素晴らしいこと。
2　緊張のあまり言葉を忘れてしまうこと。
3　批判されて言い返すことができないこと。
4　突然のことですぐに返答できないこと。
5　あきれて次の言葉が出てこないこと。

2023年度／京華商業高等学校

英語解答

1 1 ④　2 ②　3 ③　4 ④
5 ①

2 6 ②　7 ③　8 ⑤　9 ④
10 ①

3 11 ④　12 ①　13 ③　14 ①
15 ②　16 ①　17 ④　18 ③
19 ④　20 ②

4 21 ②　22 ③　23 ①

5 24 ④　25 ①　26 ④

6 27 ②

7 28 ③

8 29 ④

9 30 ②

10 31 ③

11 32 ④　33 ①

12 34 ②　35 ③

【記述問題】

記述１	spoke	記述２	me
記述３	countries	記述４	by
記述５	does	記述６	will
記述７	interested	記述８	who
記述９	Where	記述10	many

1〔長文読解─英問英答─説明文〕

≪全訳≫❶1957年，ソビエト連邦がスプートニクという人工衛星を初めて打ち上げた。これは宇宙に送られた最初の物体だった。２年後，ルナ２号が打ち上げられた。これにより，アメリカとソ連は，どちらの国が最初に人間を宇宙に送り，どちらが最初に月に到達するかという「宇宙開発競争」に突入した。この競争は，新しい技術を生み出し，アメリカにNASAを誕生させた。❷アメリカは1958年にNASAを創設し，1960年にマーキュリー計画を開始した。これは，人間が宇宙で生き残れるかどうかを検証するプロジェクトだった。そして，1960年代末までにアメリカ人を月に到達させることを決定した。1961年５月５日，アラン・シェパードがアメリカ人として初めて宇宙へ旅立った。ソ連の宇宙飛行士ユーリ・ガガーリンに遅れること１か月足らずの出来事だった。彼は同年，歴史的な「初飛行」を果たした。

＜解説＞1「ソビエト連邦は(　　)を打ち上げた」─④「1959年にルナ２号」　第１段落第１～３文参照。Two years later で「２年後」。　2「アメリカは(　　)」─②「ルナ２号が打ち上げられる前にNASAを創設した」　ルナ２号が打ち上げられたのは1959年。アメリカがNASAを創設したのは1958年(第２段落第１文)。　3「アラン・シェパードは(　　)だった」─③「アメリカ人として初めて宇宙へ旅立った人物」　第２段落第４文参照。　4「『初飛行』の目的は(　　)だった」─④「最初に宇宙へ旅立つこと」　第２段落後半参照。アラン・シェパードが宇宙へ行ったのは，同じ年に歴史的な『初飛行』を成し遂げたユーリ・ガガーリンの１か月後だった，という内容から判断できる。　flight「飛行」　5「この話によると(　　)」─①「ソ連はアメリカよりも早く人類を宇宙へ送り出したことになる」　第２段落後半参照。ここでの behind は「遅れて」という意味。

2〔対話文完成─適文選択〕

≪全訳≫❶店員(C)：ご注文をお伺いしてもよろしいでしょうか？❷ニック(N)：はい，お願いします。チーズハンバーガーとフレンチフライを２つお願いします。❸C：わかりました。フライドポテトのサイズはどうなさいますか？❹N：サイズはどのようなものがありますか？❺C：スモール，ミディアム，ラージ，スーパーラージがあります。❻N：へえ！　スーパーラージがあるんですね!?　じゃあ，ミディアムとスーパーラージのポテトを１つずつ食べようかな。❼C：わかりました。他にご注文はございませんか？❽N：いいえ，けっこうです。ところで，今日，クーポンを持っているのですが，これは使えますか？❾C：確認させてください。申し訳ございませんが，お客様のクーポンの有効期限が切れております。このクーポンは使えません。❿N：ああ，そうですか。クーポンなしで支払います。合計でいくらですか？⓫C：28.80ドルです。⓬N：では，これで。

＜解説＞[6]この後，ニックが注文している。　[7]この後，ニックがサイズの種類をきいている。店員はニックが望むフライドポテトのサイズを尋ねたのである。　[8]直後で，ニックが No, thank you.「いいえ，けっこうです」と答えている。店員は他に注文がないか確認したのである。　[9]自分の持っているクーポンが使えるかどうかきかれた店員の返答。'let＋目的語＋動詞の原形' は「〜に…させる」という意味。Let me check. の直訳は「私に確認させて」。　[10]この後，店員が「28.80ドルです」と答えている。ニックは合計金額を尋ねたのである。この total は「総額」という意味。

3 〔適語(句)選択・語形変化〕

[11]文末の now「今」に着目し，現在進行形(is/am/are 〜ing)にする。　「ナンシーは今ピアノを弾いている」

[12]'between *A* and *B*' で「*A* と *B* の間」となる。「公園と体育館の間にコーヒーショップがある」

[13]had は have の過去形(have－had－had)なので過去の文。　last week「先週」　「ジュンは先週ひどい風邪をひいた」

[14]Tom and Kota＝good friends の関係になるので be動詞が入る。主語が複数なので are が適切。「トムとコウタは仲良しだ」

[15]文末に every morning「毎朝」とあるので，現在形の文。主語の My father は３人称単数なので，３単現の s をつける。　「私の父は毎朝新鮮なオレンジを食べる」

[16]「サッカーをしよう」と「明日天気が良い」をつなぐ接続詞として適切なものを選ぶ。　「明日天気が良ければサッカーをしよう」

[17]Can I 〜？は「〜してもいいですか」と '許可' を求める言い方。　「あなたの辞書を借りてもいいですか？」

[18]since「〜以来」があるので，'have/has＋過去分詞' の現在完了('継続' 用法)の文。　know－knew－known　「私はボブを彼が子どものときから知っている」

[19]適切な関係代名詞を選ぶ。直後の lives は動詞なので主格の関係代名詞が入る。先行詞が '人' のときの主格の関係代名詞は who。　「私には大阪に住んでいる兄〔弟〕がいる」

[20]'時刻' を尋ねる疑問詞は What time。　「今何時ですか？」―「７時30分です」

4 〔書き換え―適語(句)選択〕

[21]「人々は世界中でスマートフォンを使っている」→「スマートフォンは世界中で使われている」上の文の目的語が下の文では主語になっているので，'be動詞＋過去分詞' の受け身の文に書き換える。

[22]「ボブは私たちのテニスクラブで一番上手な選手だ」→「ボブほどテニスが上手な人はいない」

'Nobody〔No one〕+動詞+比較級+than ～' の形で「～より…な人はいない」という最上級の意味を表す。

23「私の宿題を手伝ってくれませんか」→「私の宿題を手伝ってください」 Will you ～？は「～してくれませんか」という'依頼'を表す表現。

5 〔整序結合〕

24'It is ～ for … to ―'「…にとって―することは～だ」の形式主語構文にする。It's important for us to get enough sleep.

25「～することができました」は be able to ～ の be を過去形 was で表し，was able to ～ とする。I was able to answer all the questions.

26'have/has+過去分詞' の現在完了('継続' 用法)で have worked とし，as teachers「教師として」を続ける(この as は「～として」の意味)。最後に for を置いて for two years「２年間」とする。We have worked as teachers for two years.

6 〔英問英答―対話文〕

≪全訳≫❶ジョシュ(J)：今日は2022年最後の日ということで，スペシャルゲストをお招きしました！　この番組にお越しいただき，ありがとうございます。今のお気持ちはいかがですか？❷ノア(N)：そうですね，こういう番組に出演するのは初めてなので，ちょっと緊張しています。❸J：最後にテレビ番組に出演したのはいつですか？❹N：実は，15年ぶりです。

＜解説＞「ノアが最後にテレビに出演したのはいつか」―②「2007年」 最後の … it has been 15 years. は 'It has been+期間+since ～'「～から〈期間〉がたつ」の形の since 以下が省略された形。since 以下を補うと，… it has been 15 years since the last time I appeared on a TV show. となる。

7 〔英問英答〕

≪全訳≫あなたの親友の一人が別の都市に引っ越すことになった。あなたは彼女に「寂しい」と伝えたい。彼女に何と言うか。

＜解説＞③「とても寂しいよ」 miss には「～がいなくて寂しい」という意味がある。

8 〔英問英答―対話文〕

≪全訳≫❶ケン(K)：ほら，電車が来るよ。❷リサ(L)：まあ，ほとんどガラガラね。❸K：今は平日の午後だからだよ。この時間帯は多くの人が働いているからね。でも，この辺りは大きな公園があるから，週末はいつも混んでいるんだ。❹L：そうなんだ。見て，あのポスターに，今週末はそこでカレーフェスティバルが開催されるって書いてあるわ。一緒に行かない？❺K：いいよ。明日のお昼に駅前で待ち合わせよう。

＜解説＞「ケンとリサはいつこのような会話をしたのか」―④ カレーフェスティバルは今週末で明日待ち合わせると言っているので，２人が会話をしているのは金曜日である。 weekends「週末」

9 〔文の強勢〕

A：あなたは東京に住んでいるの？／B：いや，家族と一緒に大阪に住んでるんだ。∥Tokyoではなく Osakaに住んでいるのだからOsakaを強く読む。

10 〔文の区切り〕

一般に‘時’‘理由’‘条件’などを表す接続詞(when, before, after, because, if など)の前では区切って読む。　「今週末晴れたら友達とサッカーをする予定です」

11〔単語のアクセント〕

32　①　bús-y　②　én-ter　③　háp-pen　④　re-túrn

33　①　to-má-to　②　hós-pi-tal　③　lí-brar-y　④　dí-a-ry

12〔単語の発音〕

34　take[ei]　①　taxi[æ]　②　cake[ei]　③　apple[æ]　④　cat[æ]

35　trees[iː]　①　learn[əːr]　②　great[ei]　③　meat[iː]　④　break[ei]

【記述問題】

記述１～３〔語形変化〕

記述１．前にある met に合わせて過去形にする。　meet－met－met　speak－spoke－spoken　「私は通りで友達に会い，彼女に話しかけた」

記述２．動詞 call の目的語なので，目的格(「～を」の形)にする。　I－my－me－mine　「私のことをケンと呼んでください」

記述３．country は‘数えられる名詞’。前に a や the などの冠詞がないので複数形にする。語尾が‘子音字＋y’で終わる語の複数形は y を i に変えて es をつける。　「私にはいろいろな国の友達がたくさんいる」

記述４～６〔書き換え―適語補充〕

記述４．「彼はこの本を書いた」→「この本は彼によって書かれた」　‘be動詞＋過去分詞＋by ～’の形の受け身に書き換える。この by は「～によって」の意味。

記述５．「サヤカには兄弟がいない」　‘no＋名詞’は‘not ～ any＋名詞’に書き換えることができる。一般動詞を使う３単現の否定文なので does が入る。

記述６．‘be going to＋動詞の原形’は未来の内容を表すので‘will＋動詞の原形’に書き換えることができる。　「ナンシーは来週テニスをする予定だ」

記述７，８〔書き換え―適語補充〕

≪全訳≫インターネットにおもしろいニュースがあった。それは，「YouTuber」が日本の中学生男子の間で最も人気のある仕事の一つであるというものだった。／日本では「YouTuber」を目指す中学生が多いというニュースに筆者は興味を持った。

＜解説＞記述７．be interested in ～「～に興味がある」の形にする。　**記述８**．many junior high school students を先行詞とする主格の関係代名詞が入る。

記述９，10〔対話文完成―適語補充〕

記述９．「ご出身はどちらですか？」―「カナダです」∥‘場所’を尋ねる疑問詞は Where。

記述10．「ハワイには何回行ったことがありますか？」―「２回行ったことがあります」　‘回数’を尋ねる疑問詞は How many times。

2023年度／京華商業高等学校

数学解答

1 i) $4\sqrt{15}-9$　ii) $(x-5)(x-4)$
iii) 記述３…2　記述４…1
iv) 記述５…59　記述６…31
v) 記述７…30　記述８…24

2 i) (1)…④　(2)…④　ii) ⑤
iii) (4)…②　(5)…①
iv) (6)…③　(7)…③

3 i) (8)…④　(9)…⑤
ii) (10)…③　(11)…②
iii) (12)…②　(13)…①

4 i) ③　ii) (15)…①　(16)…⑤
iii) (17)…⑤　(18)…③

5 i) (19)…①　(20)…②　(21)…②
ii) (22)…④　(23)…⑤
iii) (24)…④　(25)…③

6 i) ②　ii) ①　iii) ③
iv) (29)…②　(30)…⑤

1〔独立小問集合題〕

i)＜数の計算＞与式$=\sqrt{3\times5}-\sqrt{3\times27}+3\sqrt{15}=\sqrt{15}-\sqrt{9^2}+3\sqrt{15}=4\sqrt{15}-9$

ii)＜式の計算—因数分解＞与式$=x^2-6x+9-3x+9+2=x^2-9x+20=(x-5)(x-4)$

≪別解≫$x-3=A$とおくと，与式$=A^2-3A+2=(A-2)(A-1)$となる。Aをもとに戻して，与式$=(x-3-2)(x-3-1)=(x-5)(x-4)$である。

iii)＜連立方程式＞$2x-5y=-1$……①，$-3x+2y=-4$……②とする。①×3より，$6x-15y=-3$……①′　②×2より，$-6x+4y=-8$……②′　①′+②′より，$-15y+4y=-3+(-8)$，$-11y=-11$　$\therefore y=1$　これを①に代入して，$2x-5\times1=-1$，$2x-5=-1$，$2x=4$　$\therefore x=2$

iv)＜平面図形—角度＞右図のように，５点A，B，C，D，Eを定める。△OBCと△ODCにおいて，∠OBC＝∠ODC＝90°，OC＝OC，OB＝ODだから，△OBC≡△ODCとなる。よって，∠OCD＝∠OCB＝28°より，△OCDで，∠DOE＝180°－∠ODC－∠OCD＝180°－90°－28°＝62°となる。$\overset{\frown}{\mathrm{DE}}$に対する円周角と中心角の関係より，$\angle\mathrm{DAE}=\frac{1}{2}\angle\mathrm{DOE}=\frac{1}{2}\times62^\circ=31^\circ$となり，△ACDで内角と外角の関係より，$\angle x=\angle\mathrm{OCD}+\angle\mathrm{DAE}=28^\circ+31^\circ=59^\circ$となる。また，∠BOE＝∠DOE＝62°となるから，$\overset{\frown}{\mathrm{BE}}$に対する円周角と中心角の関係より，$\angle y=\frac{1}{2}\angle\mathrm{BOE}=\frac{1}{2}\times62^\circ=31^\circ$である。

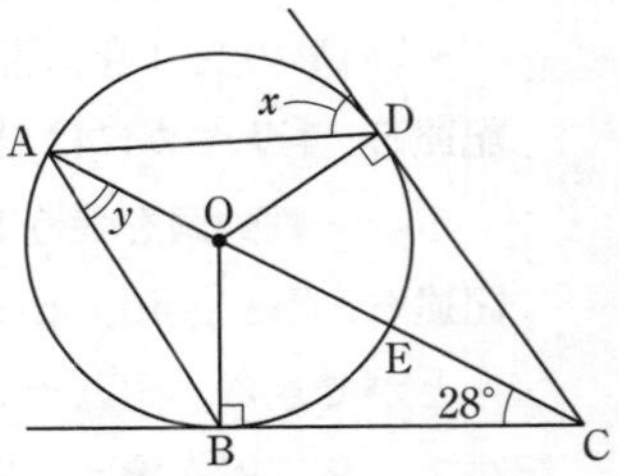

v)＜データの活用—割合，最頻値＞10m以上14m未満が３人，14m以上18m未満が３人より，18m未満の生徒は3＋3＝6(人)である。クラスの生徒の人数は20人だから，18m未満の生徒の割合は$\frac{6}{20}\times100=30$(%)である。また，度数が最も大きい階級は，７人の22m以上26m未満の階級だから，最頻値は，この階級の階級値であり，(22＋26)÷2＝24(m)となる。

2〔関数—関数$y=ax^2$と一次関数のグラフ〕

i)＜直線の式，x座標＞次ページの図で，A(－1，2)，B(－1，－1)より，２点A，Bのx座標が等しいから，ABはy軸に平行である。四角形ABCDが長方形より，DCもy軸に平行だから，点Dのx座標が5より，点Cのx座標は5となる。また，BCはx軸に平行となるから，点Bのy座標が－1より，点Cのy座標は－1である。よって，C(5，－1)である。直線lは2点C(5，－1)，E(0，4)を通るので，傾きが$\frac{-1-4}{5-0}=-1$，切片が4より，直線lの式は，$y=-x+4$となる。次に，ADはx軸に平行で，点Aのy座標は2だから，点Fのy座標は2である。点Fは直線$y=-x+4$上にあるので，$2=-x+4$より，$x=2$となり，点Fのx座標は2である。

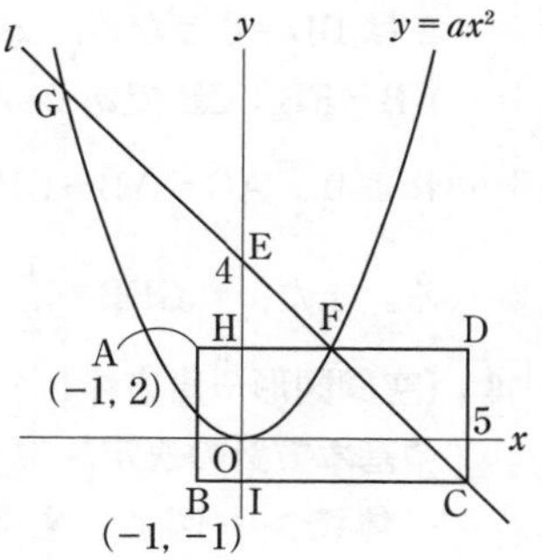

ii)＜比例定数＞右図で，i)より，F(2，2)である。点Fは関数$y=ax^2$のグラフ上にあるので，$x=2$，$y=2$を代入して，$2=a\times2^2$より，$a=\dfrac{1}{2}$である。

iii)＜x座標，y座標＞右図で，直線$y=-x+4$と関数$y=\dfrac{1}{2}x^2$のグラフの点F以外の交点をGとする。この2式より，$-x+4=\dfrac{1}{2}x^2$，$x^2+2x-8=0$，$(x-2)(x+4)=0$となり，$x=2$，-4となるから，点Gのx座標は-4である。また，y座標は$y=\dfrac{1}{2}\times(-4)^2=8$となる。

iv)＜体積―回転体＞右上図で，AD，BCとy軸の交点をそれぞれH，Iとする。AD，BCはx軸に平行で，AH＜HF，BI＜ICだから，台形ABCFをy軸を軸として1回転させたとき，長方形ABIHが1回転してできる部分は，台形HICFが1回転してできる部分に含まれる。よって，台形ABCFをy軸を軸として1回転させてできる立体は，台形HICFをy軸を軸として1回転させてできる立体と同じであり，△EICが1回転してできる円錐から，△EHFが1回転してできる円錐を除いたものとなる。C(5，-1)，F(2，2)，E(0，4)より，IC$=5$，EI$=4-(-1)=5$，HF$=2$，EH$=4-2=2$だから，台形ABCFをy軸を軸として1回転させてできる立体の体積は，$\dfrac{1}{3}\times\pi\times5^2\times5-\dfrac{1}{3}\times\pi\times2^2\times2=\dfrac{125}{3}\pi-\dfrac{8}{3}\pi=39\pi$となる。また，△CDFを$y$軸を軸として1回転させてできる立体は，長方形HICDが1回転してできる円柱から，台形HICFが1回転してできる立体を除いたものである。IC$=5$，HI$=2-(-1)=3$より，長方形HICDが1回転してできる円柱の体積は，$\pi\times5^2\times3=75\pi$である。台形HICFが1回転してできる立体は，台形ABCFが1回転してできる立体であるから，その体積は39πである。よって，△CDFをy軸を軸として1回転させてできる立体の体積は，$75\pi-39\pi=36\pi$となる。

3 〔平面図形―直角三角形〕

≪基本方針の決定≫ iii) △AGEは，底辺をAGと見ると，高さは線分BDの長さとなる。

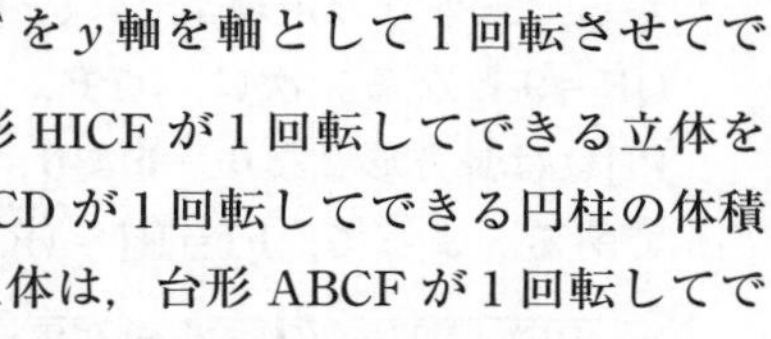

i)＜長さ―三平方の定理＞右図で，△ABCは∠ABC$=90^\circ$の直角三角形だから，三平方の定理より，AC$=\sqrt{\mathrm{AB}^2+\mathrm{BC}^2}=\sqrt{10^2+20^2}=\sqrt{500}=10\sqrt{5}$(cm)である。また，△EDFは△EDCをEDを折り目として折り返したものだから，EF＝ECである。∠ABC＝∠EDC$=90^\circ$より，AB∥EDだから，AE：EC＝BD：DC＝2：3となり，EC$=\dfrac{3}{2+3}$AC$=\dfrac{3}{5}\times10\sqrt{5}=6\sqrt{5}$である。よって，EF＝EC$=6\sqrt{5}$(cm)となる。

ii)＜長さ，長さの比＞右上図で，BD：DC＝2：3より，BD$=\dfrac{2}{2+3}$BC$=\dfrac{2}{5}\times20=8$であり，DC＝BC－BD$=20-8=12$となる。よって，DF＝DC$=12$より，FB＝DF－BD$=12-8=4$(cm)である。また，$\dfrac{\mathrm{FB}}{\mathrm{BD}}=\dfrac{4}{8}=\dfrac{1}{2}$より，FBの長さはBDの長さの$\dfrac{1}{2}$倍である。

iii)＜面積，面積比＞右上図で，∠ABC$=90^\circ$，AB∥EDだから，△AGEは，底辺をAGと見ると，高さは$BD=8$となる。$\angle GBF=\angle ABC=90^\circ$，$\angle GFB=\angle ACB$より，$\triangle GBF \backsim \triangle ABC$だから，$GB:AB=FB:CB$である。よって，$GB:10=4:20$が成り立ち，$GB\times20=10\times4$，$GB=2$となる。これより，$AG=AB-GB=10-2=8$となるので，$\triangle AGE=\dfrac{1}{2}\times AG\times BD=\dfrac{1}{2}\times8\times8=32(\text{cm}^2)$となる。また，$\triangle GFB=\dfrac{1}{2}\times FB\times GB=\dfrac{1}{2}\times4\times2=4$だから，$\triangle GFB:\triangle AGE=4:32=1:8$となる。

4 〔空間図形―直方体〕

≪基本方針の決定≫iii)　点P，点Qから線分FHに垂線を引いて，台形PFHQの高さを求める。

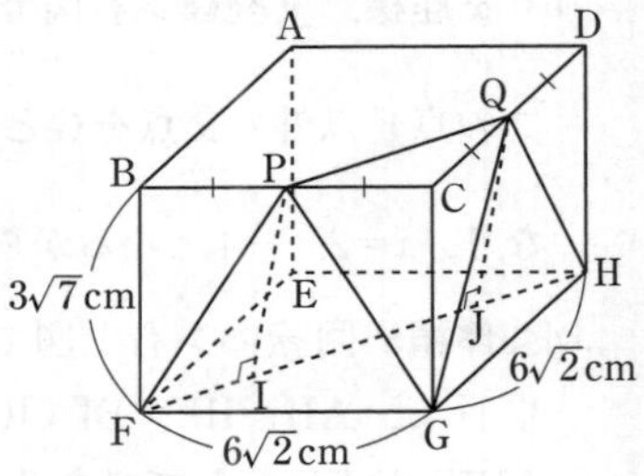

i)**＜体積＞**右図で，立体ABCD-EFGHが直方体より，$CG\perp$〔面ABCD〕だから，三角錐G-CQPは，底面を△CQPと見ると，高さは$CG=3\sqrt{7}$となる。四角形ABCDは正方形で，点P，点Qはそれぞれ辺BC，辺CDの中点だから，$PC=CQ=\dfrac{1}{2}BC=\dfrac{1}{2}\times6\sqrt{2}=3\sqrt{2}$である。よって，三角錐G-CQPの体積は，$\dfrac{1}{3}\times\triangle CQP\times CG=\dfrac{1}{3}\times\left(\dfrac{1}{2}\times3\sqrt{2}\times3\sqrt{2}\right)\times3\sqrt{7}=9\sqrt{7}(\text{cm}^3)$となる。

ii)**＜長さ―特別な直角三角形＞**右上図で，$PC=CQ=3\sqrt{2}$，$\angle PCQ=90^\circ$だから，△CQPは直角二等辺三角形である。よって，$PQ=\sqrt{2}PC=\sqrt{2}\times3\sqrt{2}=6(\text{cm})$となる。また，四角形EFGHが正方形より，△FGHは直角二等辺三角形だから，同様にして，$FH=\sqrt{2}FG=\sqrt{2}\times6\sqrt{2}=12(\text{cm})$となる。

iii)**＜長さ，面積＞**右上図で，i)より，$BP=PC=3\sqrt{2}$である。△BFPは$\angle PBF=90^\circ$の直角三角形だから，三平方の定理より，$PF=\sqrt{BP^2+BF^2}=\sqrt{(3\sqrt{2})^2+(3\sqrt{7})^2}=\sqrt{81}=9(\text{cm})$となる。同様にして，$QH=9$となる。次に，点P，点Qから線分FHに垂線PI，QJを引く。$PQ /\!/ FH$だから，四角形PIJQは長方形となり，ii)より，$IJ=PQ=6$となる。また，$PI=QJ$，$PF=QH$だから，$\triangle PFI\equiv\triangle QHJ$である。よって，$FI=HJ=(FH-IJ)\div2=(12-6)\div2=3$となる。△PFIで三平方の定理より，$PI=\sqrt{PF^2-FI^2}=\sqrt{9^2-3^2}=\sqrt{72}=6\sqrt{2}$となるから，台形PFHQの面積は，$\dfrac{1}{2}\times(PQ+FH)\times PI=\dfrac{1}{2}\times(6+12)\times6\sqrt{2}=54\sqrt{2}(\text{cm}^2)$である。

5 〔特殊・新傾向問題―規則性〕

≪基本方針の決定≫i)　【図1】，【図2】，【図3】の黒の正三角形の個数は，それぞれ1個，1＋2個，1＋2＋3個のように表される。

i)**＜正三角形の個数＞**【図1】は，黒の正三角形が1個，白の正三角形が1個並び，【図2】は，【図1】の後に，黒の正三角形が2個，白の正三角形が1個並び，【図3】は，【図2】の後に，黒の正三角形が3個，白の正三角形が1個並んだものとなっている。よって，【図1】，【図2】，【図3】で使われる黒の正三角形の個数は，それぞれ1個，1＋2個，1＋2＋3個と表せるから，【図5】で使われる黒の正三角形の個数は$1+2+3+4+5=15$(個)となる。白の正三角形の個数は1個ずつ増えるから，【図5】で使われている白の正三角形の個数は$1\times5=5$(個)である。その合計は$15+5=20$(個)となる。

ii)**＜正三角形の個数＞**i)と同様に考えると，【図n】で使われる黒の正三角形の個数は，$1+2+3+\cdots\cdots+(n-2)+(n-1)+n$と表せる。この式の項を逆にした式$n+(n-1)+(n-2)+\cdots\cdots+3+2+1$を考え，もとの式と項を逆にした式の同じ順番にある項どうしを加えると，$n+1$，$2+(n-1)=n+1$，$3+(n-2)=n+1$，……となり，いずれも$n+1$となる。このとき，$n+1$がn個現れるので，2つの式の合計は，$(n+1)\times n=n^2+n$となる。これより，黒の正三角形の個数は，$1+2+3+\cdots\cdots$

$+(n-2)+(n-1)+n=\dfrac{n^2+n}{2}$(個)と表せる。また，白の正三角形の個数は $1\times n=n$(個)だから，【図 n】で使われる黒と白を合計した正三角形の個数は，$\dfrac{n^2+n}{2}+n=\dfrac{n^2+3n}{2}$(個)である。

ⅲ)**＜図の番号，正三角形の個数＞**使われる黒と白の正三角形の個数の合計が275個となるのが，【図 n】とすると，ⅱ)より，$\dfrac{n^2+3n}{2}=275$ が成り立つ。これを解くと，$n^2+3n-550=0$，$(n-22)(n+25)=0$ より，$n=22$，-25 となる。$n>0$ より，$n=22$ だから，正三角形が275個使われるのは【図22】である。このとき，使われる黒の正三角形の個数は，$\dfrac{n^2+n}{2}=\dfrac{22^2+22}{2}=253$(個)である。

≪黒の正三角形の個数の別解≫【図22】で使われる黒と白の正三角形の個数の合計が275個であり，白の正三角形の個数は $1\times22=22$(個)だから，黒の正三角形の個数は $275-22=253$(個)となる。

6 〔データの活用―確率―さいころ〕

ⅰ)**＜確率＞**さいころを２回投げるとき，それぞれ６通りの目の出方があるから，目の出方は全部で $6\times6=36$(通り)ある。このうち，イの位置に移動できるのは，右に３，上に６移動するときだから，奇数の３と偶数の６が１回ずつ出るときである。よって，(１回目，２回目)＝(3，6)，(6，3)の２通りだから，求める確率は $\dfrac{2}{36}=\dfrac{1}{18}$

ⅱ)**＜確率＞**ウの位置に移動できるのは，右に１，上に１移動するときであるが，上に移動するのは偶数の目が出たときなので，上に１移動することはない。よって，ウの位置に移動することはできないので，確率は０となる。

ⅲ)**＜確率＞**さいころを３回投げるとき，目の出方は全部で $6\times6\times6=216$(通り)ある。このうち，イの位置に移動できるのは，右に３，上に６移動するときである。３回のうち，右に２回，上に１回動くとすると，奇数の目が２回，偶数の目が１回出ることになる。２回の奇数の目の合計は偶数なので，右に３移動することはない。右に１回，上に２回動くとすると，奇数の目が１回，偶数の目が２回出ることになる。このとき，奇数の目は３で，偶数の目は合計が６となる２と４である。つまり，２，３，４の目が１回ずつ出る場合だから，(１回目，２回目，３回目)＝(2，3，4)，(2，4，3)，(3，2，4)，(3，4，2)，(4，2，3)，(4，3，2)の６通りある。よって，求める確率は $\dfrac{6}{216}=\dfrac{1}{36}$ である。

ⅳ)**＜さいころを投げる回数＞**エの位置に移動するのは，右に４，上に４移動する場合である。右に４移動するとき，出る奇数の目は，１の目と３の目が１回ずつか，１の目が４回である。上に４移動するとき，出る偶数の目は，４の目が１回か，２の目が２回である。よって，さいころを投げる回数が最も少なくなるのは，奇数の目は１の目と３の目が１回ずつで，偶数の目は４の目が１回出るときだから，投げる回数は $1+1+1=3$(回)となる。また，最も多くなるのは，奇数の目は１の目が４回で，偶数の目は２の目が２回出るときだから，投げる回数は $4+2=6$(回)となる。

＝読者へのメッセージ＝

平方根の記号($\sqrt{\ }$)は，ドイツの数学者ルドルフによる1525年の著書で使われたのが最初といわれています。ルドルフは，上の横線のない記号(√)を使っていました。後に，フランスの数学者デカルトによって，今のような形になりました。

国語解答

【記号問題】

一　1 5　2 3　3 1　4 3
　　5 2

二　6 4　7 5

三　8 2　9 1

四　10 3　11 1

五　3

六　5

七　4

八　1

九　16 3　17 1　18 3　19 5
　　20 4　21 3　22 5　23 1
　　24 3　25 2　26 5　27 1
　　28 4　29 2　30 5

【記述問題】

一　31 けいさい　32 かんわ
　　33 ろうでん　34 へだ
　　35 かえり

二　36 候補　37 圧巻　38 潤滑
　　39 築　40 退

【記号問題】

一〔文学史〕

1『放浪記』は，昭和３～５(1928～30)年にかけて発表された林芙美子の小説。　2『山椒魚』は，昭和４(1929)年に『幽閉』を改稿して発表された井伏鱒二の小説。　3『雪国』は，昭和10～22(1935～47)年にかけて発表された川端康成の小説。　4『若菜集』は，明治30(1897)年に発表された島崎藤村の詩集。　5『明暗』は，大正５(1916)年に発表された夏目漱石の未完の小説。

二〔慣用句〕

6「しのぎを削る」は，激しく刀で斬り合うことから，激しく争う，という意味。　7「二の句がつげない」は，あきれてしまって次に言う言葉が出ない，という意味。

三〔語句〕

8「熟読」は，意味を考えてじっくりと読むこと。「精読」は，細かいところまでていねいに読むこと。
9「関与」は，ある物事に関係すること。「介入」は，間に入って関係を持つこと。

四〔語句〕

10「原告」は，訴えを起こして裁判を請求する方の当事者。「被告」は，裁判で訴えられた方の当事者。
11「一般」は，広く認められて行き渡っていて，ありふれていること。「特殊」は，性質などが他と著しく異なっていて，限られた範囲にしか当てはまらないこと。

五〔品詞〕

「帰らない」と「ご存じない」の「ない」は，打ち消しを表す助動詞。「机の中にもない」の「ない」は，形容詞。「おさない」と「おとなげない」と「仕方ない」の「ない」は，形容詞の一部。

六〔四字熟語〕

「前代未聞」は，今までに聞いたこともないような珍しく変わったこと。「興味津々」は，興味が尽きないさま。「孤立無援」は，一人ぼっちで助けが全くないさま。「千変万化」は，さまざまに変化すること。「一網打尽」は，犯人など一味の者を一度に残らず捕らえること。

七〔敬語〕

「お母様」など，目上の人に対する場合，「ご存じだと思います」などの尊敬表現を用いる(４…○)。「申された」のように，謙譲表現と尊敬表現を同時に用いることはできないので，尊敬表現の「おっしゃった」などとする(１…×)。「先生」など，目上の人の動作に謙譲表現の「うかがう」を用いることはできないので，尊敬表現の「いらっしゃる」などとする(２…×)。自分の動作に尊敬表現の「ご覧にならせて」「召し上がって」を用いることはできないので，謙譲表現の「拝見させて」「いただいて」などとする(３・５…×)。

八〔品詞〕

「見る」は，「み(未然形)／み(連用形)／みる(終止形)／みる(連体形)／みれ(仮定形)／みろ・みよ(命令形)」と活用するマ行上一段活用の動詞。終止形と連体形は同じだが，下に体言が続くときは連体形となる。

九〔随筆の読解―教育・心理学的分野―教育〕出典；藤原正彦『数学者の言葉では』。

≪**本文の概要**≫日本の学生が大学の成績にそれほどこだわらないのに対し，アメリカの学生は大学の成績に一喜一憂する。アメリカでは，大学で実際に何をどう学んだかということや良い成績を残すことが重要なので，学生は，大量の宿題も期日までにきちんと仕上げて提出する。このようなアメリカの学生のバイタリティーを支えているのは，高校までに苦しい勉強に打ちのめされた経験がなく，学問に対して強い好奇心を持っていることによる。アメリカでは，高校までの教育において，物事をいかに論理的に考えて処理するかといったことが重視されている。そのため，アメリカ人は，自分の考えを理路整然と表現でき，それに対して，知識の豊富さでは格段に優れている日本人の方が，論理的思考や表現に弱いのである。これは，高校までの教育の違いによってもたらされていることは明らかである。しかし，日本とアメリカのどちらの教育が正しいのかということではなく，大切なのは，教育の場において，発達を視野に入れながら両者の教育をいかに適切に組み合わせていくかということであり，日本の中学校や高校では，論理的思考や表現能力の比重を現在より高める必要がある。

⑯～⑱＜**接続語**＞⑯アメリカの学生も日本の学生も，「成績にこだわるという点に関して」は「大差ない」が，ただし，日本の学生が「大学に入学してから」の成績にそれほどこだわらないのに対して，アメリカの学生は「むしろ大学に入ってからの方が成績に一喜一憂する」という点では異なっている。　⑰日本の「ハード」を重視する教育とアメリカの「ソフト」を重視する教育とでは，どちらが「正しいのだろうか」ということになるが，当然のことながら「問題は，ハードとソフトのどちらがより重要であるか」ということではなく，教育の場でこの二つを「いかに適切にくみ合わせていくか」ということである。　⑱「日本が政治経済の面で国際的に孤立化しそう」であることを思うと，「論理」というものが「日本にはもともと存在しなかったものなのだろうか」と「悲観的」になることもあるが，結局は「教育の影響」によるものだと考えられる。

⑲＜**慣用句**＞X.「骨の〔が〕折れる」は，困難があって労力を要する，という意味。　Y.「目を覆う」は，直視できなくて目をふさぐ，という意味。　Z.「当を得る」は，道理にかなっている，という意味。

⑳＜**文章内容**＞アメリカでは，「小さな地方大学」にも「成績抜群の学生」がいるので，良い会社や良い大学院へ進むためには，「どの大学を卒業したか」ということより，大学で「何をどう学んだか」や「良い成績」を残せたかが重要になってくるのである。

㉑＜**品詞**＞アメリカの学生にとっては，「どの大学を卒業したか」ではなく，大学において「何をどう学んだか」ということが重要になってくる。「そこで」の「そこ」は，指示代名詞，「で」は，場所を示す格助詞。

㉒＜**文章内容**＞「音を上げない」は，弱音を吐かない，という意味。アメリカの学生は，労力を要する宿題をたくさん出されても，弱音を吐かずに「指定日時までにきちんと仕上げて提出」する。

㉓＜**指示語**＞各教官は，学生に「毎週かなりの分量の宿題を与える」が，「私」は，その「毎週かな

りの分量の宿題を与える」という「習慣」に慣れていなかったので，「宿題を出し忘れ」たり，「量を少なくし過ぎ」たりして，「学生から逆に催促されたこと」もあった。

24＜**文章内容**＞日本では，大学を受験する際に「受験地獄」と呼ばれるくらいの「苦しい勉強」を経験しなければならず，その苦しさに「打ちのめされた」経験が，心身の疲弊による「無気力」の原因だと考えられる。

25＜**文章内容**＞アメリカの大学の新入生の知識量が「驚くほど乏しい」のは，高校までの段階で「知識を詰め込む」ような勉強はしておらず，「ものごとをいかに論理的に考え処理するか」や「問題点をどのように発掘し解決するか」といったことに重点が置かれた教育を受けてきたためだと考えられる。

26＜**文章内容**＞日本人は「知識の豊富さについては格段に優れている」が，アメリカ人のように「自分の考えを筋道立てて表現する」ことができない。「論理的思考や表現に弱く，口べた」のままでは，日本人は「いつまでたっても真の意味での国際人」になることはできないのである。

27＜**文章内容**＞日本では，初等教育から「国語と算数を中心に確実な知識」を身につけることが最重要と考えられており，高校までの教育では知識面が重視されているのに対し，アメリカでは，知っていることを基にして「論理的に事物を分析し，思考し，それを表現すること」といった技術的な面が重視されている。

28＜**文章内容**＞西洋人が「不可解」に思っているのは，日本人の「論理面での未熟さ」である。「科学技術で世界の一流国を作り上げた」優秀な日本人が「論理的にものを考えたり表現」したりするという「ごく当たり前のことを，うまくなし得ないでいること」が，西洋人には信じられないのである。

29＜**要旨**＞日本では，初等教育において「昔から読み書きそろばん」に力が入れられているように，「確実な知識」を教え込んで「基礎」を「しっかり形成」させることが最重要だと思われており，このような「日本の伝統的な教育」は間違ってはいない。ただし，日本人は論理的思考や表現に弱いので，「中高では論理的思考や表現能力の比重を現在よりはるかに高める必要がある」のである。

30＜**主題**＞日本の学生とアメリカの学生を対比し，高校までの教育の違いによって，アメリカ人が「論理的に事物を分析し，思考し，それを表現」できるのに対し，日本人は，知識が豊富にもかかわらず「論理的思考や表現に弱く」，真の国際人になれないでいることが述べられている。そして，日本人が「論理的にものを考えたり表現」したりすることができるためには，中学校や高校の教育で「論理的思考や表現能力の比重を現在よりはるかに高める必要がある」ことが説かれている。

【記述問題】

一〔**漢字**〕

31「掲載」は，新聞や書籍などに文章や写真を載せること。　32「緩和」は，激しさや厳しさの程度を和らげること。　33「漏電」は，電線などの不良により，電流が他に漏れて流れること。　34音読みは「間隔」などの「カク」。　35音読みは「回顧」などの「コ」。

二〔**漢字**〕

36「立候補」は，選挙に際して，候補者として名乗り出ること。　37「圧巻」は，全体の中で，最も優れた部分。　38「潤滑油」は，機械の歯車などに生じる摩擦を少なくし，滑らかに動くようにするための油。　39音読みは「建築」などの「チク」。　40音読みは「引退」などの「タイ」。

2022年度 京華商業高等学校

【英　語】（45分）〈満点：100点〉

【記号問題（マーク）】各指示に合わせて 1 ～ 35 の各問いに答えなさい。

1 次の英文を読み、1 ～ 5 の各問いの答えとして最も適当なものを①～④の中から１つ選び、番号で答えなさい。

Joe Biggs was a butcher. His shop was in a village in one of the most beautiful parts of South England, and he worked in it for many years while his father was there. Then, when his father reached the age of 65, he stopped working in the shop, and Joe was alone, so he had to work harder.

Joe worked five and a half days a week. His shop shut at one o'clock on Thursdays, and it was shut the whole of Sunday. Saturdays were the busiest days.

Most of Joe's meat came to his shop from the nearest town, but sometimes he got up earlier than usual in the morning and drove into the city to choose meat. It was cheaper there.

Joe had a big refrigerator in his shop, but he tried not to buy too much meat at a time, and to sell it before he bought more.

One Thursday a woman came into the shop at five minutes to one. "I'm sorry I'm late," she said, "but some people have just telephoned to say that they are going to come to dinner tonight, and I need some more meat."

Joe only had one piece of good meat in the shop. He had sold all the others earlier in the day. He took the piece out and said to the woman, "This is ￡56."

"That piece is too small," the woman answered. "Haven't you got anything bigger?"

Joe went into the room behind his shop, opened the refrigerator, put the piece of meat into it, took it out again and shut the door of the refrigerator with a lot of noise. Then he brought the piece of meat back to the woman and said, "This piece is bigger and more expensive. It's ￡73."

"Good," the woman answered with a smile. "Give me both of them, please."

（注）butcher:肉屋　　shut:閉まる　　refrigerator:冷蔵庫
　　£（ポンド:イギリスの通貨）

1 Why is Joe working harder?
① Because his father died.
② Because his father stopped working.
③ Because Joe reached the age of 65.
④ Because his shop is the most popular in the city.

2 When does Joe NOT work?
① Monday morning.　　② Wednesday morning.
③ Thursday evening.　　④ Saturday evening.

3 Why does Joe drive to the city?
① He goes there to buy his refrigerator.
② He goes there to sell cheaper meat.
③ He goes there to bring more expensive meat.
④ He goes there to buy cheaper meat.

4 How much is the meat that Joe has left in his shop on Thursday?
① 1piece of meat at £56.
② 1piece of meat at £65.
③ 2pieces of meat at £112.
④ 2pieces of meat at £129.

5 What is the problem?
① The woman needs more meat.
② The woman doesn't have enough money.
③ The woman comes into the shop at 13:05.
④ Joe has no meat.

2 次の会話文を読んで、[6]～[10]に入れるのに最も適当なものを①～⑤から選び、番号で答えなさい。

Kenta: Hi, Julie. Are you all right?

Nancy: ＿＿＿＿[6]＿＿＿＿ I'm sorry, but I couldn't call you yesterday. I got home very late.

Kenta: Yeah. I called your cell phone, but I couldn't reach you. I need your help.

Nancy: Sorry. I lost my cell phone yesterday and haven't found it yet.

Kenta: ＿＿＿＿[7]＿＿＿＿ I left a message on your home phone. Did you get it?

Nancy: Yes. Mary can't play the violin at the party. ＿＿＿＿[8]＿＿＿＿

Kenta: She broke her fingers while playing basketball.

Nancy: ＿＿＿＿[9]＿＿＿＿

Kenta: Me, too. ＿＿＿＿[10]＿＿＿＿

Nancy: All right. I will.

（注）cell phone 携帯電話

① I feel sorry for her.
② I'm fine.
③ Could you come and play the violin at the party?
④ What happened to her?
⑤ That's too bad.

3 次の 11 ～ 20 の（　）内に入れるのに最も適当なものを選び、番号で答えなさい。

11 (　　) Nancy late for the meeting yesterday?

① Is　　② Was　　③ Does　　④ Did

12 You'll get well (　　) you go to bed soon.

① if　　② and　　③ but　　④ or

13 I can cook as (　　) as my mother.

① good　　② better　　③ best　　④ well

14 A cute rabbit is sleeping (　　) the table.

① of　　② for　　③ on　　④ to

15 Takashi has a sister. (　　) boyfriend is from America.

① She　　② Her　　③ His　　④ Hers

16 Thank you (　　) calling me.

① at　　② for　　③ to　　④ in

17 Kate is going to (　　) the captain of the team.

① be　　② is　　③ are　　④ do

18 He (　　) not finished his homework yet.

① is　　② was　　③ have　　④ has

19 This is the book (　　) Emily read yesterday.

① which　　② where　　③ who　　④ whose

20 The man (　　) in front of the school gate is our English teacher.

① stand　　② stands　　③ standing　　④ stood

4 次の各組の英文がほぼ同じ意味になるように 21 ～ 23 の（　）内に入れるのに最も適当なものを選び、番号で答えなさい。

21 My brother was born on December 29th.
My brother's (　　) is December 29th.

① party　　② holiday　　③ memory　　④ birthday

22 Jun can run faster than any other boy in this school.
Jun is (　　) runner in this school.

① fast　　② faster　　③ the fastest　　④ as fast as

23 (　　) we dance?
Let's dance together.

① Will　　② Shall　　③ Must　　④ May

5 次の 24 ～ 26 の日本語の意味に合うように（　　）内の語を正しい順序に並べかえた場合、（　　）内の語で3番目にくるものを番号で答えなさい。

24 歌が上手い人をだれか知っていますか。

Do you know (① who　② well　③ anyone　④ sings)?

25 彼女のことを待つ必要はありません。

We (① wait for　② to　③ don't　④ have) her.

26 あなたはどの色がいちばん好きですか。

(① do　② color　③ you　④ what) like best?

6 次の 27 の会話文を読み、その内容に関する質問の答えとして最も適当なものを①～④の中から選び、番号で答えなさい。

27

Nancy: What happened? You promised to meet here at 8:30, but it's already 9:40. The train has already gone!

Mike: I'm very sorry. I woke up late.

Nancy: I see. The next train is coming at 11:00. So, let's meet in front of the station at half past ten.

Mike: Wait, it takes me at least an hour to get to the station. Please wait ten more minutes.

Nancy: OK, but please don't be late again.

Question：What time are they going to meet?

① 9:40　② 10:30　③ 10:40　④ 11:00

7 28 の問いに対する最も適当な答えを①～④の中から選び番号で答えなさい。

28 Your friend wants to go shopping with you this weekend. But you have very important exams next Monday and are too busy to see him.

What would you say to him?

① I'm happy to see you.

② You are always welcome.

③ I have to study for exams this weekend.

④ You'll be busy tomorrow.

8 29 の対話を読み、質問の答えとして最も適当なものを地図中の①～③の中から選び、番号で記入しなさい。

29

Lisa: Excuse me. Please tell me how to get to the National Art Museum.

Man: O.K. Go straight 3rd Street. Turn left at the second corner and walk up to 1st Street. A bookstore is on your right and the National Art Museum is across from the bookstore.

Question：Where is the National Art Museum?

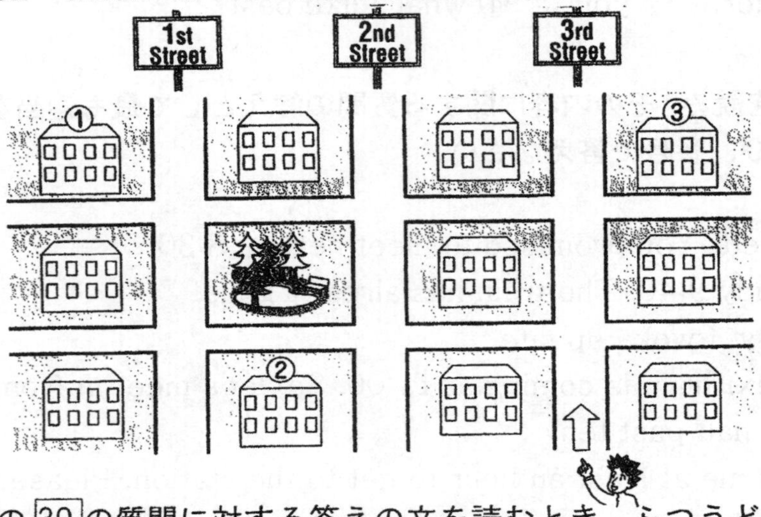

9 次の 30 の質問に対する答えの文を読むとき、ふつうどの語を最も強く発音しますか。下線部①～④の中から選び、番号で答えなさい。

30 A: Where is that train going?

B: Maybe it's going to Akita.

(① Maybe　② it's　③ going　④ Akita)

10 次の 31 の英文を１か所区切って読むとすれば、どこが最も適当ですか。①～④の中から選び、番号で答えなさい。

31 Ken was / living / in London / when / he was a child.

(① Ken was / living　② living / in London　③ in London / when　④ when / he was a child)

11 次の 32 · 33 の各語の中で最も強く発音する部分が他と異なるものを①～④の中から選び、番号で答えなさい。

32 ① fin-ish　② eight-een　③ a-round　④ to-night

33 ① an-y-thing　② re-mem-ber　③ hol-i-day　④ won-der-ful

12 次の 34 · 35 の下線部の発音と同じ発音をもつ語を①～④の中から選び、番号で答えなさい。

34 Have you read the book?

(① red　② meet　③ eat　④ fifteen)

35 There are many houses around the station.

(① listen　② sister　③ answer　④ music)

【記述問題】各指示に合わせて、記述1～記述10の各問に答えなさい。

● 次の(　　)の語をそれぞれ文に合う形にして解答欄に記入しなさい。
ただし、全文を記入する必要はありません。

記述1　This temple was (build) 500 years ago.

記述2　I met (he) yesterday.

記述3　He (go) to school by bicycle every day.

● 次の各文が同じ意味になるように(　　)に入れるべき適切な語を解答欄に記入しなさい。ただし最初の文字は与えてあるので、その文字も入れ、完成した語を記入しなさい。

記述4　She is a good pianist.
= She plays the (p　　　　　) well.

記述5　Please lend me your dictionary.
=(M　　　　　) I use your dictionary?

記述6　He drove to his office.
= He went to his office by (c　　　　　).

● 次の対話文が成り立つように、(記述7), (記述 8)に入れるべき適切な語を解答欄に記入しなさい。ただし最初の 2 文字はあたえてあるので、その 2 文字も入れ、完成した語を記入しなさい。

A: Hello. (記述7) is Kate. Can I speak to Bob, please?

B: I'm (記述8), but he isn't here now.

A: Do you know what time he'll come back?

B: Yes, he'll return home around five o'clock.

記述7 (Th□□)　記述8 (so□□□)

● 次の会話が成り立つように、(　　)に入れるべき適切な語を解答欄に記入しなさい。ただし、最初の文字はあたえてあるので、その文字も入れ、完成した語を記入しなさい。

記述 9　A: (W　　　　　) are you from?
B: I'm from Osaka.

記述 10　A: How (l　　　　　) does it take from here to the post office?
B: It takes about 10 minutes.

【数　学】（45分）〈満点：100点〉

注意 1. 答えが分数になるときは，約分してもっとも簡単な分数にしてください。
2. 答えに根号が含まれるときは，根号の中の数をもっとも小さい正の整数にしてください。

1　次の（記述1）～（記述8）に当てはまるものを答えよ。解答は，記述解答用紙に答えのみを記入すること。

i）$4(3x+y)-6\left(\frac{5}{6}x+\frac{2}{3}y\right)$ を計算すると（記述1）である。

ii）$\sqrt{48}+\sqrt{3}-\sqrt{12}$ を計算すると（記述2）である。

iii）$x^2+8x-20$ を因数分解すると（記述3）である。

iv）$a+2b-6=4$ を b について解くと $b=$（記述4）である。

v）2次方程式 $x^2-8x=-2(4x-3)$ を解くと $x=$（記述5）である。

vi）$x=104$ のとき，$4x^2-64$ の値を求めると（記述6）である。

vii）下の図のような円Oにおいて，$\angle x=$（記述7）°，$\angle y=$（記述8）° である。

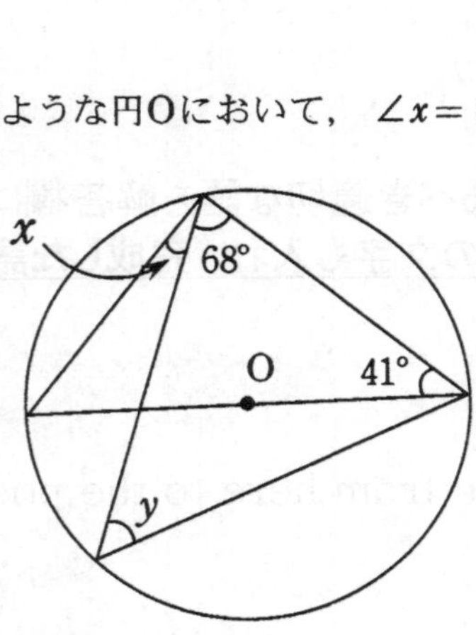

2 下の図のように，関数 $y=\frac{1}{4}x^2$ のグラフ上に2点A，Bがあり，それぞれの x 座標は -8，2である。また，点Pは y 軸上を動く点である。このとき，次の(1)〜(7)に当てはまるものを答えよ。解答は①〜⑤の中から1つ選び，記号解答用紙に番号のみを記入すること(○は記入しないこと)。

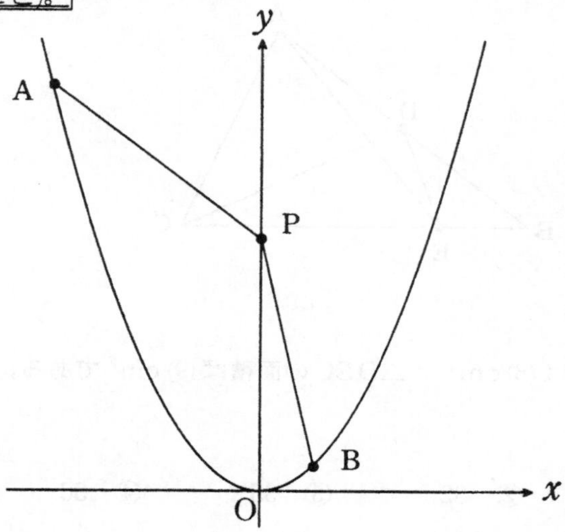

i）点Aの y 座標は(1)，点Bの y 座標は(2)である。解答欄は 設問1 〜 設問2

(1) ① 14　② 16　③ 18　④ 28　⑤ 32

(2) ① 1　② 2　③ 3　④ 4　⑤ 5

ii）線分APと線分PBの長さの和AP+PBが最小となる点Pの座標は(3)，最小となる長さは(4)である。解答欄は 設問3 〜 設問4

(3) ① (0, 4)　② (4, 0)　③ (0, 5)　④ (5, 0)　⑤ (6, 0)

(4) ① $4\sqrt{13}$　② $4\sqrt{14}$　③ $5\sqrt{13}$　④ $5\sqrt{15}$　⑤ $6\sqrt{13}$

iii）OAの長さは(5)，OBの長さは(6)，∠AOBの大きさは(7)°である。解答欄は 設問5 〜 設問7

(5) ① $5\sqrt{2}$　② $5\sqrt{3}$　③ $4\sqrt{7}$　④ $5\sqrt{7}$　⑤ $8\sqrt{5}$

(6) ① $\sqrt{2}$　② $\sqrt{3}$　③ 2　④ $\sqrt{5}$　⑤ $\sqrt{6}$

(7) ① 30　② 45　③ 60　④ 90　⑤ 120

3 下の図のように，△ABCにおいて，点DはABの中点で，BE : EC ＝ 1 : 3である。△ABCの面積が64 cm^2 のとき，次の(8)～(11)に当てはまるものを答えよ。解答は①～⑤の中から1つ選び，記号解答用紙に番号のみを記入すること(○は記入しないこと)。

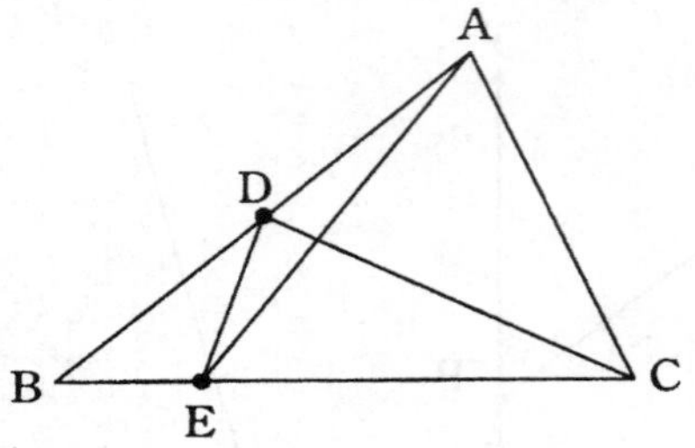

i) △DBCの面積は(8) cm^2，△DECの面積は(9) cm^2 である。解答欄は 設問8 ～ 設問9

(8)　① 30　② 32　③ 35　④ 36　⑤ 38

(9)　① 24　② 25　③ 26　④ 27　⑤ 28

ii) △DEC : △DBC : △ABC ＝ (10) である。解答欄は 設問10

(10)　① 1 : 2 : 3　② 1 : 2 : 4　③ 3 : 4 : 7　④ 3 : 4 : 8　⑤ 3 : 5 : 8

iii) 次の①～⑤の中に間違っているものが1つある。それは(11)である。解答欄は 設問11

(11)　① △ADEの面積は△DBEの面積と等しい。

② △ABCの面積は△DBCの面積の2倍である。

③ △DBEの面積は△DECの面積の3倍である。

④ △DBCの面積は△DBEの面積の4倍である。

⑤ △ABCの面積の3倍は△DECの面積の8倍である。

4　下の【図1】のように，1辺が2cmの立方体の6つの面の対角線の交点をそれぞれ結んで正八面体をつくった。また，正八面体の頂点のうちA，B，C，Dを通る面で切ったときの切り口が【図2】である。このとき，次の(12)～(15)に当てはまるものを答えよ。解答は①～⑤の中から1つ選び，記号解答用紙に番号のみを記入すること(○は記入しないこと)。

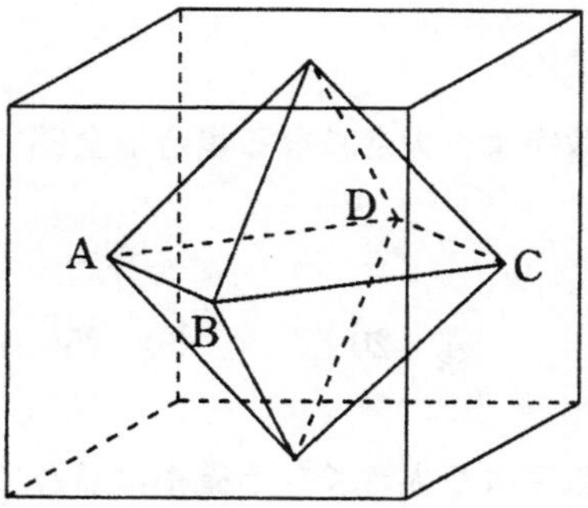

【図1】

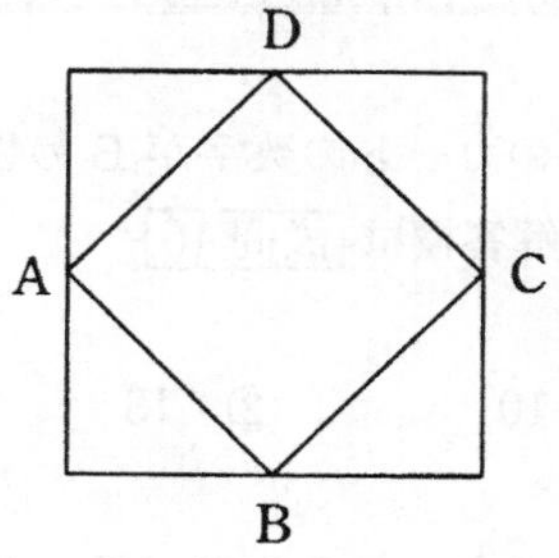

【図2】

i）立方体の体積は(12) cm^3 である。解答欄は 設問12

(12)　①　4　　②　6　　③　8　　④　9　　⑤　12

ii）正八面体の1辺の長さABは(13)cmである。解答欄は 設問13

(13)　①　$\sqrt{2}$　　②　$\sqrt{3}$　　③　2　　④　$\sqrt{5}$　　⑤　$\sqrt{6}$

iii）正八面体の体積は(14) cm^3 である。解答欄は 設問14

(14)　①　$\frac{2}{3}$　　②　$\frac{3}{4}$　　③　1　　④　$\frac{4}{3}$　　⑤　2

iv）立方体の体積は正八面体の体積の(15)倍である。解答欄は 設問15

(15)　①　5　　②　6　　③　7　　④　8　　⑤　9

5 Aの袋には，1，3，5，7，9 の数字を書いたカードが1枚ずつ入っており，Bの袋には，0，2，4，6，8 の数字を書いたカードが1枚ずつ入っている。A，Bそれぞれの袋から1枚ずつ取り出すとき，次の(16)～(20)に当てはまるものを答えよ。ただし，どのカードが取り出されることも同様に確からしいものとする。解答は①～⑤の中から1つ選び，記号解答用紙に番号のみを記入すること(○は記入しないこと)。

i） Aの袋のカードの数字がBの袋のカードの数字より大きくなる場合は全部で(16)通りある。 解答欄は 設問 16

(16) ① 10　② 13　③ 15　④ 20　⑤ 25

ii） Aの袋のカードの数字がBの袋のカードの数字より大きくなる確率は(17)である。解答欄は 設問 17

(17) ① $\frac{2}{5}$　② $\frac{13}{25}$　③ $\frac{3}{5}$　④ $\frac{4}{5}$　⑤ $\frac{22}{25}$

iii） Aの袋のカードの数字を十の位に，Bの袋のカードの数字を一の位にしたとき，2けたの整数は全部で(18)通りできる。解答欄は 設問 18

(18) ① 10　② 13　③ 15　④ 20　⑤ 25

iv） Bの袋のカードの数字を十の位に，Aの袋のカードの数字を一の位にしたとき，2けたの整数は全部で(19)通りでき，この整数が50より大きくなる確率は(20)である。解答欄は 設問 19～ 設問 20

(19) ① 10　② 13　③ 15　④ 20　⑤ 25

(20) ① $\frac{1}{6}$　② $\frac{1}{5}$　③ $\frac{1}{4}$　④ $\frac{1}{3}$　⑤ $\frac{1}{2}$

6

下の図のように，長方形のタイルAと正方形のタイルBをある規則にしたがって，すきまなく並べた。また，図の太線は図形の周囲の長さを表している。このとき，次の(21)～(26)に当てはまるものを答えよ。解答は①～⑤の中から１つ選び，記号解答用紙に番号のみを記入すること(○は記入しないこと)。

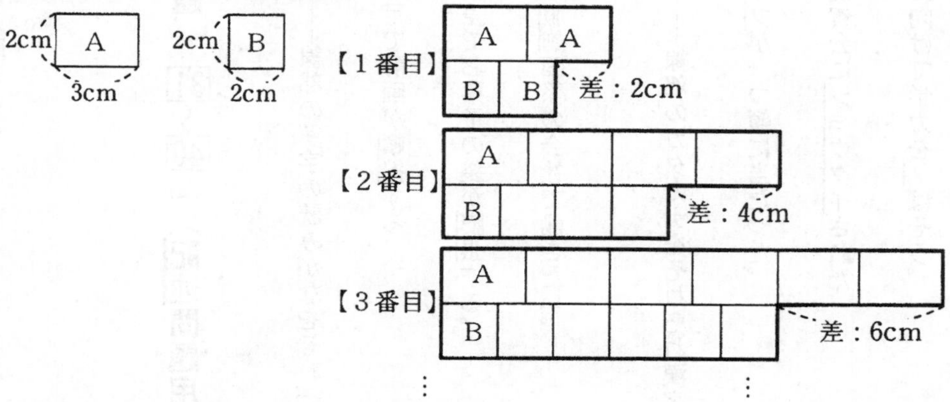

ⅰ）【１番目】のタイルAとBとの差は２cm，【２番目】は４cmである。【５番目】のタイルAとBとの差は(21) cm，【n番目】は (22) cm である。解答欄は 設問21 ～ 設問22

(21) ① 7　② 8　③ 9　④ 10　⑤ 12

(22) ① $\frac{n}{2}$　② $\sqrt{2}n$　③ $n+2$　④ $2n$　⑤ n^2

ⅱ）【１番目】の図形の周囲の長さは20 cm，【２番目】は32 cmである。【３番目】の図形の周囲の長さは(23) cm，【n番目】は(24) cm である。解答欄は 設問23 ～ 設問24

(23) ① 42　② 43　③ 44　④ 45　⑤ 46

(24) ① $n+19$　② $12n+8$　③ $15n+5$　④ $16n+4$　⑤ $25n-5$

ⅲ）図形の周囲の長さが128 cm になる図を【m番目】とすると，$m=$ (25) である。また，このときに使われているタイルの数は，タイルAとBをあわせて (26) 枚である。解答欄は 設問25 ～ 設問26

(25) ① 10　② 11　③ 12　④ 13　⑤ 14

(26) ① 36　② 37　③ 38　④ 39　⑤ 40

2　読むこと／書くこと
3　語ること／聞くこと
4　聞くこと／書くこと
5　書くこと／聞くこと

【記述問題 31～40】（記述問題用の解答用紙を使用してください）

一　31～35の――線部の漢字の読みがなをそれぞれひらがなで書きなさい。

31　準備不足で計画が頓挫する。

32　今日は空気が乾燥している。

33　気圧の差でお菓子の袋が膨張する。

34　四月から新たな任務に就く。

35　将来は服飾関係の会社で働きたい。

二　36～40の――線部のカタカナをそれぞれ漢字になおしなさい。

36　アマツブが一つ顔に当たった。

37　空港で入国シンサを受ける。

38　優勝祝賀会にショウタイされた。

39　荷物を受け付けにアズける。

40　入試に向けて学力をノばそう。

28 文中の――線部Ⅰ「視聴覚教育という名の教育システムこそ、『もののけ』中の『もののけ』、おそるべき『もののけ』の元凶なのではないだろうか。」とは、どういうことか。1～5の中から一つ選び、その番号を書きなさい。解答番号は28

1　映像や音声を授業で活用し目や耳から情報を注ぎ込む視聴覚教育は大事だと思い込ませ、教師による語りを学生たちが授業で聞きほれることがなくなってしまったということ。

2　流行に流されて映像や音声を学校現場に積極的に導入していき、華やかなスライドやビデオを見聞きさせることに力を注ぎすぎて肝心の教育内容が身につかなくなってしまったということ。

3　流行であったとはいえ映像や音声を利用する視聴覚教育に頼りすぎ、教師自身の語る力や生徒の書く力をおろそかにしてしまったということ。

4　映像や音声を活用する視聴覚教育が当たり前になり、それらを用いない教師は不適格であると無条件で決めつける風潮ができあがってしまったということ。

5　映像や音声はノートをとることそのものができない性質があるので導入され、見る力・聞く力はのびたが、語ること・書くことを後回しにしてしまったということ。

29 この文章の内容に合っているものを1～5の中から一つ選び、その番号を書きなさい。解答番号は29

1　戦後まもなく視聴覚教育が導入されることによって、生徒や学生たちに目や耳からいろいろな情報を注ぎ込もうとして、物珍しさから流行現象になったが、実際の教育効果はそれほどでもなかった。

2　筆者は大学は教師の話を聞くことが基本であると説明するが、学校や家庭で勉強することはノートをとることだと徹底的に教えられてきた学生たちには最初から全く理解されなかった。

3　筆者は聴講生のお母さんたちにノートをとらず静かに聞いてほしいと懇願したところ、最初はにが笑いを浮かべながらノートをとることをやめようとしなかったが、最後には理解して熱心に話を聞いてくれた。

4　大学の授業ではまず教師の話を聞き、頭のなかにきざまれたこと、こころの底にのこったことを授業が終わってから自分の家や宿舎に帰ってからノートするもので、頭やこころにのこらなかったら何も書く必要はない。

5　視聴覚教育の導入は、教育現場から生徒や学生たちにたいし教師が正面から語りかける能力を失わせてしまい、結果的に熱意ある授業が行われなくなってきている。

30 この文章に題名をつけるとしたらどのようなものがふさわしいか。1～5の中から一つ選び、その番号を書きなさい。解答番号は30

1　語ること／書くこと

4　毎年学生にノートはこころにのこったものを書くものだと説明したが、こころにのこったものが多かったのだと満足に思う気分。
5　毎年学生にノートをとる意図を話すが毎回理解されず、説明のしかたに問題があるのではないかと謙虚に反省する気分。

[26]　文中の――線部G「『もののけ』にとりつかれてしまっている」とはどのようなことの比喩か。1～5の中から一つ選び、その番号を書きなさい。解答番号は[26]

1　ノートを家に帰ってからまとめることが本当の意味で「書く」ということであるのに、楽をしようと思って教室でこっそりメモ程度にノートをとってしまっているということ。
2　本来自らの意志で勉強に取り組むことができる成長段階であるのに、いつまでたっても先生やお母さんから勉強しなさいと指示を受けないと行動できなくなってしまっているということ。
3　大学に入学した以上はノート取りの悪い習慣から自由になることが大事であるのに、短時間であればノートをとることを許されていると勝手に解釈してしまっているということ。
4　本来先生のリズムある懸命な語りを聞くことが講義内容を理解する上で大切であるのに、ノートをとることのほうが大事であるとノート取りにエネルギーを注いでしまっているということ。
5　本来書く前に考えることが大事だと説明しているのに、高等学校までの習慣が抜けずにただ黙々と書いては考え、書いては考えの繰り返しになってしまっているということ。

[27]　文中の――線部H「学生にむかって語りかける教師の能力が極度に貧困になってしまった」のは、なぜか。1～5の中から一つ選び、その番号を書きなさい。解答番号は[27]

1　戦後まもなく教育の現場に音声を持ちこむことにより、生徒たちが教師の語りより迫力のある音声にひかれるようになり、教師の語りを事前に録音することに労力をかけるようになってしまったから。
2　戦後まもなく教育技法の変革によって教師の意識が変わり、以前より教師が情熱的にリズム感にのって語る必要がなくなってしまったため、語りの魅力、語りの技倆が失われてしまったから。
3　戦後まもなく視聴覚教育を取り入れることによって、教師たちはスライドやビデオなどの解説者の役割を演ずるようになり、教師による語りの世界が軽視されるようになってしまったから。
4　戦後まもなく視聴覚教育が導入され、今まで教師がいちいち言葉で説明していた事柄を映像を映すことによって短時間で正確に伝えることができるようになったため、教師は語ることがなくなってしまったから。
5　戦後まもなく新しい教育技法を導入したため、生徒たちが教師よりも情熱的で技倆がある語りを映像や録音で接することができるようになり、教師は自分で語らなくてもよくなったから。

23 文中の――線部D「かれらははじめキョトンとした顔をする」のはなぜか。1～5の中から一つ選び、その番号を書きなさい。解答番号は23

1 高等学校では、細かなところもすべてノートをとって覚えなければならなかったが、大学では、自分の専攻する分野に関係するものだけを覚えればいいと言われ納得がいかなかったから。
2 高校生のころより一生懸命勉強して大学に入学し、さらに勉強しようと決意していたのに、高校生の受験勉強のようにがんばって勉強しなくとも良いと言われるとは思わなかったから。
3 高等学校までのノートをとったり、意味を調べたりする従来の勉強方法はすべて誤りだったと指摘され、自分は今まで何をやってきたのだろうかと頭の中が混乱しているから。
4 高等学校のころから、大学の授業は高等学校の授業より難しくなると教えられてきたので覚悟をもって大学の講義を受けはじめたが、先生が楽をしていいと想定外のことを言うので違和感を覚えたから。
5 高等学校まで毎日のようにノートをとらされ、勉強するということはノートをとることだと教えられてきたので、大学でも当然ノートをとるものだと思っていたが、それとは正反対のことを言われたから。

24 文中の――線部E「ふたたび講義をつづけていくうちにノートに書きはじめるものがでてくる」ことの理由として筆者はどのように考えているか。1～5の中から一つ選び、その番号を書きなさい。解答番号は24

1 講義の内容が面白く興味深いもので、ぜひともこころにのこしたいと思い、注意されながらもついノートにとってしまったから。
2 勉強することはノートをとることだと徹底的に教えこまれることでそれが習慣化され、体にしみついてしまったから。
3 今までに教師の話を何もせず黙ってきくという経験がなかったので、手持ちぶさたになり思わずノートに書いてしまったから。
4 ノートをとってはならないという意図は何となく理解できたが、よく考えるとこの教師の考えは誤りであると気がついたから。
5 こころにのこったものを後で書くのがノートだと説明されたが、書くのなら今でも後でも同じではないかと思ったから。

25 文中の――線部F「ほとんどサジをなげたような気分」とはどのような気分か。1～5の中から一つ選び、その番号を書きなさい。解答番号は25

1 毎年学生に講義中にノートをとらない意義を説明するが理解してもらえず、根深い問題で直しようがないとあきらめる気分。
2 毎年学生に講義中にノートをとるなとその意図を説明するが理解してもらえず、なぜ分からないのだろうかと怒りに満ちた気分。
3 毎年学生に講義中にノートをとるなと注意するがその意図が全然理解されず、講義の内容が理解されているのか不安に思う気分。

5　筆者は大学の授業以外の仕事に日を送ることに耐えきれなくなったことと、筆者の指導経験を活かし学生や聴講生の能力を引き出したかったから。

21　文中の――線部B「それもいいかとあきらめ」たのはなぜか。1～5の中から一つ選び、その番号を書きなさい。解答番号は 21

1　必修課目として「人間学概論」を講義しているが、出席をとらないようにして、この講義に対しての学生の反応を見た。しかし講義内容が今の学生の求めるものとかけ離れてしまったため、結果としてサボるものが増えてしまったと考えたから。

2　大学では学生全員がすべての講義を聴講するものであるが、筆者は学生の自由を尊重するために出席をとらなかった。しかし自分の学生時代、担当教員が出席をとらなくすることにより、学生の学習意欲を高めようと試みて失敗したのを思い出したから。

3　今の学生は、全員聴講するという必修課目の制度を設けなければ学ばなくなってしまった。しかし筆者は自分の学生時代を思い出し、学生たちに自分と同じように自主的に学ぶ姿勢をこの方法で身につけさせようとしたが、結局うまくいかなかったから。

4　必修課目は学生全員が聴講するものであるが、出席をとらなかったことで学生の自主性にまかせる形にした。さらに自分が学生時代に講義をサボったことを思い出し、今の学生も自分と同じで講義のすべてを聴講することは無理だろうと思ったから。

5　各自が選択した必修課目は、筆者は出席をとらなくとも学生は全員出席するものと考えていた。さらに自分の学生時代はサボっても、それを埋めるために自主的に学んでいたが、今の学生にはそういったことをする者がいなくなってしまったから。

22　文中の――線部C「学生たちにむかってノートをとるな」というのはなぜか。1～5の中から一つ選び、その番号を書きなさい。解答番号は 22

1　筆者は、授業中にノートをとることによって自分の家や宿舎で勉強しなくなることを恐れており、大学では講義内容について自分なりに考えるということが大切であると考えているから。

2　筆者は、大学で重要なことはノートをとることではなく、重要事項をすべてその時その時に頭の中に刻むことが大切で、このように記憶力を養うのが基本にあると考えているから。

3　筆者は、大学の講義ではまず教師の話をきくことが重要で、その話の中で印象深く頭に記憶された事項を講義が終わってからノートに記すのが本来の姿であると考えているから。

4　筆者は、学生はノートをとりはじめるとそのことに夢中になってしまい、教師の表情や声の強弱に気がつかず、結果として授業の要点を聞き逃してしまうと考えているから。

5　筆者は、高等学校までの勉強は基礎力をつけるためにノートをとることが重要視されるが、大学の授業はその基礎力の上に成り立つもので、高等学校での学習方法とは異なるということを強調したいと考えているから。

沈下をおこしはじめたのだといっていいだろう。気がついたとき教師たちは、生徒や学生たちにスライドやビデオをみせ、録音した音声をきかせながら、そのあとわずかにコメントを加える解説者の役割を演ずるようになっていた。それが華やかなスタートを切ったはずの視聴覚教育というものの、今日における寂しい成果なのではないだろうか。

教師の側に、人間にむかって話す能力が急速に失われてしまった。生徒や学生にむかって正面から語りかける技倆がどこかにいってしまったのである。考えてみれば、戦後五十年を経てねりあげられてきたI視聴覚教育という名の教育システムこそ、「もののけ」中の「もののけ」、おそるべき「もののけ」の元凶《げんきょう》なのではないだろうか。

（山折哲雄『こころの作法』による）

※ かこつ —— ぐちをいう。嘆く。

16〜18 文中の ア 〜 ウ に入る語句をそれぞれ1〜5の中から一つずつ選び、その番号を書きなさい。解答番号はアが16、イが17、ウが18

ア　1 ところで　2 しかし　3 また　4 まさか　5 だから

イ　1 さて　2 ところが　3 すこしも　4 つまり　5 やはり

ウ　1 なぜ　2 もしも　3 けっして　4 いわゆる　5 なるほど

19 文中の X に入る語句を1〜5の中から一つ選び、その番号を書きなさい。解答番号は19

1 石橋をたたいて渡る　2 聞いて極楽見て地獄　3 念には念　4 人のふり見てわがふり直せ　5 百聞は一見にしかず

20 文中の――線部A「大学に勤めているときはすくなくとも週に一度、多くの学生たちの前に立って講義をしてきた」のはなぜか。1〜5の中から一つ選び、その番号を書きなさい。解答番号は20

1 筆者は大学の授業以外の仕事ばかりすることに耐えられなかったことと、講義をすることによって学生や聴講生の心情に触れることができるということが楽しかったから。

2 筆者は大学の事務的な仕事が嫌だったということと、自分が研究している「人間学」という学問に学生や聴講生の心情の変化が役立つということを面白く感じたから。

3 筆者は大学の行政の仕事だけに時間を費やすということになじめなかったことと、大学を運営するには講義を通して実際に学生や聴講生の心情に触れなければならないと考えたから。

4 筆者は大学の行政的な仕事に耐えられなかったということと、実際に学生や聴講生の前で講義をしていく中でノートをとらせない習慣を徹底できるかを見極めたかったから。

だけを授業が終わってからノートに記すのだ。自分の家や宿舎に帰ってからノートすればよい。それが、書くということの本当の意味なのだ。ア そのとき、もしも何にも頭にのこっておらず、こころにものこっていなかったら、君たちは何も書く必要はないのである。そもそも書くという行為は、教師がいったことを右から左にノートすることなどではないのだ。

そのように私の意図を話すと、学生たちはすこしはわかったような顔をする。なるほどといったような表情をしてうなずくものもいる。けれども、Eふたたび講義をつづけていくうちにノートに書きはじめるものがでてくる。連鎖反応のようにあちこちでノートをとりはじめる。

教室ではノートをとることが、自動機械がやるように身についた習慣になっているのである。そんなとき私は、毎回のことだが、Fほとんどサジをなげたような気分になる。かれらのほとんどは、小学校、中学校、そして高等学校へとすすむ過程で、毎日のようにノートをとらされつづけてきた。勉強するとはノートすることだと、徹底的に教えこまれてきているのである。学校の教室においてだけではないであろう。家庭においても、お母さんからいつもそういわれて尻《しり》を叩《たた》かれてきている。

だから私がいくら、大学に入った以上はそのようなノート取りの悪習から自由になれ、書く前に考えよ、などといっても、効果はほとんどあがらない。効果があったとしてもわずか五分間だけ、という結果に終わる。そんなとき私はいつも長嘆息しながら思う。いまの子どもたち、学生たちは、学校や家庭でじつにおびただしい数のG「もののけ」にとりつかれてしまっているのではないか、と。そういうたくさんの「もののけ姫」たちを前にして、その「もののけ」をどのようにして払い落としたらよいのかと、いつも途方にくれているのである。

イ さらに驚かされるのは、学生たちだけではない。聴講生のお母さんたちまでが、これまたものすごい勢いでノートをとっているのである。私がいくらノートをとらずに静かに話をきいてほしいと懇願しても、ほとんどの方がにが笑いを浮かべるだけで、ノート取りをやめようとしない。その光景には本当に圧倒されてしまう。「もののけ姫」の伝統は根が深いということを思いしらされて、自分の非力を※かこつほかなくなる。

なぜ、そんなことになってしまったのだろうか。おそらく根本の原因は、H学生にむかって語りかける教師の能力が極度に貧困になってしまったということがあるのではないだろうか。語りの魅力、語りの技倆《ぎりょう》が失われてしまったのではないか。ウ 教師の側に情熱的な語りのリズムが確保されてあれば、学生の側に、その語りをかたずをのんできくという反応が反射的に生ずるだろうからだ。聞き惚《ほ》れる、といってもいい。そういう光景が、われわれの学校の「教室」からはほとんど消え失せてしまっているのかもしれない。

戦後まもなくのことだったと思う。視聴覚教育ということが叫ばれるようになった。教育の現場に映像や音声をもちこんで、目や耳からいろいろな情報を生徒や学生たちに注ぎこもうという新しい教育システムの導入がはじまった。はじめは物珍しさも手伝って、流行現象になった。時を経るにつれて、それが当たり前の教育技法になっていった。教師たちはわれもわれもと、教室にテレビをもちこみ、ラジカセを運びこんで映像と音声を流しはじめるようになった。X 、の現代版である。この場合、視聴覚の「聴」が教師の語りを聴くということではないことに注意しなければならない。それは要するに録音されたさまざまな音声を聴くということだったからである。

しだいしだいに教師による語りの世界が軽視されていったのである。生徒や学生たちにたいして教師が正面から語りかける能力が地盤

1 X 意味深長 Y 付和雷同 Z 急転直下
2 X 用意周到 Y 右往左往 Z 心機一転
3 X 千変万化 Y 右往左往 Z 温故知新
4 X 用意周到 Y 付和雷同 Z 急転直下
5 X 意味深長 Y 自暴自棄 Z 心機一転

八

――線部の語句の使い方として適切なものを1〜5の中から一つ選び、その番号を書きなさい。解答番号は15

1 どうしよう、期末試験の準備がまだ終わらない。しかたがない、時間がないから背水の陣であきらめるしかない。
2 冬も終わりに近づいて、春の気配を感じるようになった。今日は特に小春日和で暖かで穏やかな一日であった。
3 兄は試験中でしっかりと勉強すると言っていたのに、スマートフォンを手離そうとしないのは矛盾していると思う。
4 君は歌がうまいそうだね。どうか歌の最初の部分、つまりさわりというところを聞かせてくれないだろうか。
5 立春も過ぎて日が延びてきて、一日一日と日が永くなってきた感じがするが、これが一日の長というんだろうね。

九

次の文章を読み、後の問いに答えなさい。

私はこれまでA大学に勤めているときはすくなくとも週に一度、多くの学生たちの前に立って講義をしてきた。題して「人間学概説」。たまたま学長職にあったときも、行政の仕事だけで日を送ることに耐えられず、つい講義に手を出したのである。

それは必修課目になっていた。だから学生は全員聴講しなければならない。けれども出席をとらなかった。つまり学生はいくらサボっても自由であった。自分の学生時代のことを思い出しながら、Bそれもいいかとあきらめて、学生たちの前に立っていたのである。

以前私が勤めていたその女子短大では、社会人にも開放する聴講生制度をとっていた。それで二十人近くのお母さん方もききにこられる。娘のような学生といっしょに机を並べていた。あるとき私語している学生をはげしく叱《しか》ったとき、あとからお母さんの一人がやってきて、こういわれた。あのとき、つい母性本能がこみあげてきて、あの学生をかばってあげたくなりました……。そういう得がたい経験も、たまにはする。それが面白くて、毎週学生たちの前に立つことがやめられなかったのである。

私は新学期がはじまってまもなくのころ、C学生たちにむかってノートをとるな、という。これはもうここ十数年来、毎年のようにいってきたことだ。そういうと、Dかれらははじめキョトンとした顔をする。この教師は何ということをいうのか、といった奇妙な表情をする。

私のいい分はこうだ。――あなた方は私が話をすると、すぐノートを書きはじめる。黒板に字を書くと、それもノートにしたがる。そんなことは、もうしなくてもいい。黙って、私の話をききなさい。私の話をきいて頭のなかに刻まれたこと、こころの底にのこったこと

四 10・11の語句の対義語をそれぞれ1～5の中から一つずつ選び、その番号を書きなさい。解答番号は10・11

10 遺失　1 出現　2 成功　3 得点　4 拾得　5 誕生

11 慢性　1 陽性　2 陰性　3 野性　4 感性　5 急性

五 ――線部の語句の中で、文法上性質が同じものの組み合わせを1～5の中から一つ選び、その番号を書きなさい。解答番号は12

① A君「今日はクラブに行かれるかな。時間が無いから掃除当番をサボっちゃおうかな。」
② B君「あ～あ～、そんなことしたら先生にしかられるよ。」
③ A君「そんなことないよ。先生は誰にでもやさしくされる人だもの。」
④ B君「本当かな。ぼくには厳しそうな先生だと思われるけれどね。」
⑤ A君「そうかもね。先生だけじゃなくて、みんなからもいろいろと言われるかもしれないしね。やっぱりサボるのやめよう。」

1 ①と②　2 ①と⑤　3 ②と③　4 ②と⑤　5 ③と④

六 ――線部の敬語の使い方として適切なものを1～5の中から一つ選び、その番号を書きなさい。解答番号は13

1 そろそろお客さまが参るころです。お出迎えの準備をいたしましょう。
2 先生が、私に申されたことはとても印象深く、今でもよく覚えております。
3 父は、私の進路の件で、明日私の担任の先生にお目にかかる予定です。
4 この資料をお持ちでない方は、近くの係員からいただいてください。
5 総理大臣は、東日本大震災より十年たった被災地を視察いたされました。

七 次の文章の□を埋める四字熟語の組み合わせとして適切なものを1～5の中から一つ選び、その番号を書きなさい。解答番号は14

A君「B君、今回のテストの結果はどうだったかい。[X]な君のことだから当然いい成績だろうな。」
B君「いやそうでもないよ。最悪。予想外の問題が出て[Y]しちゃってさ、全然駄目。」
A君「ぼくなんか、勉強しないからいつも通り悪いや。そろそろ[Z]、勉強をがんばろうと思うんだ。」

二〇二二年度
京華商業高等学校

【国語】（四五分）〈満点：一〇〇点〉

【記号問題 [1]～[30]】（記号問題用の解答用紙を使用してください）

一

[1]～[5]の作家の文学作品をそれぞれ1～5の中から一つずつ選び、その番号を書きなさい。解答番号は[1]～[5]

		1	2	3	4	5
[1]	三島由紀夫	『あすなろ物語』	『海と毒薬』	『金閣寺』	『楡家の人びと』	『野火』
[2]	夏目漱石	『蠅』	『それから』	『刺青』	『真実一路』	『砂の女』
[3]	芥川龍之介	『河童』	『城の崎にて』	『黒い雨』	『生まれいづる悩み』	『斜陽』
[4]	川端康成	『智恵子抄』	『伊豆の踊子』	『キッチン』	『風立ちぬ』	『山月記』
[5]	森　鷗外	『山椒大夫』	『破戒』	『野菊の墓』	『ふらんす物語』	『愛と死』

二

[6]・[7]の慣用句の意味をそれぞれ1～5の中から一つずつ選び、その番号を書きなさい。解答番号は[6]・[7]

[6] 隅《すみ》に置けない

1 目上の人には気を使わなければならないということ。
2 えらそうな態度に、周囲がもてあましてしまうこと。
3 さびしそうなので、つい仲間に入れてしまうこと。
4 大きな問題だということにみんなが気づいたということ。
5 思った以上に優れていて、無視できないこと。

[7] ほぞをかむ

1 機嫌を悪くすること。
2 不可能と思われることをすること。
3 後になってくやむこと。
4 まったくおもしろくないこと。
5 効果がないこと。

三

[8]・[9]の語句の類義語をそれぞれ1～5の中から一つずつ選び、その番号を書きなさい。解答番号は[8]・[9]

		1	2	3	4	5
[8]	令名	名手	命令	美声	名声	令嬢
[9]	体裁	形式	外見	名聞	体制	裁量

2022年度／京華商業高等学校

英語解答

1　1 ②　2 ③　3 ④　4 ①
　5 ①

2　6 ②　7 ⑤　8 ④　9 ①
　10 ③

3　11 ②　12 ①　13 ④　14 ③
　15 ②　16 ②　17 ①　18 ④
　19 ①　20 ③

4　21 ④　22 ③　23 ②

5　24 ④　25 ②　26 ①

6　27 ③

7　28 ③

8　29 ①

9　30 ④

10　31 ③

11　32 ①　33 ②

12　34 ①　35 ④

【記述問題】

記述１	built	記述２	him
記述３	goes	記述４	piano
記述５	May	記述６	car
記述７	This	記述８	sorry
記述９	Where	記述10	long

1〔長文読解─英問英答─物語〕

≪全訳≫❶ジョー・ビッグスは肉屋だった。彼の店は南イングランドの最も美しい場所の１つに位置する村にあり，彼は父親がいる間，長年その店で働いていた。その後，父親は65歳になったときに店の仕事をしなくなり，ジョーは１人になってしまったので，より一生懸命に働かなければならなくなった。❷ジョーは週５日半働いた。木曜日は１時で店が閉まり，日曜日は１日休業した。土曜日は最も忙しい日だった。❸ジョーの店の肉はほとんどが近くの町から店に運ばれてきたが，ときには朝にいつもより早く起きて，車で町まで肉を選びに行くこともあった。その方が安いのだった。❹ジョーは店に大きな冷蔵庫を持っていたが，一度にたくさんの肉を買いすぎないようにし，また，買い足す前に売りさばくように心がけていた。❺ある木曜日，１時５分前に１人の女性が店に入ってきた。「遅く来てごめんなさいね」と彼女は言った。「今晩食事に来るという人たちから電話があったから，もう少しお肉が必要なの」❻ジョーの店には１枚だけよい肉があった。他の肉はその日のうちに全部売りさばいていた。彼はその肉を取り出して，女性に「これは56ポンドです」と言った。「そのお肉は小さすぎるわ」と女性は答えた。「もっと大きいのはないの？」❼ジョーは店の裏の部屋に入り，冷蔵庫を開けて肉を入れ，また取り出して，大きな音を立てて冷蔵庫の扉を閉めた。そして，その肉を持って女性のところへ戻り，「この肉は先ほどのよりも大きくて，もっと高いんですよ。73ポンドです」と言った。❽「よかったわ」と女性は笑顔で答えた。「じゃあ，両方くださる？」

＜解説＞1「ジョーがより一生懸命に働くようになったのはなぜか」─②「父親が働くのをやめたから」　第１段落第３文参照。　2「ジョーが働かないのはいつか」─③「木曜の夕方」　第２段落第２文参照。木曜日は１時で店が閉まる。　3「ジョーが車で町まで行くのはなぜか」─④「彼はより安い肉を買うためにそこへ行く」　第３段落参照。　4「木曜日にジョーが店に残しておいた肉はいくらか」─①「１枚56ポンド」　第６段落第３文参照。なお，第７段落で，「73ポンド」と女性に告げたものは，56ポンドの肉と同じものであり，ジョーは実際には１枚しかない肉を２枚あるように見せかけたのである。　5「問題は何か」─①「その女性がもっと肉を必要としていること」　第６～８段落参照。56ポンドの肉も73ポンドの肉も実際には同じものだが，女性は両方の肉を買いたいと言っている。

[2]〔対話文完成─適文選択〕

≪全訳≫❶ケンタ(K)：もしもし，ジュリー。大丈夫？❷ナンシー(N)：[6]大丈夫よ。ごめんなさいね，昨日は電話できなくて。帰宅がとても遅かったの。❸K：うん。携帯に電話したんだけど，つながらなかったよ。君の助けが必要なんだ。❹N：ごめんね。昨日，携帯電話をなくしてしまって，まだ見つかってないの。❺K：[7]それは困ったね。君の家の電話にメッセージを残したんだけど。届いてた？❻N：ええ。メアリーがパーティーでバイオリンを弾けないんだってね。[8]彼女，どうしたの？❼K：バスケットボールをしていて，指を骨折したんだ。❽N：[9]まあ，かわいそうに。❾K：ほんとだね。[10]君がパーティーに来てバイオリンを弾いてくれないかな？❿N：いいわ。やってあげる。

＜解説＞[6]大丈夫であるかどうかをきかれたナンシーの返答である。　[7]携帯電話をなくし，まだ見つかっていないことをナンシーから告げられたケンタの返答。That's too bad. は，困った状況にある相手に対し「お気の毒に」と同情を表す定型表現。　[8]この後，ケンタはメアリーの身に起こったことを答えている。　[9]メアリーがけがをしたことを知ったナンシーの発言。feel sorry for ～「～をかわいそうに〔気の毒に〕思う」　[10]直後のナンシーの発言にある I will の後に何が省略されているかを考える。I will の後には，繰り返しとなる③の come and play 以下が省略されている。

[3]〔適語選択・語形変化〕

[11]late は形容詞なので be動詞が入る。yesterday があるので過去の文である。「ナンシーは昨日，会議に遅刻したか」

[12]「あなたはよくなるだろう」と「あなたがすぐに寝る」をつなぐ語として適切なのは，if「もし～すれば」。　「もしすぐに寝れば，あなたはよくなるだろう」

[13]'as ～ as …'「…と同じくらい～」の表現では，as と as の間には'形容詞〔副詞〕の原級'が入る。good も形容詞の原級だが，意味が通らない。　「私は母と同じくらいうまく料理ができる」

[14]on the table で「テーブルの上で」。　「かわいいウサギがテーブルの上で寝ている」

[15]boyfriend という名詞の前なので所有格が入る。a sister は女性なので，Her が適切。she－her－her－hers　「タカシには姉〔妹〕がいる。彼女のボーイフレンドはアメリカ出身である」

[16]Thank you for ～ing で「～してくれてありがとう」。　「電話してくれてありがとう」

[17]未来の表現である be going to の後には'動詞の原形'がくる。be動詞には「～になる」という意味もある。　「ケイトはチームのキャプテンになる予定だ」

[18]'have/has＋過去分詞'の現在完了形にする。主語が He なので has が適切。　「彼はまだ宿題を終えていない」

[19]the book が read の目的語の関係になっているので目的格の関係代名詞が入る。先行詞が'人以外'のときの目的格の関係代名詞は which。　「これはエミリーが昨日読んだ本だ」

[20]「校門の前に立っている男性」となればよい。「～している」の意味を表すのは現在分詞(～ing)。現在分詞 standing が in front of the school gate という語句を伴って前の名詞 The man を後ろから修飾する形(現在分詞の形容詞的用法)。　「校門の前に立っている男性は私たちの英語の先生だ」

[4]〔書き換え─適語(句)選択〕

21「私の兄〔弟〕は12月29日に生まれた」→「私の兄〔弟〕の誕生日は12月29日だ」　be born「生まれる」

22「ジュンはこの学校のどの男子よりも速く走ることができる」→「ジュンはこの学校で一番速い走者だ」　上の文は‘比較級＋than any other＋単数名詞’の形。下の文ではこれを最上級で表す。

23「踊りましょうか」→「一緒に踊りましょう」　下の文は Let's ～.「～しましょう」と‘勧誘・提案’を表している。上の文は疑問文になっていることに注意。Shall we ～？で同じく‘勧誘・提案’を表すことができる。

5〔整序結合〕

24「だれか歌を上手に歌う人」と読み換えて，「だれか」を先行詞，「歌を上手に歌う」を関係代名詞節で表し，anyone who sings well とする。　Do you know anyone who sings well？

25「～する必要がない」は don't have to ～。「～を待つ」は wait for ～。　We don't have to wait for her.

26「どの色」は what color。このように what は後ろに名詞を置くことができる。この後は，一般動詞を用いた疑問文として，do you like … とする。　What color do you like best？

6〔英問英答―対話文〕

≪全訳≫❶ナンシー(N)：どうしたの？　8時半にここで会うと約束したのに，もう9時40分よ。列車はもう行ってしまったわ！❷マイク(M)：本当にすまない。寝坊してしまったんだ。❸N：わかったわ。次の電車は11時よ。だから，10時半に駅の前で会いましょう。❹M：ちょっと待って，駅まで最低1時間はかかるんだ。もう10分待ってくれないか。❺N：わかったわ，でも，もう遅れないでね。

＜解説＞「2人は何時に会う予定か」―③「10時40分」　第4段落でマイクが言っている ten more minutes は「もう10分」ということ。

7〔英問英答〕

≪全訳≫あなたの友達が今週末に一緒に買い物に行きたがっている。しかし，あなたは来週の月曜日にとても重要な試験があり，忙しくて彼に会うことができない。

＜解説＞「あなたは彼に何と言うか」―③「今週末は試験勉強をしないといけない」

8〔英問英答―対話文〕

≪全訳≫リサ：すみません。国立美術館への行き方を教えてください。／男性：いいですよ。3番通りをまっすぐ行ってください。2つ目の角を左に曲がって，1番通りまで歩いてください。右手に書店があり，その向かいに国立美術館があります。

＜解説＞「国立美術館はどこにあるか？」―①

9〔文の強勢〕

A：あの電車はどこに行くのですか？／B：たぶん秋田に行くのでしょう。//相手の質問に対する答えの中心となる語である Akita を強く読む。

10〔文の区切り〕

一般に，‘時’‘理由’‘条件’などを表す接続詞(when，before，after，because，if など)の前では区切って読む。　「ケンは子どもの頃ロンドンに住んでいた」

11〔単語のアクセント〕

32　①　fín-ish　　②　eight-éen　　③　a-róund　　④　to-níght

㉝ ① án-y-thing　② re-mém-ber　③ hól-i-day　④ wón-der-ful

12 〔単語の発音〕

㉞read[e]　この read は過去分詞。

(① red[e]　② meet[iː]　③ eat[iː]　④ fifteen[iː])

㉟houses[z]

(① listen[s]　② sister[s]　③ answer[s]　④ music[z])

【記述問題】

記述１～３〔語形変化〕

記述１．‘be動詞＋過去分詞’の受け身形。　build－built－built　「この寺は500年前に建てられた」

記述２．met の目的語なので目的格にする。　he－his－him－his　「私は昨日彼に会った」

記述３．every day「毎日」に着目する。毎日行うような‘現在の習慣的行為’は現在形で表す。主語が He なので３単現の goes にする。　「彼は毎日自転車で学校に通っている」

記述４～６〔書き換え―適語補充〕

記述４．「彼女は良いピアニストだ」→「彼女はピアノを上手に弾く」

記述５．「あなたの辞書を貸してください」→「あなたの辞書を使ってもよいですか」　「～してもよいですか」は May I ～？で表せる。

記述６．「彼は会社まで車を運転してきた」→「彼は車で会社に行った」　drive to ～≒go to ～ by car「～へ車で行く」　drive－drove－driven

記述７，８〔対話文完成―適語補充〕

≪全訳≫Ａ：もしもし。こちらはケイトです。ボブはいらっしゃいますか？／**Ｂ**：申し訳ありませんが，彼は今ここにいません。／**Ａ**：彼が何時に帰ってくるかご存じでしょうか？／**Ｂ**：はい，５時頃に帰ってきます。

＜解説＞記述７．電話で名前を名乗るときは This is ～ と言う。　**記述８**．ボブがその場にいないので，謝っている。

記述９，10〔対話文完成―適語補充〕

記述９．**Ａ**：あなたはどちらのご出身ですか？／**Ｂ**：大阪出身です。∥Where are you from？は，出身地を尋ねる定型表現。

記述10．**Ａ**：ここから郵便局までどのくらいかかりますか？／**Ｂ**：10分くらいです。∥How long does it take to ～？「～するのに(時間が)どのくらいかかりますか」

数学解答

1 i）$7x$　ii）$3\sqrt{3}$

iii）$(x+10)(x-2)$　iv）$b=-\dfrac{a}{2}+5$

v）$x=\pm\sqrt{6}$　vi）43200

vii）記述７…22　記述８…49

2 i）(1)…②　(2)…①

ii）(3)…①　(4)…③

iii）(5)…⑤　(6)…④　(7)…④

3 i）(8)…②　(9)…①　ii）④

iii）③

4 i）③　ii）①　iii）④　iv）②

5 i）③　ii）③　iii）⑤

iv）(19)…④　(20)…⑤

6 i）(21)…④　(22)…④

ii）(23)…③　(24)…②

iii）(25)…①　(26)…⑤

1〔独立小問集合題〕

i）＜式の計算＞与式$=12x+4y-5x-4y=7x$

ii）＜数の計算＞与式$=\sqrt{4^2\times3}+\sqrt{3}-\sqrt{2^2\times3}=4\sqrt{3}+\sqrt{3}-2\sqrt{3}=3\sqrt{3}$

iii）＜式の計算—因数分解＞与式$=x^2+(10-2)x+10\times(-2)=(x+10)(x-2)$

iv）＜等式変形＞$a+2b-6=4$，$2b=-a+10$　$\therefore b=-\dfrac{a}{2}+5$

v）＜二次方程式＞$x^2-8x=-8x+6$，$x^2=6$　$\therefore x=\pm\sqrt{6}$

vi）＜数の計算＞与式$=4(x^2-16)=4(x+4)(x-4)$と変形する。これに，$x=104$を代入して，与式$=4(104+4)(104-4)=4\times108\times100=43200$である。

vii）＜平面図形—角度＞右図のように４点A，B，C，Dを定める。線分ABは円Oの直径だから，$\angle ACB=90°$となる。よって，$\angle x=\angle ACB-\angle DCB=90°-68°=22°$である。また，△ABCの内角の和は180°だから，$\angle BAC=180°-(\angle ACB+\angle ABC)=180°-(90°+41°)=180°-131°=49°$となり，円周角の定理より，$\angle BDC=\angle BAC$だから，$\angle y=49°$である。

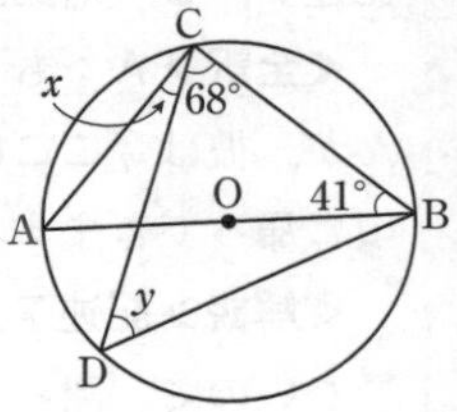

2〔関数—関数$y=ax^2$と一次関数のグラフ〕

i）＜y座標＞右図で，２点A，Bは関数$y=\dfrac{1}{4}x^2$のグラフ上の点で，x座標はそれぞれ-8，２だから，$y=\dfrac{1}{4}\times(-8)^2=16$より，点Aの$y$座標は16となり，$y=\dfrac{1}{4}\times2^2=1$より，点Bの$y$座標は１である。

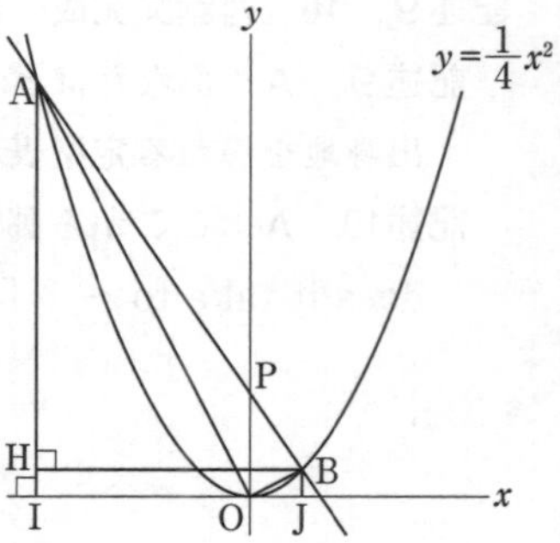

ii）＜座標，長さ＞右図で，AP＋PBが最小となるとき，３点A，P，Bは一直線上にあり，その長さは線分ABの長さと等しくなる。A$(-8,\ 16)$，B$(2,\ 1)$より，直線ABの傾きは$\dfrac{1-16}{2-(-8)}=-\dfrac{3}{2}$だから，直線ABの式は$y=-\dfrac{3}{2}x+b$と表せ，B$(2,\ 1)$を通るから，$1=-\dfrac{3}{2}\times2+b$より，$1=-3+b$，$b=4$となる。よって，直線ABの式は$y=-\dfrac{3}{2}x+4$だから，この直線の切片より，P$(0,\ 4)$である。このとき，点Aから$x$軸に垂線AIを引き，点BからAIに垂線BHを引くと，$AH=16-1=15$，$BH=2-(-8)=10$である。よって，△ABHで三平方の定理より，$AB=\sqrt{AH^2+BH^2}=\sqrt{15^2+10^2}=$

$\sqrt{325}=5\sqrt{13}$ だから，AP＋PB の長さは $5\sqrt{13}$ である。

ⅲ)＜長さ，角度＞前ページの図で，点Oと２点A，Bをそれぞれ結び，点Bから x 軸に垂線 BJ を引く。A$(-8,\ 16)$ より，AI＝16，OI＝8 だから，△OAI で三平方の定理より，$\mathrm{OA}=\sqrt{\mathrm{AI}^2+\mathrm{OI}^2}=\sqrt{16^2+8^2}=\sqrt{320}=8\sqrt{5}$ である。また，B$(2,\ 1)$ より，BJ＝1，OJ＝2 だから，△OBJ で三平方の定理より，$\mathrm{OB}=\sqrt{\mathrm{BJ}^2+\mathrm{OJ}^2}=\sqrt{1^2+2^2}=\sqrt{5}$ である。これらとⅱ)より，$\mathrm{AB}^2=325$，$\mathrm{OA}^2=320$，$\mathrm{OB}^2=5$ となり，△OAB で $\mathrm{AB}^2=\mathrm{OA}^2+\mathrm{OB}^2$ が成り立つから，∠AOB＝90°である。

3 〔平面図形―三角形〕

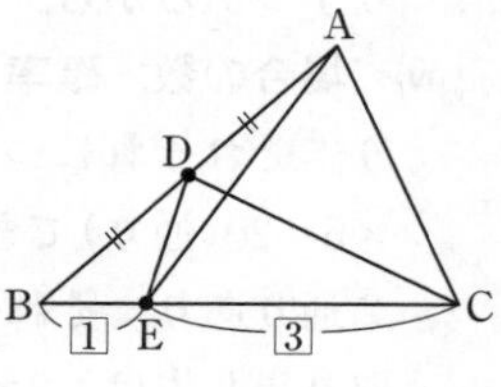

ⅰ)＜面積＞右図で，点Dは AB の中点だから，△ABC：△DBC＝AB：BD＝2：1 より，△DBC＝$\dfrac{1}{2}$△ABC＝$\dfrac{1}{2}\times64=32$(cm²) である。また，BE：EC＝1：3 より，BC：EC＝(1＋3)：3＝4：3 だから，△DBC：△DEC＝BC：EC＝4：3 となり，△DEC＝$\dfrac{3}{4}$△DBC＝$\dfrac{3}{4}\times32=24$(cm²) である。

ⅱ)＜面積比＞右上図で，ⅰ)より，△DEC：△DBC：△ABC＝24：32：64＝3：4：8 である。

ⅲ)＜面積比＞①…正。右上図で，AD＝BD より，△ADE＝△DBE である。　②…正。図で，△ABC＝64 で，ⅰ)より，△DBC＝32 だから，△ABC＝2△DBC である。③…誤。図で，△DBE：△DEC＝BE：EC＝1：3 より，△DBE＝$\dfrac{1}{3}$△DEC である。　④…正。図で，△DBC：△DBE＝BC：BE＝4：1 だから，△DBC＝4△DBE である。　⑤…正。図で，3△ABC＝3×64＝192 で，ⅰ)より，△DEC＝24 だから，8△DEC＝8×24＝192 である。

4 〔空間図形―立方体と正八面体〕

図１

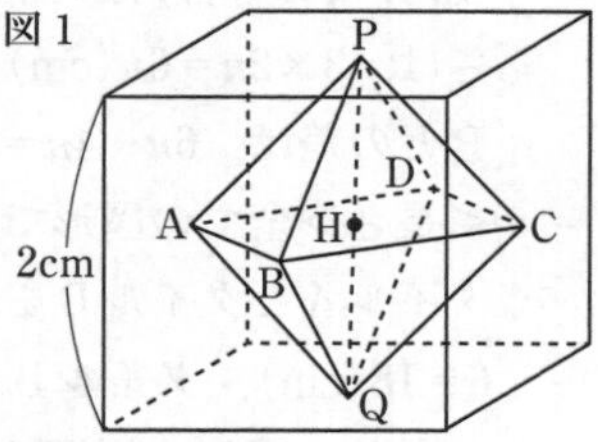

図２

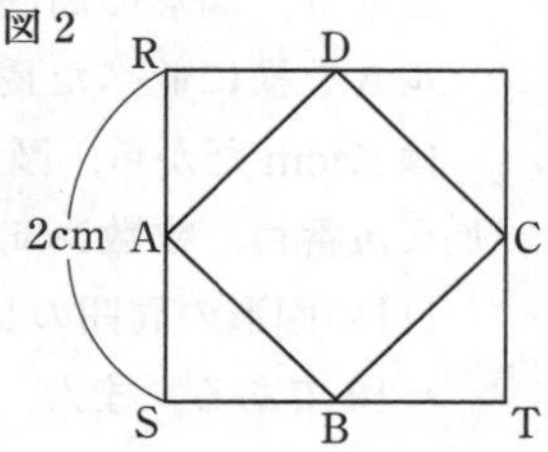

ⅰ)＜体積＞右図１で，立方体の１辺の長さが 2 cm だから，求める体積は，2×2×2＝8(cm³) である。

ⅱ)＜長さ＞右下図２のように３点R，S，Tを定めると，RS＝ST＝2 で，２点A，Bはそれぞれ RS，ST の中点だから，AS＝$\dfrac{1}{2}$RS＝$\dfrac{1}{2}\times2=1$，BS＝$\dfrac{1}{2}$ST＝$\dfrac{1}{2}\times2=1$ である。これと∠ASB＝90°より，△ASB は直角二等辺三角形だから，AB＝$\sqrt{2}$AS＝$\sqrt{2}\times1=\sqrt{2}$ となる。よって，正八面体の１辺の長さは $\sqrt{2}$ cm である。

ⅲ)＜体積＞右上図１のように２点P，Qを定め，PQ と面 ABCD の交点を点Hとすると，PQ＝2 で，点Hは PQ の中点となるから，PH＝QH＝$\dfrac{1}{2}$PQ＝$\dfrac{1}{2}\times2=1$ である。よって，〔四角錐 P-ABCD〕＝〔四角錐 Q-ABCD〕より，正八面体の体積は，2×〔四角錐 P-ABCD〕＝2×$\dfrac{1}{3}$×〔正方形 ABCD〕×PH＝$2\times\dfrac{1}{3}\times\sqrt{2}\times\sqrt{2}\times1=\dfrac{4}{3}$(cm³) である。

ⅳ)＜体積比＞右上図１で，ⅰ)，ⅲ)より，立方体と正八面体の体積の比は，$8:\dfrac{4}{3}=6:1$ だから，立方体の体積は正八面体の体積の６倍である。

5 〔確率―数字のカード〕

ⅰ)＜場合の数＞Aの袋のカードの数字がBのカードの数字より大きくなるようなカードの取り出し方は，(A，B)＝(1，0)，(3，0)，(3，2)，(5，0)，(5，2)，(5，4)，(7，0)，(7，2)，(7，4)，(7，6)，

(9, 0), (9, 2), (9, 4), (9, 6), (9, 8)の15通りある。

ⅱ)**＜確率＞**Aの袋のカードの取り出し方は5通りあり，それぞれについてBの袋のカードの取り出し方が5通りずつあるから，カードの取り出し方は全部で，$5\times5=25$(通り)ある。また，ⅰ)より，Aの袋のカードの数字がBのカードの数字より大きくなるカードの取り出し方は15通りある。よって，求める確率は $\frac{15}{25}=\frac{3}{5}$ である。

ⅲ)**＜場合の数＞**Aの袋のカードの数字は5通りあり，それぞれについてBの袋のカードの数字が5通りずつあるから，2けたの整数は全部で，$5\times5=25$(通り)できる。

ⅳ)**＜場合の数，確率＞**Bの袋のカードの数字のうち，十の位になる数字は2，4，6，8の4通りあり，それぞれについて，Aの袋のカードの数字が5通りずつあるから，2けたの整数は全部で，$4\times5=20$(通り)できる。また，50より大きい整数ができるとき，Bの袋のカードの数字は6，8の2通りあり，それぞれについてAの袋のカードの数字が5通りずつあるから，そのようなカードの取り出し方は，$2\times5=10$(通り)ある。よって，20通りの2けたの整数のうち，50より大きい整数ができる確率は $\frac{10}{20}=\frac{1}{2}$ である。

6〔特殊・新傾向問題―規則性〕

ⅰ)**＜長さ＞**【1番目】，【2番目】，【3番目】，…，【n番目】はタイルAとタイルBをそれぞれ横に2枚，4枚，6枚，…，$2\times n=2n$(枚)並べたものである。よって，【5番目】はタイルAとタイルBをそれぞれ横に，$2\times5=10$(枚)並べるから，タイルAを横に並べた長さは，$3\times10=30$(cm)，タイルBを横に並べた長さは，$2\times10=20$(cm)となり，タイルAとタイルBの差は，$30-20=10$(cm)である。また，【n番目】はタイルAとタイルBをそれぞれ横に$2n$枚並べるから，タイルAを横に並べた長さは，$3\times2n=6n$(cm)，タイルBを横に並べた長さは，$2\times2n=4n$(cm)となり，タイルAとタイルBとの差は，$6n-4n=2n$(cm)である。

ⅱ)**＜長さ＞**全ての図形で，図形の周囲のうち，縦の長さの合計は，$2\times4=8$(cm)である。【3番目】はタイルAとタイルBをそれぞれ横に，$2\times3=6$(枚)並べるから，タイルAを横に並べた長さは，$3\times6=18$(cm)，タイルBを横に並べた長さは，$2\times6=12$(cm)で，タイルAとタイルBとの差は6cmとなり，図形の周囲の長さは，$8+18+12+6=44$(cm)である。また，【n番目】は，ⅰ)より，タイルAを横に並べた長さは$6n$cm，タイルBを横に並べた長さは$4n$cm，タイルAとタイルBとの差は$2n$cmだから，図形の周囲の長さは，$8+6n+4n+2n=12n+8$(cm)である。

ⅲ)**＜m番目，枚数＞**ⅱ)より，【m番目】の図形の周囲の長さは，$12m+8$cmと表せる。よって，【m番目】の図形の周囲の長さが128cmのとき，$12m+8=128$が成り立ち，これを解いて，$12m=120$，$m=10$である。また，【10番目】はタイルAとタイルBをそれぞれ横に，$2\times10=20$(枚)並べるので，使われるタイルAとタイルBはあわせて，$20+20=40$(枚)である。

国語解答

【記号問題】

一 [1] 3 [2] 2 [3] 1 [4] 2
[5] 1

二 [6] 5 [7] 3

三 [8] 4 [9] 2

四 [10] 4 [11] 5

五 4

六 3

七 2

八 3

九 [16] 5 [17] 2 [18] 2 [19] 5
[20] 1 [21] 4 [22] 3 [23] 5
[24] 2 [25] 1 [26] 4 [27] 3
[28] 1 [29] 4 [30] 3

【記述問題】

一 [31] とんざ [32] かんそう
[33] ぼうちょう [34] つ
[35] ふくしょく

二 [36] 雨粒 [37] 審査 [38] 招待
[39] 預 [40] 伸

【記号問題】

一〔文学史〕

[1]『あすなろ物語』は，昭和時代に発表された井上靖の小説。『海と毒薬』は，昭和時代に発表された遠藤周作の小説。『楡家の人びと』は，昭和時代に発表された北杜夫の小説。『野火』は，昭和時代に発表された大岡昇平の小説。　[2]『蠅』は，大正時代に発表された横光利一の小説。『刺青』は，明治時代に発表された谷崎潤一郎の小説。『真実一路』は，昭和時代に発表された山本有三の小説。『砂の女』は，昭和時代に発表された安部公房の小説。　[3]『城の崎にて』は，大正時代に発表された志賀直哉の小説。『黒い雨』は，昭和時代に発表された井伏鱒二の小説。『生まれ生づる悩み』は，大時代に発表された有島武郎の小説。『斜陽』は，昭和時代に発表された太宰治の小説。　[4]『智恵子抄』は，昭和時代に発表された高村光太郎の詩集。『キッチン』は，昭和時代に発表された吉本ばななの小説。『風立ちぬ』は，昭和時代に発表された堀辰雄の小説。『山月記』は，昭和時代に発表された中島敦の小説。　[5]『破戒』は，明治時代に発表された島崎藤村の小説。『野菊の墓』は，明治時代に発表された伊藤左千夫の小説。『ふらんす物語』は，明治時代に発表された永井荷風の小説。『愛と死』は，昭和時代に発表された武者小路実篤の小説。

二〔慣用句〕

[6]「隅に置けない」は，思いのほか才能や技量があって軽視できない，という意味。　[7]「ほぞをかむ」は，どうにもならないことを悔やむ，という意味。

三〔語句〕

[8]「令名」も「名声」も，よい評判のこと。　[9]「体裁」も「外見」も，外から見た様子のこと。

四〔語句〕

[10]「遺失」は，落としたり忘れたりして失うこと。「拾得」は，落とし物などを拾って取得すること。
[11]「慢性」は，好ましくない状態が長く続く性質のこと。「急性」は，症状が急に起こって速く進行する性質のこと。

五〔品詞〕

「しかられる」と「言われる」の「れる」は，受け身を表す助動詞。「行かれる」の「れる」は，可能を表す助動詞。「やさしくされる」の「れる」は，尊敬を表す助動詞。「思われる」の「れる」は，自発を表す助動詞。

六〔敬語〕

「先生」など目上の人に対する場合，身内である「父」の動作は，「お目にかかる」などの謙譲表現を用いる(3…○)。「お客様」の動作に謙譲表現の「参る」を用いることはできないので，尊敬表現の「いらっしゃる」などとする(1…×)。「申された」「いたされました」のように，謙譲表現と尊敬表現を同時に用いることはできない(2・5…×)。「いただいて」は謙譲表現なので，他者にお願いする場合は，尊敬表現の「お受け取りになって」などとする(4…×)。

七〔**四字熟語**〕

「用意周到」は，準備が細かいところまで行き届いていること(…X)。「右往左往」は，混乱してうろたえること(…Y)。「心機一転」は，あることをきっかけとして気持ちがすっかり変わること(…Z)。

八〔**故事成語・四字熟語・語句**〕

「矛盾」は，二つの事柄のつじつまが合わないこと(3…○)。「背水の陣」は，もう後に引けない絶体絶命の状態の中，決死の覚悟で全力を尽くすこと。「小春日和」は，初冬の頃の暖かく穏やかな気候のこと。「さわり」は，芸能などにおいて中心となる見どころや聞きどころのこと。「一日の長」は，技量などがほかの人より少し優れていること。

九〔**論説文の読解―教育・心理学的分野―教育**〕出典；山折哲雄『こころの作法』。

≪**本文の概要**≫私は，学生たちの前に立って講義をするとき，ノートをとるなと言ってきた。話を聞いて，頭や心に残ったことだけを授業後にノートに記せばよく，それが本来の書くということだと考えるからだが，学生たちは，講義を続けるうちにノートをとり始めてしまう。勉強するとはノートをとることだと徹底的に教え込まれてきた学生たちは，ノートをとることが習慣になってしまっているのである。大学に入った以上はノートをとるという悪習から自由になれと私がいくら言っても，学生たちは「もののけ」にとりつかれてしまったようにノートをとるが，さらに驚かされるのは，聴講生のお母さんたちもものすごい勢いでノートをとることである。このようなことになってしまった根本の原因は，学生に向かって語りかける教師の能力が貧困になったからだと思われるが，そうなったのは，戦後に導入された視聴覚教育において，教師が生徒や学生たちに語りかけなくなり，語りの世界が軽視されていったことによる。視聴覚教育こそ「もののけ」の元凶のように思われるのである。

⑯～⑱＜**接続語**＞⑯話を聞いて「頭のなかに刻まれたこと」や「こころの底にのこったこと」だけを授業後に「ノートに記す」のが「書くということの本当の意味」なので，そのとき，頭や心に何も残っていなかったら「何も書く必要はない」のである。　⑰「もののけ」にとりつかれたようにノートをとる学生たちを前にして，どうしたらよいかと「私」は「途方にくれて」いたのだが，学生たちだけではなく「聴講生のお母さんたち」も「ものすごい勢いでノートをとっている」のには「さらに驚かされ」た。　⑱教師の「語りの魅力，語りの技倆が失われてしまった」と考えられるのは，仮に「教師の側に情熱的な語りのリズムが確保され」ているのであれば，学生の側に「その語りをかたずをのんできくという反応が反射的に生ずる」はずだからである。

⑲＜**ことわざ**＞「百聞は一見にしかず」は，人から何回も聞くより，一回でも自分の目で見る方が確かである，という意味。視聴覚教育は，教師の話を聞いて学ぶのではなく，「教育の現場に映像や音声をもちこんで，目や耳からいろいろな情報」を体験して学ぶ教育システムである。

⑳＜**文章内容**＞「私」は「行政の仕事だけで日を送ることに耐えられず」に，講義をすることにした。また，「私語している学生をはげしく叱った」ときに，聴講生であるお母さんの一人が話しかけてきたように，学生や聴講生との心の交流など「得がたい経験」ができるので，「私」は学生たちの前で講義をしてきたのである。

㉑＜**文章内容**＞「人間学概説」は必修科目なので，「学生は全員聴講しなければならない」が，「私」は「自分の学生時代のこと」を思い出し，どうせ今の学生も毎回出席することはできないだろうと

思い，出席をとらなかった。

22＜文章内容＞「私」は，話を聞いて「頭のなかに刻まれたこと」や「こころの底にのこったこと」だけを「授業が終わってからノートに記す」のが「書くということの本当の意味」だと考えているので，講義の間は「ノートをとるな」と新学期の初めに学生たちに言うのである。

23＜文章内容＞学生たちのほとんどは，小学校から高校までの勉強において，「毎日のようにノートをとらされつづけて」きており，「勉強するとはノートすることだと，徹底的に教えこまれて」きた。だから学生たちは，「ノートをとるな」とこれまでと正反対のことを言われると驚くのである。

24＜文章内容＞学生たちは，「勉強するとはノートすることだと，徹底的に教え込まれて」きたので，ノートをとることが「自動機械がやるように身についた習慣」となってしまったのである。

25＜文章内容＞「サジをなげる」は，解決の見込みがないと諦めて断念する，という意味。講義中にノートをとるなということの意味を話しても，講義を続けているうちに，学生たちは再びノートをとり始めてしまうので，「私」は，学生たちにこれ以上説明してもしかたがないと思うのである。

26＜表現＞「もののけ」は，人にとりついて苦痛を与えたり病気にさせたりするとされる妖怪や怨霊などのこと。「語りの魅力」や「語りのリズム」に反応するように「その語りをかたずをのんできく」のが本来の授業のあり方であるはずなのに，学生たちはこれまでの習慣から，「もののけ」にとりつかれたように，ノートをとることに力を注いでしまっているのである。

27＜文章内容＞戦後まもなく，「視聴覚教育」が導入され，教師たちは，生徒や学生たちにビデオを見せたり録音した音声を聞かせたりし，「そのあとわずかにコメントを加える解説者の役割を演ずるように」なった。そして，「教師による語りの世界が軽視」されるようになってしまったため，「教師の側に，人間にむかって話す能力が急速に失われてしまった」のである。

28＜文章内容＞視聴覚教育が「当たり前の教育技法」になると，教師たちはこぞって「映像と音声を流しはじめるように」なったため生徒や学生たちは，教師の話を直接的に聞かないでも学ぶことができると思うようになってしまった。つまり，映像や録音された音声による教育に価値があると思い込み，教師の語りに「聞き惚れる」ということがなくなってしまったのである。

29＜要旨＞大学に勤めていた頃の「私」は，新学期の初めに「ノートをとるな」と言い，「奇妙な表情」をする学生たちに，まず黙って教師の話を聞き，そして頭の中に刻み込まれたことや心の底に残ったことだけを授業が終わってからノートに記すべきで，頭や心に何も残っていなかったら「何も書く必要はない」とその意図を説明した。

30＜主題＞教師の話を聞かずにノートを熱心にとる学生たちの姿から，その原因が教師の側の「語りの魅力」が失われたことにあると指摘し，さらに，学生や生徒たちが教師の話に「聞き惚れる」ということが，教室から失われたことについて述べられている。語ることと聞くことの大切さについて説かれている文章である。

【記述問題】

一〔漢字〕

31計画などが途中で遂行できなくなること。　32湿気や水分がなくなって乾くこと。　33ふくれあがること。　34音読みは「就任」などの「シュウ」。　35衣服や装身具のこと。

二〔漢字〕

36雨の一つ一つの水滴のこと。　37詳しく調べて可否などを決めること。　38催しなどに客として招くこと。　39音読みは「預金」などの「ヨ」。　40音読みは「伸長」などの「シン」。

Memo

2021年度 京華商業高等学校

【英　語】（45分）〈満点：100点〉

【記号問題（マーク）】各指示に合わせて[1]～[35]の各問に答えなさい。

[1] 次の英文を読み、下の[1]～[5]の英文に続く答えとして最も適当なものを①～④の中から1つ選び、番号で答えなさい。

Harry has always loved planes. When he was a boy, his hobby was making model planes, especially fighter planes. One day he said, 'I'm going to go into the Air Force and be a fighter pilot,' but his eyes were not very good, and he did not get in.

Then he said, 'I'm going to buy a small plane, and I'm going to have flying lessons,' but small planes and flying lessons were very expensive, and Harry did not have much money.

But last year Harry found a new skydiver's club near his house. The lessons did not cost too much, and Harry began going to the club every Saturday and Sunday and having lessons. Now he is a good skydiver.

Last week, an old lady said to him, 'You're a very brave young man. How do you jump out of a plane like that?'

'I'm not brave,' Harry said and smiled. 'I'm in the plane, and I say to myself, "It's going to crash soon!" Then I'm very afraid, and I can jump out quickly.'

（注）model　プラモデル	fighter plane　戦闘機	the Air Force　空軍
pilot　パイロット	skydiver　スカイダイバー	
cost　（お金が）かかる	brave　勇敢な	crash　墜落する

[1] When Harry was a child,

① he was a pilot.

② he made fighter planes.

③ he liked making models.

④ his eyes were good.

2 Harry didn't take flying lessons

① because they cost too much.

② because his eyes were not very good.

③ because they were on Saturdays and Sundays.

④ because he was not brave.

3 Since last year, Harry

① has taken flying lessons on weekends.

② has taken skydiver's lessons twice a week.

③ has looked for a skydiver's club near his house.

④ has worked hard to go to the skydiver's club.

4 An old woman thinks Harry is

① brave because he can jump out of a plane.

② too young to jump out of a plane.

③ young enough to jump out of a plane.

④ not brave enough to jump out of a plane.

5 Harry can jump out of the plane quickly because

① he is a very brave skydiver.

② he is afraid of a plane crash.

③ the plane is going to crash soon.

④ the plane is too small to fly safely.

2 次の会話文を読んで [6]〜[10] に入れるのに最も適当なものを、①〜⑤から選び番号で答えなさい。

Clerk : ＿＿[6]＿＿

Tony : Yes, please. I want to look at these CD players. ＿＿[7]＿＿
Is it expensive?

Clerk : ＿＿[8]＿＿
It's ＄20 off the listed price.

Tony : Oh, great. Oh, wow, it's really light. I thought it would be heavier.

Clerk : It's one of the lightest ones we have.

Tony : Then, does this one pick up FM radio?
I like listening to the radio while I am jogging.

Clerk : ＿＿[9]＿＿
You have to pay a lot more for that. Not many models have a radio built in.

Tony : Hmm. ＿＿[10]＿＿

Clerk : No, it's only in silver.

Tony : Oh, I see. I'm going to have to think about it. Thank you.

Clerk : You're welcome.

(注) the listed price 表示価格

① Can you tell me about that one please?
② Does it come in any other colors?
③ Um…no, it doesn't.
④ Can I help you?
⑤ Oh, no, it's on sale this week.

3 次の 11 ～ 20 の（　）内に入れるのに最も適当なものを選び、番号で答えなさい。

11 It (　　　　) sunny yesterday.

① is　② was　③ will　④ did

12 I (　　　　) to America three times.

① go　② was going　③ went　④ have been

13 She goes to the station (　　　　) foot.

① on　② in　③ at　④ to

14 This is a smartphone (　　　　) can record sounds and pictures.

① who　② which　③ whose　④ what

15 That tall boy is Bob. Do you know (　　　　)?

① he　② his　③ her　④ him

16 She is (　　　　) TV now.

① watching　② watch　③ watched　④ watches

17 These pictures were (　　　　) by my sister.

① take　② took　③ taking　④ taken

18 (　　　　) he play tennis every day after school?

① Is　② Does　③ Was　④ Did

19 Do you know (　　　　) to get to the station?

① where　② what　③ how　④ which

20 He studied hard (　　　　) he couldn't pass the test.

① so　② but　③ and　④ if

4 次の各組の英文がほぼ同じ意味になるように 21～23 の(　)内に入れるのに最も適当なものを選び、番号で答えなさい。

21
Mrs. Smith is Mary's mother.
Mary is Mrs. Smith's (　　).

① aunt　② sister　③ daughter　④ cousin

22
Ted is taller than Mary.
Mary is (　　) than Ted.

① short　② shorter　③ as tall as　④ tallest

23
I was so tired that I couldn't walk.
I was (　　)tired to walk.

① too　② very　③ to　④ much

5 次の 24～26 の日本語の意味に合うように(　)内の語(句)を正しい順序に並べかえた場合、(　)内の語で**3番目**にくるものを番号で答えなさい。

24 ホテルまで車でおよそ１５分かかります。
It (　　) car to get to the hotel.
(① takes ② 15 minutes ③ about ④ by)

25 あなたはどんな音楽が好きですか。
What (　　) you like?
(① music ② of ③ kind ④ do)

26 ポールからの手紙は英語で書かれていました。
The letter from (　　) English.
(① in ② Paul ③ written ④ was)

6 次の 27 の会話文を読み、その内容に関する質問の答えとして最も適当なものを①～④の中から選び、番号で答えなさい。

27

Bob: Look. They sell roses for six dollars each, but I only have five dollars.
Chris: Don't worry. I still have five dollars.
Bob: All right. Then let's spend all the money that we have to buy some roses.
Chris: Oh, I have another two dollars in my pocket. We can use that as well.

Question: How many roses are they going to buy?

① one rose　② two roses　③ six roses　④ twelve roses

7 「一人で勉強するのと、友達と一緒に勉強するのではどちらが好きか」というテーマで、それぞれの立場から意見を述べる場合、28 29 の(　　)内に入れるのに最も適当なものをそれぞれ①～④の中から選び、番号で答えなさい。

28 一人で勉強するほうが好きだという場合

I want to study alone because (　)

① I like to ask my teacher questions.
② I like to talk with my friends.
③ I like to study with my friends in the library.
④ I like to study quietly in my room.

29 友達と一緒に勉強するほうが好きだという場合

I want to study with my friends because (　)

① I like to study English by myself.
② I like to ask them questions.
③ I like to read history books quietly in my room.
④ I like to buy many books at bookstores.

8 次の 30 の質問に対する答えの文を読むとき、ふつうどの語を最も強く発音しますか。下線部①～④の中から選び、番号で答えなさい。

30 A: When will the next Olympic games be held?
B: They'll be held in 2021 in Tokyo.
① They'll　② held　③ 2021　④ Tokyo

9 次の 31 の文を1か所区切って読むとすれば、どこが最も適当ですか。①～④の中から選び、番号で答えなさい。

31 The man / you saw / at the station yesterday / is / our English teacher.
① The man /　② you saw /　③ at the station yesterday /　④ is /

10 次の 32 ・ 33 の各語の中で最も強く発音する部分が他と異なるものを①～④の中から選び、番号で答えなさい。

32 ① to-day　② some-thing　③ be-come　④ be-lieve

33 ① pop-u-lar　② res-tau-rant　③ an-i-mal　④ to-geth-er

11 次の 34 ・ 35 の各文の下線部の発音と同じ発音をもつ語を①～④の中から選び、番号で答えなさい。

34 September is the ninth month of the year.
(① light　② rich　③ sixth　④ drink)

35 I wanted to know the name of the flower.
(① walked　② looked　③ stopped　④ decided)

【記述問題】各指示に合わせて、記述１～10の各問に答えなさい。

●次の（　　）の語をそれぞれ文に合う形にして解答欄に記入しなさい。
ただし、全文を記入する必要はありません。

記述1　There are five (woman) in this school.
記述2　An hour (have) sixty minutes.
記述3　(He) father is a doctor.

●次の各組の（　　）に共通する１語を解答欄に記入しなさい。ただし、最初の文字は与えてあるので、その文字も入れ、**完成した語**を解答欄に記入しなさい。

記述4　I can speak French a (l　　).
　　　Eri has a (l　　) dog.
記述5　Where is Susie (f　　)?
　　　Wine is made (f　　) grapes.
記述6　Could you tell me the (w　　) to the nearest station?
　　　This is the best (w　　) to learn English.

●次の（　　）内の単語と同じ発音で、文の意味が通るよう、**つづりの異なる単語**を解答欄に記入しなさい。

記述7　(no)　　She didn't (　　　) the news.
記述8　(hour)　　(　　　) school has a big pool.

●次の単語と反対の意味をもつ単語を解答欄に記入しなさい。
ただし、最初の文字は与えてあるので、その文字も入れ、**完成した語**を解答欄に記入しなさい。

記述9　right (右)　⇔ l□□□
記述10　queen (女王)　⇔ k□□□

【数　学】（45分）〈満点：100点〉

注意 1. 答えが分数になるときは，約分してもっとも簡単な分数にしてください。
　　 2. 答えに根号が含まれるときは，根号の中の数をもっとも小さい正の整数にしてください。

1　次の文章の(記述1)～(記述7)に当てはまるものを答えよ。記述解答用紙に答えのみを記入すること。

ⅰ）$(-2a^2b)\times(-ab)^3$ を計算すると(記述1)である。

ⅱ）$\dfrac{\sqrt{27}}{3}-4\sqrt{48}$ を計算すると(記述2)である。

ⅲ）$2x^2-(4x-1)-1$ を因数分解すると(記述3)である。

ⅳ）2次方程式 $2x^2-5x=x(x+1)-9$ を解くと $x=$(記述4)である。

ⅴ）下の図のように，$a/\!/b/\!/c$，$d/\!/e$ となる直線がある。このとき，$\angle x$ の大きさは(記述5)度で，$\angle y$ の大きさは(記述6)度である。

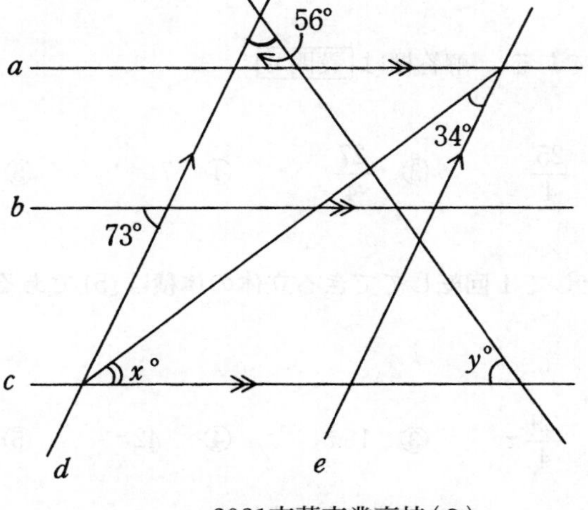

2 下の図のように，四角形ABCDは平行四辺形で，点A(−3,5)，B(−6,2)，Cの y 座標が2である。この平行四辺形の対角線の交点Eが y 軸上にあり，辺BCと y 軸との交点をFとするとき，次の(1)～(5)に当てはまるものを答えよ。解答は①～⑤の中から1つ選び，記号解答用紙に番号のみを記入すること(○は記入しないこと)。

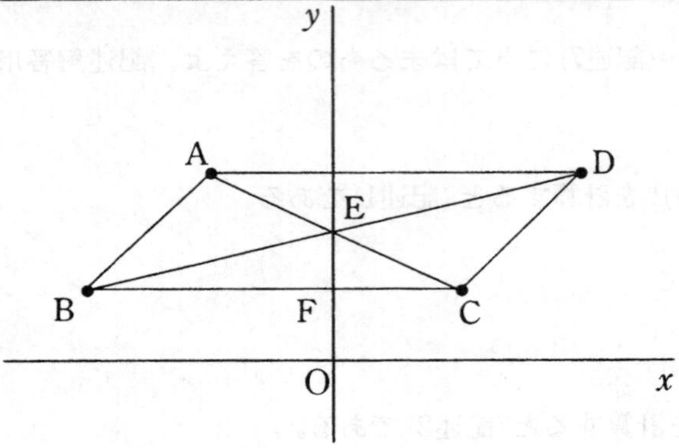

i) 点Dの x 座標は(1)である。解答欄は 設問1

(1) ① 3　② 4　③ 5　④ 6　⑤ 7

ii) 2点A,Cを通る直線の式は(2)である。解答欄は 設問2

(2) ① $y=-2x+\frac{7}{3}$　② $y=-2x+\frac{5}{2}$　③ $y=-\frac{1}{2}x+3$

④ $y=-\frac{1}{2}x+\frac{7}{2}$　⑤ $y=-\frac{1}{3}x+3$

iii) 交点Eの座標は(3)である。解答欄は 設問3

(3) ① $\left(0,\frac{7}{2}\right)$　② $\left(0,\frac{5}{2}\right)$　③ $(0,3)$　④ $(3,0)$　⑤ $\left(\frac{7}{2},0\right)$

iv) △ABEの面積は(4)である。解答欄は 設問4

(4) ① 6　② $\frac{25}{4}$　③ $\frac{27}{4}$　④ 7　⑤ 8

v) △EBFを y 軸を軸として1回転してできる立体の体積は(5)である。解答欄は 設問5

(5) ① $\frac{11}{2}\pi$　② $\frac{29}{4}\pi$　③ 18π　④ 42π　⑤ $\frac{130}{3}\pi$

3 下の図のように，直線 ℓ : $y=\frac{1}{2}x+4$ 上に x 座標が p の点Aをとると，この点Aを通る直線 m の式は，$y=-3x+\frac{9}{2}\mathrm{p}$ となる。このとき，次の(6)～(11)に当てはまるものを答えよ。解答は①～⑤の中から1つ選び，記号解答用紙に番号のみを記入すること(○は記入しないこと)。

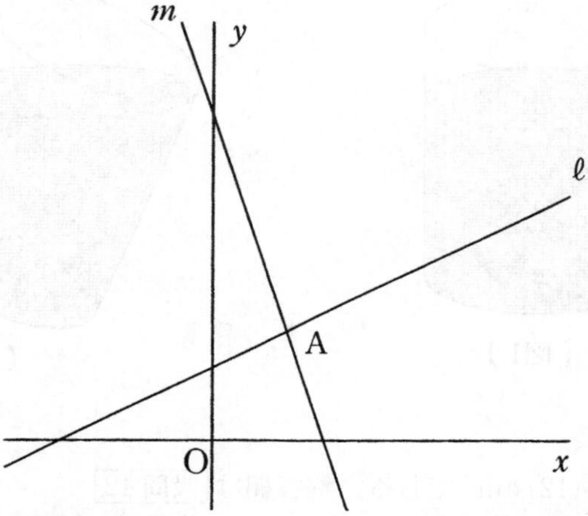

i) 点Aの y 座標を p を使って表すと (6) である。 解答欄は 設問6

(6) ① $-3\mathrm{p}$　② $\frac{1}{2}\mathrm{p}$　③ $\frac{1}{2}\mathrm{p}+4$　④ $\mathrm{p}-3$　⑤ $2\mathrm{p}+4$

ii) 点Aの x 座標 p は (7)，y 座標は (8) である。解答欄は 設問7 ～ 設問8

(7) ① 1　② 2　③ 3　④ 4　⑤ 5

(8) ① 5　② 6　③ 7　④ 8　⑤ 9

iii) 直線 m と y 軸との交点の y 座標は (9) である。解答欄は 設問9

(9) ① 14　② 15　③ 16　④ 17　⑤ 18

iv) 放物線 $y=ax^2$ が点Aを通るとき，a の値は (10) である。また，この放物線と直線 m のもう一方の交点の x 座標は (11) である。 解答欄は 設問10 ～ 設問11

(10) ① $\frac{3}{8}$　② $\frac{1}{2}$　③ $\frac{3}{4}$　④ 1　⑤ 2

(11) ① -12　② -10　③ -8　④ -6　⑤ -4

4 下の【図１】のように，底面の半径が6 cm，高さが25 cm の円柱の容器にある量の水が入っている。この容器を水がこぼれそうになるまで傾けたとき，【図２】のようになった。このとき，(12)〜(16)に当てはまるものを答えよ。解答は①〜⑤の中から１つ選び，記号解答用紙に番号のみを記入すること(○は記入しないこと)。

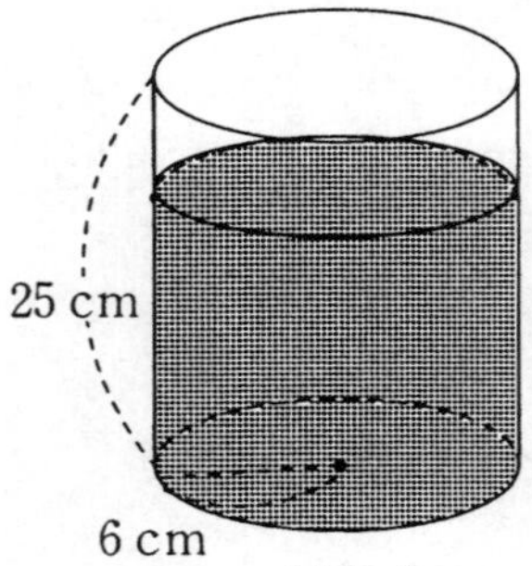

【図1】

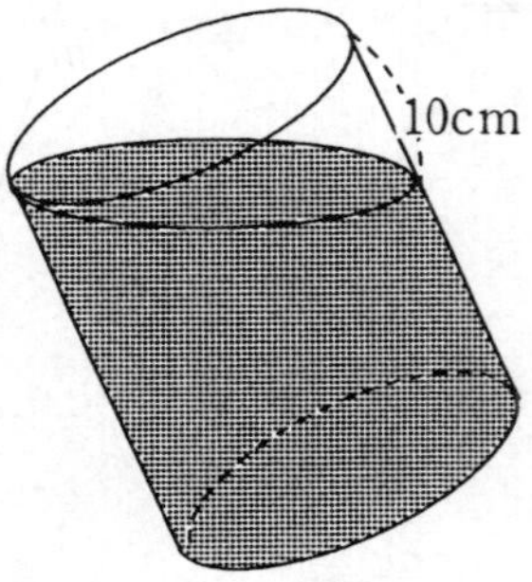

【図2】

i） この容器の体積は(12) cm^3 である。解答欄は 設問 12

(12) ① 850π ② 890π ③ 900π ④ 1000π ⑤ 1200π

ii） 【図2】で水の入っていない部分の体積は(13) cm^3 である。 解答欄は 設問 13

(13) ① 120π ② 180π ③ 240π ④ 300π ⑤ 360π

iii） 容器に入っている水の体積は(14) cm^3 である。解答欄は 設問 14

(14) ① 380π ② 460π ③ 690π ④ 720π ⑤ 900π

iv） 【図1】で 水の高さは(15) cmである。解答欄は 設問 15

(15) ① 15 ② 16 ③ 17 ④ 18 ⑤ 20

v） 水の体積の $\frac{1}{20}$ に等しい体積の球の半径は(16) cmである。 解答欄は 設問 16

(16) ① 2 ② 3 ③ 4 ④ 5 ⑤ 6

5 下の図のように黒石と白石をある規則に従って，正方形の形に並べる。このとき，(17)～(20)に当てはまるものを答えよ。<u>解答は①～⑤の中から1つ選び記号用解答用紙に番号のみを記入すること(○は記入しないこと)。</u>

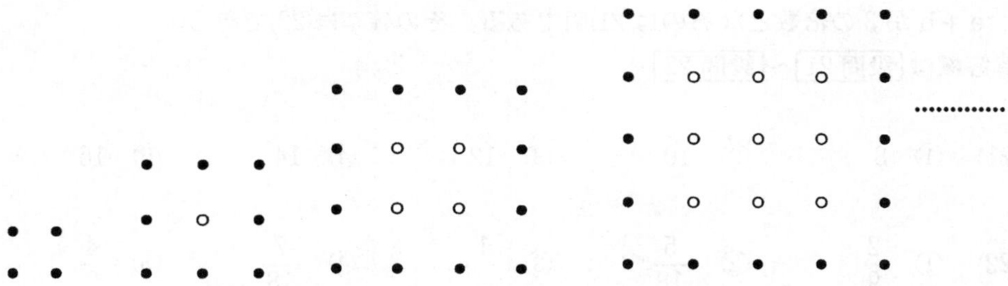

1番目　2番目　3番目　4番目　…………

i）１番目の図には石を4個，２番目の図には石を９個を並べる。８番目に並べる石の個数は(17)個である。解答欄は 設問17

(17)　① 49　② 64　③ 81　④ 100　⑤ 121

ii）石を225個並べるのは(18)番目の図である。解答欄は 設問18

(18)　① 12　② 13　③ 14　④ 16　⑤ 19

iii）n 番目に並べる石の個数を n を使った式で表すと(19)である。解答欄は 設問19

(19)　① n^2　② n^3　③ $(n-1)^2$　④ $(2n-1)^2$　⑤ $(n+1)^2$

iv）１番目には黒石を4個，２番目には黒石を8個並べる。n 番目に並べる黒石の個数を n を使った式で表すと(20)である。解答欄は 設問20

(20)　① $4n$　② $4n-2$　③ $4n+2$　④ $2n^2$　⑤ $2n^2+2n$

6　大小２つのサイコロを同時に投げ，大きいサイコロの目をａ，小さいサイコロの目をｂとするとき，(21)～(26)に当てはまるものを答えよ。解答は①～⑤の中から1つ選び，記号用解答用紙に番号のみを記入すること(○は記入しないこと)。

ｉ）ａ＋ｂが３の倍数となるのは(21)個である。その確率は(22)である。
解答欄は 設問 21 ～ 設問 22

(21)　① 8　② 10　③ 12　④ 14　⑤ 16

(22)　① $\frac{2}{9}$　② $\frac{5}{18}$　③ $\frac{1}{3}$　④ $\frac{7}{18}$　⑤ $\frac{4}{9}$

ii）$\frac{b}{a}$ が２以上の整数となる確率は(23)である。解答欄は 設問 23

(23)　① $\frac{1}{10}$　② $\frac{1}{9}$　③ $\frac{7}{36}$　④ $\frac{2}{9}$　⑤ $\frac{4}{9}$

iii）$\frac{b}{a}$ が素数となるのは(24)個である。その確率は(25)である。
解答欄は 設問 24 ～ 設問 25

(24)　① 2　② 3　③ 4　④ 5　⑤ 6

(25)　① $\frac{1}{18}$　② $\frac{1}{12}$　③ $\frac{5}{36}$　④ $\frac{1}{9}$　⑤ $\frac{1}{6}$

iv）点(a,b)が $y=x+2$ 上の点となる確率は(26)である。解答欄は 設問 26

(26)　① $\frac{1}{10}$　② $\frac{1}{9}$　③ $\frac{7}{36}$　④ $\frac{2}{9}$　⑤ $\frac{4}{9}$

30 この文章に題名をつけるとしたらどのようなものがふさわしいか。1～5の中から一つ選び、その番号を書きなさい。解答番号は 30

1 もてなしの精神はホスピタリティの精神
2 もてなし精神とホスピタリティ精神の違い
3 商業サービスはもてなしの精神のみによって高められる
4 宗教的違いは商業サービスの発展に多大な影響を与える
5 ヨーロッパと日本人の求めるサービスの違い

［記述問題 31～40］（記述問題用の解答用紙を使用してください）

一 31～35の――線部の漢字の読みがなをそれぞれひらがなで書きなさい。

31 物語はようやく佳境に入ってきた。

32 最近彼は俳句に凝っている。

33 探査機ハヤブサの軌跡をたどる。

34 パンの焦げるにおいがする。

35 部長としての任務を遂行した。

二 36～40の――線部のカタカナをそれぞれ漢字に直しなさい。

36 全員で教室のセイソウをする。

37 この冬は受験勉強にボットウするぞ。

38 スマートフォンがフキュウする。

39 備えあればウレい無し。

40 全員に注意をウナガす。

4　商業サービスや商業文化の発生について、近世の同時期に花開いたものでありながら、ヨーロッパでは中世の自由都市から始まり、日本では同じく中世の楽市から起こったところ。
5　商業サービスの問題点として、ヨーロッパはサービスの効率化・方式のマニュアル化をあげているが、日本では客の心の癒やしの提供や地域の要望への対応をあげているところ。

28　文中の――線部H「一方的な施しを好みません」とあるが、なぜ好まないのか。その理由として**適当でないもの**を1～5の中から一つ選び、その番号を書きなさい。解答番号は 28

1　日本人は、日頃の恵みの感謝として、心を尽くしてもてなすというかたちで返礼をしていくことが根付いているから。
2　日本人には、お互いに助け合ったり、相互に与え合うことをよしとする相互主義、相互扶助の精神が根付いているから。
3　日本人は、施しを受けた場合、与えられたら必ずお返しをし、お互いに与え合うということをよしとしているから。
4　日本人には、神さまからの恵みは人間を通して施されるので、人間に対しては返礼をする必要がないと考えているから。
5　日本人には、「お互いさまですから」「今度自分が困ったら助けて下さいね」という相互に行き交いたい気持ちが根底にあるから。

29　この文章の内容をふまえて、次のような質疑応答が交わされた。先生の問いかけに対して合っているものを、1～5の中から一つ選び、その番号を書きなさい。解答番号は 29

〈問いかけ〉　先生「今回、皆さんに、この文章を読んだ上でその主旨をそれぞれ発表してもらいたいと思います。ではAさんからどうぞ。」

1　Aさん「旅人をもてなすということは、結局は神さまから施しを受けるために神さまを助けるということなんですね。この人は困っている人を助けるのかどうか、恵みを与えてよいか神さまがいろいろな人に変装して試しに来るっていうことなんでしょうか。」
2　B君「サービス産業でホスピタリティやもてなしということが盛んにいわれるようになったのは、ヨーロッパも日本も近年になって、東西とも商業文化が円熟した時期からです。東西共に商業の行き詰まりを打開する策を古典に求めたということですね。」
3　Cさん「ホスピタリティの精神は、神さまが人間に恵みを与えられることから発しているということがわかり、キリスト教の聖餐式にぶどう酒とパンを分ける意味がやっと理解できました。だから神さまからの恵みに対して神への感謝の祈りが必要なのですね。」
4　D君「ホスピタルは日本でいうとお接待というんだね。ということは神さまからの聖なる恵みを、ホストを通して神さまとみなした巡礼者に対して分け与えるということになりますね。結局は神さまから神さまへ恵むというのがホスピタル精神の基本なんだね。」
5　Eさん「商業サービスは、日本ではもてなしの精神、ヨーロッパではホスピタリティの精神といった宗教的なものが基本にあります。ですからお客さんにサービスするという点では同じように見えても基本的なところが異なっているのではないかと思います。」

25 文中の――線部E「一方的に提供されるサービスに身をゆだねるしかない」状態になってしまうのは、その背景にどのような考え方があるからか。1～5の中から一つ選び、その番号を書きなさい。解答番号は 25

1 米国社会ではサービスの効率化やマニュアル化がはじまり、客に対しての細やかな心遣いは必要ないという考え方があるから。
2 キリスト教社会では神さまが人間に恵みを与えるように、持てる者、力のある者がない者に一方的に施すという考え方があるから。
3 中世ヨーロッパでは庶民に恵むのは権力者などが行うことなので、庶民はそれに対しては何も言えないという考え方があるから。
4 現代ではお店や会社の利益をあげることが最優先されるため、客の要望などに対する配慮は必要ないという考え方があるから。
5 現代ヨーロッパではサービスについて平等意識が強いため、誰でも均一に一方的に提供されるものだという考え方があるから。

26 文中の――線部F「自分たちの伝統を再評価し、現代的に再構成していこうとする動きが出てきた」のはなぜか。1～5の中から一つ選び、その番号を書きなさい。解答番号は 26

1 現代社会では、上流階層に対する貴族待遇の奉仕として発揮されたホスピタリティが庶民的ではないと批判されるようになり、もう一度サービスの原点に戻るべきだという機運が高まってきたから。
2 現代社会では、商業サービスの効率化やサービス方式のマニュアル化が極限まで進み、客が現状では満足せず、より高度なサービスやマニュアルでなければ心が癒やされなくなってしまったから。
3 現代社会では、商業サービスの効率化やサービス方式のマニュアル化ばかりが進んでしまい、一方的にサービスを受けるようになってしまった結果、客が安らかに過ごせなくなってしまったから。
4 現代社会では、ホスピタリティの見直しが国際的な一流ホテルや高級品店に限って行われており、一般庶民相手の飲食業や物品販売業などはほとんど対象外になってしまったから。
5 現代社会では、日本の商業サービスがヨーロッパと同じようになり、それぞれの客の要望の質が国によって異なってきていることによって、客の満足度が変化してきてしまったから。

27 文中の――線部G「そこが日本とは違うところです」とあるが、どのようなところが違うのか。1～5の中から一つ選び、その番号を書きなさい。解答番号は 27

1 商業サービスの見直しについて、ヨーロッパでは一流ホテルや高級品店に限られているが、日本では一般庶民対象の飲食業や物品販売業までが行っているところ。
2 商業サービスの進化について、ヨーロッパでは伝統的に上流階級に対する貴族待遇の奉仕として発達したものだが、日本では一般庶民だけを相手として発達しているところ。
3 商業サービスの核心について、ヨーロッパではキリスト教から発生したホスピタリティの精神が基準となっているが、日本では神事から発生したもてなしの精神が基準となっているところ。

1 日本には、昔から多くの神様が存在し、われわれと非常に近い一般大衆の中にもいると考えていたため、見知らぬ人でも大切にもてなすという習慣があったことと、身分制度がはっきりとしていなかったという背景。

2 日本には、古来からみすぼらしい弱者や異人であっても尊重してもてなすという習慣が存在していたということと、中世から近世までに大都市において、すでに大衆的な消費市場が形づくられていたという背景。

3 日本では、古来よりもてなしの精神が根付いており、困った人は身分の上下に関係なく誰でも助けようという習慣が存在していたことと、中世から近世の大都市には庶民の人口の方が圧倒的に多かったという背景。

4 日本では、昔からお祭りや農作業、土木工事などを村の人々全員で行い、お互いに慰労し合うという習慣が定着していることと、中世から近世にかけての戦乱により、庶民中心の都市構造になってきたという背景。

5 日本では、古来、異界から訪れる神は、身分に関係なく、もてなしてくれたものには誰にでも恩恵を与えるものだと考えていたということと、中世から近世にかけては神のように誰にでも施すべきだという奉仕の精神が根付いたという背景。

[23] 文中の――線部C「ホスピタリティの精神」とはどのようなものか。1～5の中から一つ選び、その番号を書きなさい。解答番号は [23]

1 人々が神さまになるための修行方法の一つとして、恵まれない人々には見返りを求めずに恩恵を施すべきだという精神。

2 神さまから分け与えられる聖なる恵みを、最初に恵まれていない人々に分けるのが人間として行うべきことだという精神。

3 恵まれない人々こそは神さまが形を変えて私たちの前に現れたものだと考え、その人々にこそ無償で施すべきだという精神。

4 神さまが見返りを求めずに恵まれていない人々に恩恵を与えるように、我々も神のように人々に恩恵を施すべきだという精神。

5 誰にでも施しを行い、善行を積んでいる姿を神さまに見せることにより、その評価として天国に生まれ変わりたいという精神。

[24] 文中の――線部D「もてなしの精神」とはどのようなものか。1～5の中から一つ選び、その番号を書きなさい。解答番号は [24]

1 神さまのように利益のことを考えず、客人に気持ちよく心の癒やしを提供し、地域の要望に応じていこうという精神。

2 神さまが私たちに恩恵を与えてくれるように、私たちも神さまのように恵まれない人々に施しを与えていこうという精神。

3 恵まれない人々をこころからあわれに思い、自分のできることは何かと考え、見返りを求めずに精一杯助けようという精神。

4 恵みを与えてくださる神さまに対して、ご馳走で歓待してお礼をするように、お互いに与え合い助け合っていこうという精神。

5 別世界から訪れる神さまを賓客としてお迎えし、鄭重に送り返す神事のように、特別な儀式として客人を歓待しようという精神。

19 文中の X 〜 Z に入る語句の組み合わせを1〜5の中から一つ選び、その番号を書きなさい。解答番号は 19

	X	Y	Z
1	もてなし	相互扶助	ホスピタリティ
2	ホスピタリティ	サービス	相互扶助
3	もてなし	ホスピタリティ	ホスピタリティ
4	ホスピタリティ	もてなし	サービス
5	サービス	相互扶助	もてなし

20 文中の［　］に入る語句を1〜5の中から一つ選び、その番号を書きなさい。解答番号は 20

1 相互扶助　2 感謝　3 奉仕　4 もてなし　5 祝福

21 文中の――線部A「サービスの核心にあるのがもてなしです」とあるが、「もてなし」がなぜ「サービス」の「核心」になったのか。その理由を1〜5の中から一つ選び、その番号を書きなさい。解答番号は 21

1 日本の商業サービスは、別世界から恵みをもたらしにやって来る神さまをもてなして送るという古来からの神事と同じように、客人としてやって来る人間を神さまのようにもてなして送り出すという習慣によって高められてきたから。

2 日本の商業サービスは、昔から身近にいる神様にささげ物をして日常の平和や豊作などを祈ってきたというもてなしの歴史があるので、それと同じように客人をもてなすようにサービスすることによって利益がでると考えてきたから。

3 日本の商業サービスは、古来より客人をもてなすという心で各種の工業技術を磨き、世界トップクラスの実力を持つまでに成長していくとともに、製品を販売するという商業活動も盛んになり、世界最先端の商業国家を形成してきたから。

4 日本の商業サービスは、古い時代からの一般大衆中心の商業活動が盛んで、近世には大都市中心に消費市場が形成される中で、商品を売るためには大衆をもてなさなければならないという教育によって養われてきたから。

5 日本の商業サービスは、早くから人間関係を中心とした商業活動をしていた関係で、多くの諸外国とは異なり、一般庶民をもてなして喜ばせることによって多くの利益をあげてきたという庶民優先の歴史があったから。

22 文中の――線部B「こと商業のなかに、上流階層に限ることなく、広く一般庶民までを対象とする『もてなしの文化』を根付かせてきた国は、世界で唯一日本だけです」とあるが、日本がそのようになっていったのはどのような背景があったからか。1〜5の中から一つ選び、その番号を書きなさい。解答番号は 22

ですから、もてなしというのも返礼として、日頃の恵みへの感謝として行なうところに意義があるのでしょう。お客さまは恵みを与えて下さる神さまのような存在ですから、心を尽くしてもてなしをするわけです。災害援助や福祉ボランティア活動でも、そのような相互主義の精神に変わりはないと思います。「お互いさまですから」という気持ち、「今度自分が困ったら助けて下さいね」という気持ち、そういう相互に行き交いたい気持ちが根底にあるはずです。

日本には「神を助ける話」という民話・伝説が各地にあります。そこでは、神さまは乞食《こじき》とか、醜い子どもとか、手足が不自由な者とか、多くがみすぼらしい弱者や異人（ストレンジャー）の姿で登場しています。そうした話の結末は、助けた者には恵みがもたらされるというものです。弱者や異人を、異界からの来訪神と同じように尊重してもてなすのです。ここでも施しは一方的なものにはなっていません。

キリスト教社会でいう慈善事業とか慈善行為、ボランティア活動はそうではなく、神さまがそうされるように、自らを犠牲にして奉仕する、そこに意義があるものです。ですから実際には、もてる者、力のある者がない者に与えるという、一方向の施しとなります。ホスピタルで病者に献身的な看護を施すといったものです。

そもそもホスピタリティはそのような[　]の精神に基づくものなのです。ですからそこでのお客さまは神さまなのではなく、神さまから恵みを与えられ祝福されるべき存在なのです。

（呉　善花『日本にしかない「商いの心」の謎を解く』による）

※　賓客――客人。または、大切な客人。

※　鄭重――礼儀正しく、手厚いこと。

※　会衆――会合、集会などに寄り集まった人々。

16～18　文中の ア ～ ウ に入る語句をそれぞれ１～５の中から一つずつ選び、その番号を書きなさい。解答番号はアが16、イが17、ウが18。

ア　１　なぜなら　２　もし　３　あるいは　４　ところが　５　たとえば

イ　１　ただ　２　なるほど　３　なぜ　４　決して　５　当然

ウ　１　たとえ　２　したがって　３　さて　４　それとも　５　つまり

スピタリティがいわれるようになり、日本ではもてなしがいわれるようになったことは、単なる偶然ではなく、これまでの商業サービスのあり方を根本から見直そうという動きが、円熟した商業文化の伝統をもつ東西両極の地域から時を同じくして出てきたということだと思います。

　日本では中世の楽市にはじまり、ヨーロッパでは中世の自由都市にはじまり、やがて近世に花開いた両地域の商業文化が、近代以降の商業ビジネスのあり方を方向づけてきました。それぞれの商業サービスの核心にあったのが、Cホスピタリティの精神であり、Dもてなしの精神でした。

　［ア］現代に至って、米国発のサービスの効率化、サービス方式のマニュアル化の傾向がものすごく強くなり、客にとっては心の慰安にはまるでならない、E一方的に提供されるサービスに身をゆだねるしかないという、実におかしな状況が世界的な規模で拡大したわけです。その反省がようやく起きてきて、それぞれがF自分たちの伝統を再評価し、現代的に再構成していこうとする動きが出てきたのだと思います。

　［イ］ホスピタリティは、伝統的にはもっぱら上流階層に対する貴族待遇の奉仕として発揮されてきたものでした。だからだと思いますが、ホスピタリティの見直しはだいたい国際的な一流ホテルや高級品店に限った動きに止まっています。一般庶民相手の飲食業や物品販売業などは、ほとんど対象外となっています。Gそこが日本とは違うところです。

　英和辞典ではホスピタリティはもてなしと訳されていますし、そのあり方も由来もよく似ていますが、そこにはやはり大きな違いがあります。もてなしの精神は、異界から訪れてくる神さまをお迎えして、精一杯のご馳走をもって歓待するという、古くから各地で行なわれてきた祭りに由来しています。

　それに対してホスピタリティの精神は、神さまが人間に恵みを与えられることに発しています。イエス・キリストは最後の晩餐《ばんさん》でパンとぶどう酒を手にし、「これが自分の身体であり、これが自分の血である」と弟子たちに語ったとされます。キリスト教の聖餐《せいさん》式では、これを記念してパンとぶどう酒を※会衆《かいしゅう》に分けるわけです。

　パンとぶどう酒はホスト（聖体）と呼ばれるように、神様から分け与えられる聖なる恵みです。ホスト（主人）の役割もそこにあります。ようするに、神さまをお迎えして歓待するのが［X］、神さまが恵みを下さるようにして歓待するのが［Y］、ということになります。［Z］は恵まれない人たちに恩恵を施《ほどこ》す行為に通じています。

　もともとは、巡礼者や旅人を宿泊させ、食事や治療などを含む手厚い保護を行なう施設をホスピタルと呼びました。日本でいうと「お接待」のようなことになります。しかし日本では巡礼者に神さまの施しを与えるということではなくて、巡礼者を神さまと見なして接待したのです。キリスト教では「神さまがあなたがたを愛されるように、あなたがたも隣人を愛しなさい」といわれます。［ウ］「神さまが施されるように、あなたがたも施しなさい」ということで、自らも神さまがされるのと同じように、恵まれない人々に施しを与えるのがホスピタリティというものです。

　日本人は一般に、H一方的な施しを好みません。それは失礼なことではないかと感じているところがあると思います。与えられたら必ずお返しをする、相互に与え合うことをよしとする、お互いに助け合っていこうとする。日本にはそのような相互主義、相互扶助の精神がしっかり根付いていると感じます。

4　自立語で主語になる「名詞」「代名詞」を用言といい、同じく自立語で述語になる「動詞」「形容詞」「形容動詞」を体言という。
5　一行が五文字で四行の漢詩を五言律詩、八行の漢詩を五言絶句といい、一行が七文字であれば同様に七言律詩・七言絶句という。

八

――線部の語句の使い方として適切なものを1～5の中から一つ選び、その番号を書きなさい。解答番号は15

1　時間を間違えて学校に遅刻しそうになってしまった。急がば回れ、いつもは駅まで歩いているが全速力で自転車を飛ばそう。
2　大会で優勝した先輩方の、今までの練習方法や努力など優れたところを他山の石として、優勝をめざしてがんばっていきます。
3　本当であれば、人望や実力のある先輩が部長として活躍すべきなのに、副部長とは何とも役不足としか言いようがありません。
4　「ごめんなさい」と謝ったが、「なぜそんなことをするんだ」と先生は顔から火が出るように怒って、少しも許してくれない。
5　彼女はお話が上手で少しも飽きさせない。一度話し始めるとすらすらと言葉が出てきて、まるで口がすべるようである。

九

次の文章を読み、後の問いに答えなさい。

日本では古い時代から、神さまを※賓客《ひんきゃく》としてお迎えし、心を込めたおもてなしをし、※鄭重《ていちょう》に送り帰すという神事＝お祭りが全国各地で行なわれてきました。そこでは、神さまは彼方《かなた》の別世界から豊かな恵みをもたらしにやって来る尊い客人です。人間でも客人としてやって来る者に対しては、神さまのように迎え、もてなし、お帰しするのが一般世間の習いでした。日本の商業サービスは、こうした客人接待におけるもてなしの精神をベースに磨かれ続けてきたものだと私は考えています。

日本は物作り大国といわれるように、各種の工業技術で世界トップクラスの実力をもつことは世界に広く知られたことです。しかし日本は、すでに中世に全国統一市場を形成しており、近世に至っては江戸・大坂をはじめとする大都市に大衆的な消費市場が形づくられるという、世界最先端の商業国家としてあったことを忘れてはなりません。

そうしたことから、日本では他の多くの諸国とは異なり、早くから一般庶民までを相手に広く商業サービスのあり方が整えられてきました。そのAサービスの核心にあるのがもてなしです。

日本に特徴的なもてなし精神は、温泉旅館や呉服店はいうにおよばず、きめ細かな御用聞きを欠かさない小さな町の商店に至るまで一貫して存在しました。もてなしの習慣とか「もてなしの文化」といえるものは、世界のどんな社会にもありますが、Bこと商業のなかに、上流階層に限ることなく、広く一般庶民までを対象とする「もてなしの文化」を根付かせてきた国は、世界で唯一日本だけです。そして近代以降も変わることなく、いかに客人を気持ちよくもてなすか、心の癒《い》やしを提供できるか、地域の要望にどう応じていけるかなどが、ずっと追求され続けてきたのです。

近年のサービス産業ではホスピタリティということが盛んにいわれますが、日本でこれに対応するのがもてなしです。ヨーロッパでホ

三

8・9の語句の類義語をそれぞれ1～5の中から一つずつ選び、その番号を書きなさい。解答番号は8・9

8 機構　1 組合　2 構成　3 機能　4 組織　5 結構

9 所得　1 収支　2 会得　3 収入　4 所持　5 入金

四

10・11の語句の対義語をそれぞれ1～5の中から一つずつ選び、その番号を書きなさい。解答番号は10・11

10 凡人　1 万人　2 偉人　3 貴人　4 変人　5 先人

11 偶然　1 必然　2 突然　3 依然　4 自然　5 厳然

五

――線部の語句の中で、文法上性質が同じものの組み合わせを1～5の中から一つ選び、その番号を書きなさい。解答番号は12

① だから、どうしても起きるのがつらい。

② 今日の朝は、とても寒く感じる。

③ ドアの外からは母の起こす声が響いてくる。

④ お母さんの声は、どうしていつもそんなに大きいの。

⑤ でも、そろそろ起きないと電車の時間に遅れてしまう。

1 ①と⑤　2 ②と④　3 ③と④　4 ①と④　5 ②と⑤

六

四字熟語の表記として適切なものを1～5の中から一つ選び、その番号を書きなさい。解答番号は13

1 九天直下　2 前代未問　3 抱腹絶到　4 興味深々　5 心機一転

七

国語に関する内容の記述として適切なものを1～5の中から一つ選び、その番号を書きなさい。解答番号は14

1 口語における動詞の活用は「四段活用」・「上一段活用」・「下一段活用」・「カ行変格活用」・「サ行変格活用」の五種類である。

2 『源氏物語』は、光源氏とその子薫を中心に、貴族の社会を描いた五十四帖という長編小説で、「あはれ」の文学と言われる。

3 元号「令和」の出典である『万葉集』は、奈良時代に天皇の命令により、大友家持が編集した日本最初の勅撰和歌集である。

二〇二一年度　京華商業高等学校

【国　語】（四五分）〈満点：一〇〇点〉

【記号問題　1～30】（記号問題用の解答用紙を使用してください）

一

1～5の文学作品の作者名をそれぞれ1～5の中から一つずつ選び、その番号を書きなさい。解答番号は1～5

1	『五重塔』	1　坪内逍遙	2　国木田独歩	3　幸田露伴	4　二葉亭四迷	5　夏目漱石
2	『潮騒』	1　三島由紀夫	2　大江健三郎	3　壺井　栄	4　志賀直哉	5　高村光太郎
3	『走れメロス』	1　下村湖人	2　太宰　治	3　堀　辰雄	4　武者小路実篤	5　林　芙美子
4	『土』	1　島崎藤村	2　森　鷗外	3　芥川龍之介	4　長塚　節	5　川端康成
5	『銀河鉄道の夜』	1　宮沢賢治	2　井伏鱒二	3　山本有三	4　与謝野晶子	5　正岡子規

二

6・7の慣用句の意味をそれぞれ1～5の中から一つずつ選び、その番号を書きなさい。解答番号は6・7

6　裏をかく

1　相手と反対の意見を言うこと。
2　相手の不正を証明立てること。
3　相手の論理を打ちくだくこと。
4　相手にわざと意地悪をすること。
5　相手の予想をくつがえすこと。

7　山が見える

1　努力の結果が現れること。
2　先の見通しがつくこと。
3　前途の困難さを知ること。
4　大きな利益を得ること。
5　自然の豊かさを知ること。

英語解答

1 1 ③　2 ①　3 ②　4 ①　5 ②

2 6 ④　7 ①　8 ⑤　9 ③　10 ②

3 11 ②　12 ④　13 ①　14 ②　15 ④　16 ①　17 ④　18 ②　19 ③　20 ②

4 21 ③　22 ②　23 ①

5 24 ②　25 ①　26 ③

6 27 ②

7 28 ④　29 ②

8 30 ③

9 31 ③

10 32 ②　33 ④

11 34 ①　35 ④

【記述問題】

記述１	women	記述２	has
記述３	His	記述４	little
記述５	from	記述６	way
記述７	know	記述８	Our
記述９	left	記述10	king

1〔長文読解—内容一致—物語〕

≪全訳≫❶ハリーはずっと飛行機が大好きだった。少年の頃，彼の趣味はプラモデルの飛行機，特に戦闘機をつくることだった。ある日，彼は「空軍に入って戦闘機のパイロットになろう」と言ったが，目があまりよくなかったので入らなかった。❷その後，彼は「小さな飛行機を買って，飛行訓練を受けよう」と言ったが，小さな飛行機と飛行訓練は非常に多くの金がかかり，ハリーはあまりお金を持っていなかった。❸しかし昨年，ハリーは家の近くに新しいスカイダイバーのクラブを見つけた。レッスンはそれほど費用がかからず，ハリーは毎週土曜日と日曜日にクラブに行き，レッスンを受け始めた。今，彼は熟達したスカイダイバーだ。❹先週，あるおばあさんが彼に言った。「あなたはとても勇敢な若者ね。どうやってあのような飛行機から飛び降りるの？」❺「私は勇敢ではありませんよ」とハリーは言ってほほ笑んだ。「私は飛行機の中にいて，『この飛行機はもうすぐ墜落する！』と自分に言い聞かせるのです。するととても怖くなり，すぐに飛び出すことができるというわけです」

＜解説＞1「ハリーは子どもの頃，(　　)」—③「プラモデルをつくるのが好きだった」　第１段落第２文参照。　2「ハリーは飛行訓練を受けなかった，(　　)」—①「なぜなら費用がかかりすぎたから」　第２段落参照。　3「昨年以来，ハリーは(　　)」—②「週に２回，スカイダイバーのレッスンを受けている」　第３段落第２文参照。スカイダイバーのレッスンを受けるのは，毎週土曜日と日曜日の週２回。　4「おばあさんはハリーが(　　)と思っている」—①「飛行機から飛び降りることができるので勇敢だ」　第４段落参照。　5「ハリーは飛行機からすぐに飛び降りることができる。なぜなら(　　)」—②「飛行機の墜落を恐れているからだ」　第５段落参照。

2〔対話文完成—適文選択〕

≪全訳≫❶店員(C)：[6]何かお探しのものがございますか？❷トニー(T)：はい。これらのCDプレーヤーを見たいんです。[7]あれについて教えていただけますか？　高いんですか？❸C：[8]いえ，そちらは今週セール対象品になっています。表示価格から20ドルお引きしますよ。❹T：えっ，いいですね。あっ，とても軽いんですね。もっと重いだろうと思っていました。❺C：それは当店の中で一番軽いものの１つです。❻T：じゃあ，これはFMラジオを受信しますか？　ジョギング中にラジオを聞くのが好きなんです。❼C：[9]ええと…いや，受信しません。そういう物をお求めでしたらもっと値が張ります。ラジオが内蔵されているモデルはそうは出ていないんですよ。❽T：うーん。[10]他の色はありますか？❾C：いえ，シルバーのみです。❿T：ああ，そうなんですか。ではちょっと考えてみます。ありがとうございました。[11]C：どういたしまして。

＜解説＞[6]Can I help you？は店員が接客を申し出るときにかける言葉。　[7]この後，ある商品について質問しているので，その商品について教えてほしいという①が適切。　[8]値段が高いかときかれた店員の返答。この後20ドル引くと言っているので，セール品だとわかる。　[9]FMラジオを受信するかという質問に対する店員の返答。この後の発言から，受信しないことがわかる。[10]この後の店員の返答から色について尋ねたのだとわかる。

[3]〔適語(句)選択・語形変化〕

[11]後ろがsunnyという形容詞なので，be動詞が入る。yesterdayがあり，過去の内容なのでwasを選ぶ。「昨日は晴れていた」

[12]後ろにthree times「3回」があるので，‘経験’を表す現在完了形の④を選ぶ。　have been to ～「～に行ったことがある」「私はアメリカに3回行ったことがある」

[13]on foot「歩いて」　「彼女は歩いて駅に行く」

[14]直後がcan recordと(助)動詞なので，主格の関係代名詞が入る。‘物’を先行詞とする主格の関係代名詞はwhich。　「これは音声や写真を記録できるスマートフォンだ」

[15]knowの目的語として，that tall boy(Bob)の代名詞の目的格であるhimを選ぶ。「あの背の高い男の子はボブだ。あなたは彼を知っていますか」

[16]is/am/are＋～ingの現在進行形にする。　「彼女は今テレビを見ている」

[17]‘be動詞＋過去分詞＋by ～’という受け身形にする。　take－took－taken　「これらの写真は私の姉〔妹〕によって撮影された」

[18]every day「毎日」があるので‘現在の習慣’を述べる現在形の文にする。一般動詞を使った現在形の文の疑問文は‘Do〔Does〕＋主語＋動詞の原形…?’という形になるが，本問は主語がheと3人称単数なので，Doesを選ぶ。「彼は放課後毎日テニスをしますか」

[19]「駅への行き方を知っていますか」という意味の文になる。「～の仕方」はhow to ～で表せる。

[20]前半の「彼は一生懸命勉強した」と後半の「彼はテストに合格できなかった」は内容的に対立しているので，‘逆接’のbut「しかし」が適切。　「彼は一生懸命勉強したがテストに合格できなかった」

[4]〔書き換え―適語選択〕

[21]「スミス夫人はメアリーの母親だ」→「メアリーはスミス夫人の娘だ」　daughter「娘」

[22]「テッドはメアリーより背が高い」→「メアリーはテッドより背が低い」　「背が低い」はshortであり，その比較級はshorter。

[23]「私はとても疲れていたので歩けなかった」→「私はあまりにも疲れていたので歩けなかった」　‘so ～ that＋主語＋can't …’「とても～なので一は…できない」は，‘too ～ to …’「あまりにも～なので…できない」に書き変えられる。

[5]〔整序結合〕

[24]「～するのに(時間が)…かかる」は‘It takes＋時間＋to ～’で表せる。また，「～で」と交通手段を表すときはby＋乗り物で表す。　It takes about 15 minutes by car to get to the hotel.

[25]「どんな(種類の)～」はwhat kind of ～で表せる。この後は，一般動詞を使った疑問文の‘do＋主語＋動詞の原形…?’の形にする。　What kind of music do you like？

[26]「ポールからの」が「手紙」を修飾している。これは‘名詞＋前置詞句’という形で表し，the letter from Paulとする。「書かれていました」は‘be動詞＋過去分詞’の受け身形で表し，was writtenとする。「英語で」はin English。　The letter from Paul was written in English.

6〔英問英答—対話文〕

≪全訳≫❶ボブ(B)：見て。バラが１本６ドルで売られているけど，僕は５ドルしか持っていない。❷クリス(C)：心配しないで。僕があと５ドル持っているから。❸B：わかった。じゃあ，持っているお金を全部バラを買うために使おう。❹C：あっ，ポケットにもうあと２ドルあるよ。それも使える。

＜解説＞「彼らは何本のバラを買うつもりか」―②「２本」　２人の所持金の合計は５ドル＋５ドル＋２ドル＝12ドル。バラは１本６ドルなので，12ドル÷６ドル＝２本買える。

7〔適文選択〕

28「私は一人で勉強したい。なぜなら(　　)」―④「自分の部屋で静かに勉強したいからだ」　①～③は先生や友達が周りにいることになるので不適切。

29「私は友達と一緒に勉強したい。なぜなら(　　)」―②「友達に質問したいからだ」　①，③は単独行動を表し，④は友達と勉強したいことの理由になっていないので不適切。

8〔文の強勢〕

A：次のオリンピックはいつ開催されますか？／B：2021年に東京で開催されます。∥相手の質問の要点は「いつ？」。これに対する答えの中心となる語は2021である。

9〔文の区切り〕

The man を you saw … yesterday が修飾しており，主部は The man you saw … yesterday，述語動詞は is である。このように，主語に修飾語句がついて長くなっているとき，主部の最後(＝述語動詞の前)でいったん区切って読む。　「昨日あなたが駅で見たのは私たちの英語の先生だ」

10〔単語のアクセント〕

㉜　①　to-dáy　②　sóme-thing　③　be-cóme　④　be-líeve

㉝　①　póp-u-lar　②　rés-tau-rant　③　án-i-mal　④　to-géth-er

11〔単語の発音〕

34　ninth[ai]　①　light[ai]　②　rich[i]　③　sixth[i]　④　drink[i]

35　wanted[id]　①　walked[t]　②　looked[t]　③　stopped[t]　④　decided[id]

【記述問題】

記述１＜語形変化＞five の後なので複数形 women にする。　「この学校には５人の女性がいる」

記述２＜語形変化＞主語 an hour は３人称単数なので，３単現の has にする。　「１時間は60分だ」

記述３＜語形変化＞後ろに father があるので，所有格の His にする。　「彼の父は医者だ」

記述４＜適語補充―共通語＞上の文は a little で「少し」。「私はフランス語を少し話せる」　下の文は「小さな」の意。　「エリは小さな犬を飼っている」

記述５＜適語補充―共通語＞上の文は be from ～ で「～出身である」。　「スージーはどこの出身ですか？」　下の文は be made from ～ で「～(という原料)からつくられる」。　「ワインはブドウからつくられる」

記述６＜適語補充―共通語＞上の文は the way to ～ で「～へ行く道」。　「最寄り駅へ行く道を教えてくれますか」　下の文は「方法」の意。　「これは英語を学ぶための最良の方法だ」

記述７＜同音異義語＞no[nou]の同音異義語は know。　「彼女はその知らせを知らなかった」

記述８＜同音異義語＞hour[auər]の同音異義語は Our。　「私たちの学校には大きなプールがある」

記述９＜反意語＞right「右」と反意語は left「左」。

記述10＜反意語＞queen「女王」と反意語は king「王」。

数学解答

1 i) $2a^5b^4$　ii) $-15\sqrt{3}$　iii) $2x(x-2)$　iv) 3
v) 記述５…39　記述６…51

2 i) ④　ii) ④　iii) ①　iv) ③
v) ③

3 i) ③　ii) (7)…④　(8)…②
iii) ⑤　iv) (10)…①　(11)…①

4 i) ③　ii) ②　iii) ④　iv) ⑤
v) ②

5 i) ③　ii) ③　iii) ⑤　iv) ①

6 i) (21)…③　(22)…③　ii) ④
iii) (24)…⑤　(25)…⑤　iv) ②

1 〔独立小問集合題〕

i)＜式の計算＞与式$=(-2a^2b)\times(-a^3b^3)=2a^5b^4$

ii)＜平方根の計算＞与式$=\dfrac{3\sqrt{3}}{3}-4\times4\sqrt{3}=\sqrt{3}-16\sqrt{3}=-15\sqrt{3}$

iii)＜因数分解＞与式$=2x^2-4x+1-1=2x^2-4x=2x(x-2)$

iv)＜二次方程式＞$2x^2-5x=x^2+x-9$，$x^2-6x+9=0$，$(x-3)^2=0$　$\therefore x=3$

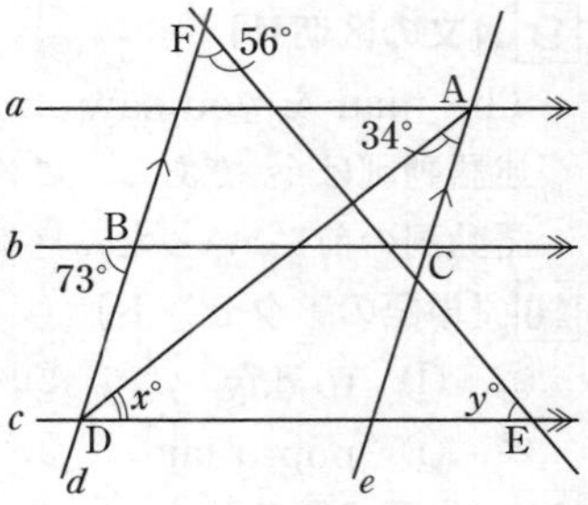

v)＜図形―角度＞右図のように，点A～Fを定める。BC∥DEの錯角より，∠BDE＝73°であり，AC∥BDの錯角より，∠BDA＝34°である。よって，$\angle x$＝∠BDE－∠BDA＝73°－34°＝39°となる。また，△FDEの内角の和より，$\angle y$＝180°－∠DFE－∠FDE＝180°－56°－73°＝51°となる。

2 〔関数―一次関数〕

図１

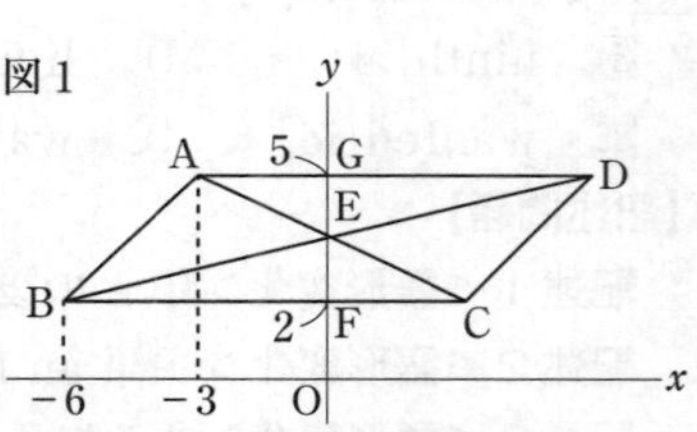

i)＜x座標―合同＞右図１の平行四辺形ABCDの辺ADとy軸との交点をGとする。△BEFと△DEGにおいて，平行四辺形の対角線はそれぞれの中点で交わるので，BE＝DEであり，辺AD，BCがx軸と平行なので，∠BFE＝∠DGE＝90°，対頂角より，∠BEF＝∠DEGより，直角三角形の斜辺と１つの鋭角がそれぞれ等しく，△BEF≡△DEGとなる。これより，BF＝DG＝6であるから，点Dのx座標は6である。

ii)＜直線の式＞i)と同様に考えると，右上図１で，△AEG≡△CEFだから，AG＝CF＝3より，C(3，2)である。２点A，Cの座標より，直線ACの傾きは$\dfrac{2-5}{3-(-3)}=-\dfrac{1}{2}$となるので，その式は$y=-\dfrac{1}{2}x+b$とおける。この直線が点Cを通ることより，$2=-\dfrac{1}{2}\times3+b$が成り立ち，これを解くと，$2=-\dfrac{3}{2}+b$，$b=2+\dfrac{3}{2}$，$b=\dfrac{7}{2}$となる。よって，求める直線の式は$y=-\dfrac{1}{2}x+\dfrac{7}{2}$である。

iii)＜点の座標＞点Eは直線$y=-\dfrac{1}{2}x+\dfrac{7}{2}$と$y$軸との交点である。よって，直線ACの切片$\dfrac{7}{2}$より，$\mathrm{E}\left(0,\ \dfrac{7}{2}\right)$である。

iv)＜面積＞右上図１で，AE＝CEより，△ABE＝△CBEであるから，△ABE＝$\dfrac{1}{2}$△ABCとなる。よって，△ABC＝$\dfrac{1}{2}$×BC×GFで，BC＝3－(－6)＝9，GF＝5－2＝3より，△ABC＝$\dfrac{1}{2}\times9\times3$＝

$\frac{27}{2}$となるから，$\triangle ABE = \frac{1}{2} \times \frac{27}{2} = \frac{27}{4}$である。

v)＜体積―回転体＞△EBF を y 軸を軸として１回転してできる立体は，右図２のような，中心が点Fで半径 BF＝6 の円を底面とする，高さ $EF = \frac{7}{2} - 2 = \frac{3}{2}$ の円錐である。よって，その体積は，$\frac{1}{3} \times \pi \times 6^2 \times \frac{3}{2} = 18\pi$ である。

図２

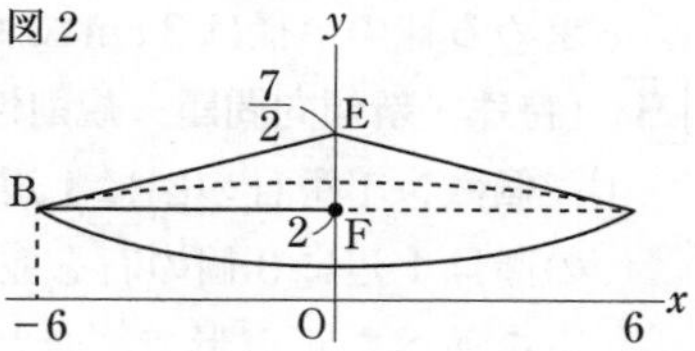

3 〔関数―関数 $y=ax^2$ と直線〕

ⅰ)＜y 座標＞右図で，点Aは直線 $y=\frac{1}{2}x+4$ 上の点で，x 座標が p だから，y 座標は直線の式に $x=p$ を代入して，$y=\frac{1}{2}p+4$ と表せる。

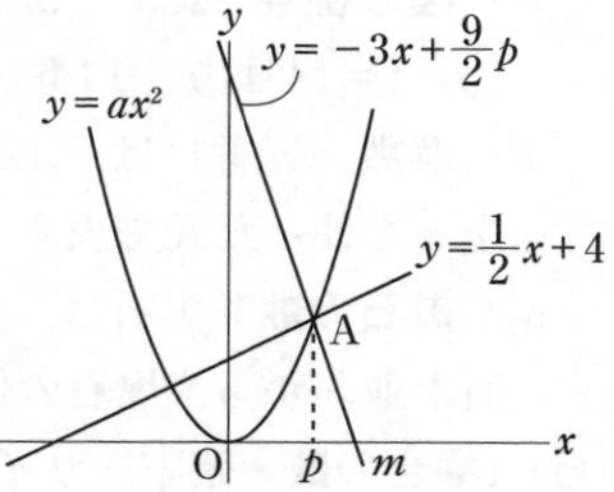

ⅱ)＜点の座標＞ⅰ)より，直線 $y=-3x+\frac{9}{2}p$ は，$A\left(p,\ \frac{1}{2}p+4\right)$ を通る直線だから，$\frac{1}{2}p+4=-3p+\frac{9}{2}p$ が成り立つ。両辺を２倍してこれを解くと，$p+8=-6p+9p$，$p+8=3p$，$2p=8$，$p=4$ となり，このとき，$\frac{1}{2}p+4=\frac{1}{2}\times4+4=6$ となる。よって，点Aの x 座標は４，y 座標は６である。

ⅲ)＜y 座標＞$p=4$ のとき，$\frac{9}{2}p=\frac{9}{2}\times4=18$ より，直線 m の式は $y=-3x+18$ となり，切片は18である。よって，直線 m と y 軸との交点の y 座標は18である。

ⅳ)＜a の値，x 座標＞右上図のように，放物線 $y=ax^2$ が $A(4,\ 6)$ を通るとき，$6=a\times4^2$ が成り立ち，$6=16a$，$a=\frac{3}{8}$ である。これより，放物線 $y=\frac{3}{8}x^2$ と直線 $y=-3x+18$ との交点の x 座標は，２式から y を消去して，$\frac{3}{8}x^2=-3x+18$ より，両辺を３でわり，$\frac{1}{8}x^2=-x+6$，両辺を８倍して，$x^2=-8x+48$，$x^2+8x-48=0$，$(x-4)(x+12)=0$，$x=4$，-12 となる。よって，放物線 $y=\frac{3}{8}x^2$ と直線 $y=-3x+18$ との交点のうち，点Aでないもう一方の交点の x 座標は -12 である。

4 〔空間図形―円柱，球〕

ⅰ)＜体積＞右図１の容器は，底面の半径６cm，高さ25cm の円柱であるから，その体積（容積）は，$\pi\times6^2\times25=900\pi$ (cm³) である。

ⅱ)＜体積＞右図２で，水の入っていない部分の立体は，底面の半径６cm，高さ10cm の円柱を半分に切った立体である。よって，その体積は，$\pi\times6^2\times10\div2=180\pi$ (cm³) である。

ⅲ)＜体積＞右図２で水はこぼれていないので，ⅰ)，ⅱ)より，容器に入っている水の体積は，$900\pi-180\pi=720\pi$ (cm³) である。

図１

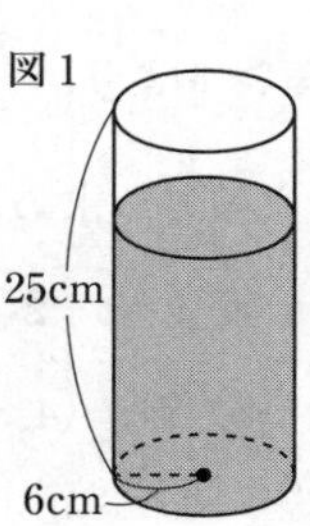

図２

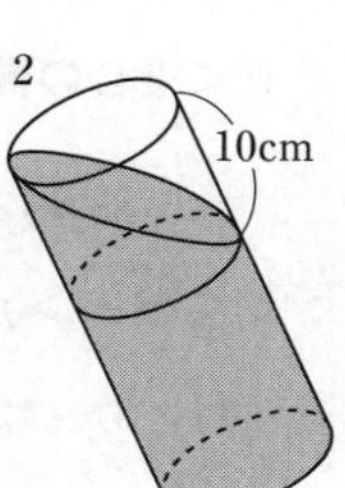

ⅳ)＜高さ＞右上図１で，水の高さを h cm とすると，その体積は，$\pi\times6^2\times h=36\pi h$ (cm³) と表せる。これとⅲ)より，$36\pi h=720\pi$ が成り立つので，$h=20$ より，求める高さは20cm である。

ⅴ)＜球の半径＞水の体積は 720π cm³ だから，その $\frac{1}{20}$ は，$720\pi\times\frac{1}{20}=36\pi$ であり，これと等しい体

積の球の半径を r cm とすると，$\frac{4}{3}\pi r^3=36\pi$ が成り立ち，$r^3=27$，$r^3=3^3$ となるので，$r=3$ より，求める球の半径は3cmである。

5〔**特殊・新傾向問題―規則性**〕

ⅰ)**＜個数＞**1番目の図は1辺に2個の石を並べた正方形で，合わせて $2^2=4$(個)の石を並べ，2番目の図は1辺に3個の石を並べた正方形で，合わせて $3^2=9$(個)の石を，3番目の図は1辺に4個の石を並べた正方形で，合わせて $4^2=16$(個)の石を並べている。よって，8番目は1辺に9個の石を並べた正方形になるから，並べる石の個数は合わせて $9^2=81$(個)である。

ⅱ)**＜図の番号＞**$225=15^2$ より，石を225個並べるのは，1辺に15個の石を並べるときである。よって，$15-1=14$ より，14番目の図である。

ⅲ)**＜個数＞**n 番目は，1辺に $n+1$ 個の石を並べた正方形になる。よって，n 番目に並べる石の個数を n を使った式で表すと，$(n+1)^2$ となる。

ⅳ)**＜黒石の数＞**黒石は，正方形に並べた石の1番外側に並んでいる。n 番目は，1辺に $n+1$ 個の黒石が並ぶから，黒石の個数は，$(n+1)\times4-4=4n$(個)と表せる。

6〔**場合の数・確率―サイコロ**〕

ⅰ)**＜場合の数，確率＞**大小2つのサイコロの目の組を$(a,\ b)$と表す。a，b はともに1から6までの整数で6通りずつあるから，全ての$(a,\ b)$の組は $6\times6=36$(通り)ある。$2\leqq a+b\leqq12$ なので，$a+b$ が3の倍数となるのは，(ア)$a+b=3$，(イ)$a+b=6$，(ウ)$a+b=9$，(エ)$a+b=12$ のときである。(ア)のとき，(1，2)，(2，1)の2通り，(イ)のとき，(1，5)，(2，4)，(3，3)，(4，2)，(5，1)の5通り，(ウ)のとき，(3，6)，(4，5)，(5，4)，(6，3)の4通り，(エ)のとき，(6，6)の1通りあるので，$a+b$ が3の倍数となるのは，$2+5+4+1=12$(通り)ある。よって，求める確率は $\frac{12}{36}=\frac{1}{3}$ である。

ⅱ)**＜確率＞**$\frac{1}{6}\leqq\frac{b}{a}\leqq6$ であるから，$\frac{b}{a}$ が2以上の整数となるのは，(ア)$\frac{b}{a}=2$，(イ)$\frac{b}{a}=3$，(ウ)$\frac{b}{a}=4$，(エ)$\frac{b}{a}=5$，(オ)$\frac{b}{a}=6$ となるときである。これより，$\frac{b}{a}$ が2以上の整数となる$(a,\ b)$は，(ア)のとき，(1，2)，(2，4)，(3，6)の3通り，(イ)のとき，(1，3)，(2，6)の2通り，(ウ)のとき，(1，4)，(エ)のとき，(1，5)，(オ)のとき，(1，6)のそれぞれ1通りずつあるので，$3+2+1+1+1=8$(通り)ある。よって，求める確率は $\frac{8}{36}=\frac{2}{9}$ である。

ⅲ)**＜場合の数，確率＞**ⅱ)より，$\frac{b}{a}$ が素数となるのは，ⅱ)の(ア)，(イ)，(エ)のときで，$(a,\ b)$は，$3+2+1=6$(通り)ある。よって，求める確率は $\frac{6}{36}=\frac{1}{6}$ である。

ⅳ)**＜確率＞**点$(a,\ b)$が $y=x+2$ 上の点となるとき，$b=a+2$ が成り立つ。このような$(a,\ b)$は，(1，3)，(2，4)，(3，5)，(4，6)の4通りある。よって，求める確率は $\frac{4}{36}=\frac{1}{9}$ である。

国語解答

【記号問題】

一　[1] 3　[2] 1　[3] 2　[4] 4
　　[5] 1

二　[6] 5　[7] 2

三　[8] 4　[9] 3

四　[10] 2　[11] 1

五　5

六　5

七　2

八　3

九　[16] 4　[17] 1　[18] 5　[19] 3
　　[20] 3　[21] 1　[22] 2　[23] 4
　　[24] 4　[25] 2　[26] 3　[27] 1
　　[28] 4　[29] 5　[30] 2

【記述問題】

一　[31] かきょう　[32] こ　[33] きせき
　　[34] こ　[35] すいこう

二　[36] 清掃　[37] 没頭　[38] 普及
　　[39] 憂　[40] 促

【記号問題】

一〔文学史〕

[1]『五重塔』は，明治24～25(1891～92)年にかけて発表された幸田露伴の小説。　[2]『潮騒』は，昭和29(1954)年に発表された三島由紀夫の小説。　[3]『走れメロス』は，昭和15(1940)年に発表された太宰治の小説。　[4]『土』は，明治43(1910)年に発表された長塚節の小説。　[5]『銀河鉄道の夜』は，昭和16(1941)年に発表された宮沢賢治の生前未発表の童話。

二〔慣用句〕

[6]「裏をかく」は，予想とは反対のことをして相手を出し抜く，という意味。　[7]「山が見える」は，困難を乗り越えて将来の見通しがつく，という意味。

三〔語句〕

[8]「機構」は，会社・団体などの組織のこと。「組織」は，それぞれの役割を担った部門で構成された集団のこと。　[9]「所得」も「収入」も，得た金銭や物品のこと。

四〔語句〕

[10]「凡人」は，特に優れたところのない普通の人のこと。「偉人」は，優れた業績を成し遂げた偉大な人のこと。　[11]「偶然」は，因果関係のない予想外のことが起こること。また，そのさま。「必然」は，必ずそうなること。また，そのさま。

五〔品詞〕

「今日の朝は」と「電車の時間」の「の」は，連体修飾語をつくる格助詞。「起きるのが」の「の」は，体言代用の格助詞。「母の起こす声が」の「の」は，主語を示す格助詞。「そんなに大きいの」の「の」は，疑問や断定の意を表す終助詞。

六〔四字熟語〕

「急転直下」，「前代未聞」，「抱腹絶倒」，「興味津々」が正しい。

七〔文学史・品詞・漢詩の形式〕

1．口語の動詞の活用は，五段活用，上一段活用，下一段活用，カ行変格活用，サ行変格活用である。
2．『源氏物語』は平安時代に紫式部が書いた長編物語で「あはれ」の文学といわれている(…○)。
3．『万葉集』は，奈良時代に大伴家持らによって編まれた歌集だが，勅撰和歌集ではない。　4．自立語で主語になる名詞と代名詞を体言といい，自立語で述語になる動詞と形容詞と形容動詞は用言という。　5．漢詩の四句のものは絶句，八句のものは律詩という。

八〔ことわざ・故事成語・慣用句・語句〕

「役不足」は，実力に比べて役職などが軽すぎること（3…○）。「急がば回れ」は，早く到着したいなら，危険な近道よりも，遠くても安全な道を通った方がよい，という意味。「他山の石」は，他人の誤った言行も自分の修養の助けとなること。「顔から火が出る」は，恥ずかしさのあまり顔が赤くなる，という意味。「口がすべる」は，言ってはいけないことをうっかり言ってしまう，という意味。

九〔論説文の読解─文化人類学的分野─文化〕出典；呉善花『日本にしかない「商いの心」の謎を解く』。

≪本文の概要≫近年のサービス産業においては，ヨーロッパでホスピタリティが注目されるようになったのに対し，日本ではもてなしが注目されるようになった。日本ではもてなしの精神を核心とする中世以降の商業文化が，近代以降の商業ビジネスのあり方を方向づけてきており，ヨーロッパではホスピタリティの精神が，商業サービスの核心とされてきた。ホスピタリティともてなしは，よく似ているが，大きな違いがある。もてなしの精神は，異界から来る神さまを迎えて精一杯のごちそうで歓待するという祭りに由来しており，相互主義の精神がその根底にある。一方，ホスピタリティの精神は，神さまが人間に恵みを与えられるというキリスト教に発しており，力のある者が力のない者に与えるといった一方的な施しが基本となっている。この相違は，日本の災害援助やボランティア活動が「お互いさまですから」という気持ちによって行われるのに対し，キリスト教社会の慈善行為が，神さまがそうされるように，自らを犠牲にして奉仕するというところに意義を認める点に表れている。

⑯～⑱**＜接続語＞**⑯ヨーロッパの商業サービスの核心には，中世の自由都市に始まった商業文化における「ホスピタリティの精神」があり，日本の商業サービスの核心には，中世の楽市に始まった商業文化における「もてなしの精神」があったが，現代では「米国発のサービス効率化，サービス方式のマニュアル化の傾向」が強くなり，客は「一方的に提供されるサービスに身をゆだねるしかない」という状況が「世界的な規模で拡大」してしまった。　⑰自分たちの伝統を再評価・再構成する動きが出てきたとはいえ，「ホスピタリティ」は「伝統的にはもっぱら上流階層に対する貴族待遇の奉仕」であったため，その見直しは限定的なものとなっている。　⑱キリスト教の「神さまがあなたがたを愛されるように，あなたがたも隣人を愛しなさい」という教えは，言い換えれば「神さまが施されるように，あなたがたも施しなさい」ということになる。

⑲**＜文章内容＞**「もてなしの精神」が「異界から訪れてくる神さまをお迎えして，精一杯のご馳走をもって歓待する」という昔からの祭りに由来しているのに対して，「ホスピタリティの精神」は「神さまが人間に恵みを与えられること」に由来している。つまり，「神さまをお迎えして歓待する」のが「もてなし」であり（…X），「神さまが恵みをを」人間に「下さるようにして歓待する」のが「ホスピタリティ」である（…Y）。だから，この「ホスピタリティの精神」は「恵まれない人たちに恩恵を施す行為」にも通じているといえる（…Z）。

⑳**＜文章内容＞**ホスピタリティは伝統的には「上流階層に対する貴族待遇の奉仕として発揮されてきたもの」であり，ホスピタルは「巡礼者や旅人を宿泊させ，食事や治療などを含む手厚い保護」を行う施設のことであった。「ホスピタリティの精神」は，「力のある者がない者に与える」という「一方向の施し」であり，ホスピタルの「病者に献身的な看護を施す」という行為と同じように，見返りを求めずに一方的に相手に尽くすといった精神に基づくものといえる。

㉑**＜文章内容＞**日本では「人間でも客人としてやって来る者」に対しては，神事における「神さまのように迎え，もてなし，お帰しするのが一般世間の習い」として継承されてきた。だから，客を迎

える商業サービスも，「もてなしの精神をベースに磨かれ続けて」きたのである。

22＜文章内容＞日本では中世以降「大都市に大衆的な消費市場」が形成された。加えて，日本の「神を助ける話」には，「みすぼらしい弱者や異人」の姿の「神さま」を助けた者に「恵みがもたらされる」というものが多く，「弱者や異人を，異界からの来訪神と同じように尊重し」てもてなすという習慣があったので，日本に「広く一般庶民までを対象とする『もてなしの文化』」が根づいた。

23＜文章内容＞ホスピタリティの精神は，「神さまが人間に恵みを与えられること」に発し，キリスト教における「神さまが施されるように，あなたがたも施しなさい」という教えに基づくもので，「力のある者がない者」に，見返りを求めず，一方的に施しを与えるという精神である。

24＜文章内容＞もてなしの精神は，「神さまをお迎えして，精一杯のご馳走をもって歓待する」という古来の祭りに由来し，人間でも「神さまのように」もてなすというものである。日本には，「相互に与え合うことをよし」とする「相互主義，相互扶助の精神」が根づいているため，もてなしには，「日頃の恵へ」の返礼や感謝として行うところに意義がある。

25＜文章内容＞「米国発のサービスの効率化」や「マニュアル化」の傾向が強くなった現代においては，「心の慰安」は得られないものの，「力のある者がない者に与える」という「施し」がホスピタリティだと考えるキリスト教社会の人々は，「一方向の」サービスを受容せざるをえない。

26＜文章内容＞「サービスの効率化，サービス方式のマニュアル化の傾向」が強くなった結果，客は「一方的に提供されるサービス」を受けるだけになり，「心の慰安」を感じられなくなった。

27＜文章内容＞ヨーロッパのホスピタリティは，「伝統的にもっぱら上流階層に対する貴族待遇の奉仕として発揮されてきたもの」だったため，見直しは，「国際的な一流ホテルや高級品店に限った動き」にとどまり，日本のように「広く一般庶民までを対象」とはならなかった。

28＜文章内容＞日本人が一方的な施しを好まないのは「相互に与え合うことをよしとする」という「相互扶助の精神」が根づいているからであり（２・３…○），「恵みを与えて下さる神さまのような存在」である客への「もてなし」も，「返礼として，日頃の恵みへの感謝」として行うことに意義がある（１…○，４…×）。だから，災害援助や福祉ボランティア活動においても「お互いさまですから」というような「相互に行き交いたい気持ちが根底にある」と考えられる（５…○）。

29＜要旨＞サービス産業における「ホスピタリティ」は，日本における「もてなし」に対応するともいえるが，「ホスピタリティ」が「一方向の施し」であるのに対して，「もてなし」は「相互扶助の精神」に基づくものなので，根本において両者は異なるものといえる。

30＜主題＞「ホスピタリティ」と「もてなし」は似ているが，キリスト教に基づく「ホスピタリティ」は，「一方向の施し」で対象が限定的であるのに対し，日本に根づいてきた「もてなし」は，「相互扶助の精神」に基づくもので広く一般庶民までを対象としているという違いがある。

【記述問題】

一〔漢字〕

31興味を感じさせる場面のこと。　32音読みは「凝縮」などの「ギョウ」。　33物事や人がたどってきた道筋や跡。　34音読みは「焦土」などの「ショウ」。　35物事を最後までやりとげること。

二〔漢字〕

36きれいにそうじすること。　37一つのことに熱中すること。　38広く行きわたること。　39音読みは「憂慮」などの「ユウ」。　40音読みは「促進」などの「ソク」。

Memo

Memo

Memo

2020年度 京華商業高等学校

【英　語】（45分）〈満点：100点〉

【記号問題（マーク）】各指示に合わせて 1 ～ 35 の各問に答えなさい。

1 次の英文を読み、下の 1 ～ 5 の英語や英文に続く最も適当なものを①～④の中から選び、番号で答えなさい。

A long time ago, when planes were not very big or strong yet, all passengers had to be weighed with their luggage, so that planes did not have to carry more than it was safe to carry. Then later, when planes became bigger and stronger, only the luggage had to be weighed; and now very often, the luggage has to be measured because size is more important to the airlines than weight. Planes are so big and strong now, that they can carry almost any weight.

But before a passenger can travel by Hawaiian Airlines, he or she still has to be weighed. Once when one fat man was asked by the airline's clerk how much he weighed, he thought for a few seconds and said to her:

'With or Without my clothes?'

'Well sir,' the girl was surprised and answered, 'how are you planning to travel?'

(注) passenger 乗客　weigh 重さを量る　luggage 荷物　measure 大きさを測る
weight 重さ　fat 太った　airlines 航空会社　second 秒

1 A long time ago, passengers had to be weighed with their luggage because planes
① were strong but too small for fat passengers to ride.
② were too strong to carry all passengers safely.
③ were not strong enough to carry almost any weight.
④ were too big for some passengers to travel safely.

2 Some years later, planes became bigger and stronger, so
① both passengers and luggage were weighed.
② only luggage was weighed.

③ either passengers or luggage were weighed

④ only passengers were weighed

[3] Now, luggage is measured because

① planes can carry almost any weight, so size is more important.

② planes are strong but they can't carry heavy luggage.

③ airlines don't have to mind its weight and size.

④ airlines are proud of carrying big luggage.

[4] When passengers use Hawaiian airline,

① they are asked their weight.

② their luggage is weighed.

③ they are asked how tall they are.

④ their luggage is measured.

[5] When the Hawaiian airline's clerk says 'how are you planning to travel?' she means

① 'How do you spend your holidays in Hawaii?'

② 'How do you like the Hawaiian airline?'

③ 'Are you planning to travel with your girlfriend?'

④ 'Are you planning to fly without your clothes?'

2 次の会話文を読んで [6]～[10] に入れるのに最も適当なものを①～⑤から選び、番号で答えなさい。

<At the airport>

Clerk: Can I have your passport, please?

Tourist: ______[6]______

Clerk: What's the purpose of your visit?

Tourist: Sorry, I don't understand.

Clerk: Are you here on business?

Tourist: ______[7]______

Clerk: Okay. Have you visited America before? Is this your first time to visit America?

Tourist: Oh, I see. Yes, it is.

Clerk: ＿＿＿＿ 8 ＿＿＿＿

Tourist: I am here for two weeks.

Clerk: I see. ＿＿＿＿ 9 ＿＿＿＿

Tourist: At the Waterfront Hotel in New York.

Clerk: OK. Thank you, that's all.

Tourist: ＿＿＿＿ 10 ＿＿＿＿

Clerk: Collect your bags, and then go through Customs.

Tourist: Thank you.

(注) Customs 税関

① No, I'm on vacation.
② What do I do now?
③ Yes, here you are.
④ How long will you be staying here?
⑤ Where are you staying?

3 次の 11 ～ 20 の（ ）内に入れるのに最も適当なものを選び、番号で答えなさい。

11 There ( ) two apples on the table.

① be ② is ③ am ④ are

12 John ( ) not get up at six yesterday.

① did ② do ③ does ④ is

13 I ( ) eaten breakfast yet.

① don't ② doesn't ③ haven't ④ hasn't

14 Look at the bird ( ) the tree.

① in ② on ③ at ④ to

15 Hurry up, (　　) you can catch the last bus.

① and　② or　③ but　④ when

16 Mike is good (　　) the piano.

① to playing　② for playing　③ at playing　④ in playing

17 Your bag is (　　) than mine.

① heavy　② heavier　③ heaviest　④ more heavy

18 Linda has a dog (　　) has big ears.

① who　② which　③ it　④ they

19 (　　) kind she is!

① Much　② So　③ What　④ How

20 Keiko didn't come to school, (　　) she?

① did　② do　③ does　④ has

4 次の各組の英文がほぼ同じ意味になるように 21 ～ 23 の(　)内に入れるのに最も適当なものを選び、番号で答えなさい。

21
- A kind woman helped me.
- I (　　) helped by a kind woman.

① am　② is　③ was　④ were

22
- He told me the way to the bank.
- He told me (　　) to get to the bank.

① where　② what　③ why　④ how

23
- I love to dance with my friends.
- My favorite thing is (　　) with my friends.

① dance　② dances　③ danced　④ dancing

5 次の 24 ～ 26 の日本文の意味に合うように（　）内の語句を正しい順序に並べかえた場合、（　）内の語で**3番目**にくるものを番号で答えなさい。

24 コーヒーを一杯いかがですか。

Would you (　　　)?

(① cup ② like ③ of ④ a ⑤ coffee)

25 これらはケンによって撮られた写真です。

These (　　　).

(① by ② pictures ③ are ④ Ken ⑤ taken)

26 私は２回オーストラリアに行ったことがあります。

I (　　　).

(① have ② twice ③ to ④ been ⑤ Australia)

6 次の 27 の会話文を読み、その内容に関する質問の答えとして最も適当なものを①～④の中から選び、番号で答えなさい。

27

Tom: I want to talk about this new project with you.

Julie: I have no time today and I am going to China tomorrow.

Tom: Tomorrow will be September 4th, right?
How long are you going to stay there?

Julie: For six days.

Tom: I want to see you as soon as you get back to Japan.

Question: When will these two people meet and talk about the new project?

① September 4th ② September 6th ③ September 10th ④ September 11th

7 次の 28 の下線部と同じ用法を含む文を①～④の中から選び、番号で答えなさい。

28 How many pencils do you have to draw pictures?

① Do you have any brothers or sisters?
② You don’t have to go to school on Sundays.
③ I have breakfast every morning.
④ I have finished my homework.

8 次の 29 の問いに対する最も適当な答えを①～④の中から選び、番号で答えなさい。

29 You are studying in the library. There are some boys who are speaking loudly. You want them to be quiet. What would you say?

① Could you please stop talking?
② Could you open the window?
③ You don’t have to be so quiet.
④ Could you speak louder?

9 次の 30 の質問に対する答えの文を読むとき、ふつうどの語を最も強く発音しますか。下線部①～④の中から選び、番号で答えなさい。

30 A: Is English your favorite subject?
B: No. My favorite subject is math.
① ② ③ ④

10 次の 31 の文を1か所区切って読むとすれば、どこが最も適当ですか。①～④の中から選び、番号で答えなさい。

31 Do you / know / why he / is angry / with me?
① ② ③ ④

11 次の 32 ・ 33 の各語の中で最も強く発音する部分が他と異なるものを①～④の中から選び、番号で答えなさい。

32 ① to-mor-row　② sta-di-um　③ ex-er-cise　④ mem-o-ry

33 ① de-li-cious　② con-di-tion　③ com-pa-ny　④ va-ca-tion

12 次の 34 ・ 35 の各文の下線部の発音と同じ発音をもつ語を①～④の中から選び、番号で答えなさい。

34 Could you tell me the way to the station please?

(① animal　② potato　③ chair　④ bath)

35 My brother likes meat better than fish.

(① breakfast　② sweater　③ dream　④ learn)

【記述問題】各指示に合わせて、記述１～10の各問に答えなさい。

●次の（　　）の語をそれぞれ文に合う形にして解答欄に記入しなさい。

ただし、全文を記入する必要はありません。

記述1　These are (we) books and those are theirs.

記述2　Mary (see) the man yesterday.

記述3　Takeshi has two (watch).

●次の各文が同じ意味になるように（　　）に適語を入れなさい。

ただし、全文を記入する必要はありません。

記述4　My mother has a lot of bags.

= My mother has (　　) bags.

記述5　My father drives carefully.

= My father is a careful (　　).

記述6　I know the boy who is playing the piano.

= I know the boy (　　) the piano.

●次の各語を説明する文を読み、単語を完成させなさい。ただし、最初の文字は与えてあるので、その文字も入れ、**完成した語**を解答欄に記入しなさい。

記述7　a book that gives a list of the words of a language and explains what they mean = d□□□□□□□□□

記述8　a person that studies at a school = s□□□□□□

●次の会話が成立するように、（　　）に適切な語を入れなさい。

ただし、全文を記入する必要はありません。

記述9　A: (　　) kind of music do you like?

B: I like classical music.

記述10　A: (　　) shoes are these?

B: They're hers.

【数　学】（45分）〈満点：100点〉

注意 1. 答えが分数になるときは，約分してもっとも簡単な分数にしてください。
　　 2. 答えに根号が含まれるときは，根号の中の数をもっとも小さい正の整数にしてください。

1　次の文章の(記述1)〜(記述8)に当てはまるものを答えよ。記述解答用紙に答えのみを記入すること。

ⅰ）$9-(-2)^2\div\frac{4}{15}$ を計算すると(記述1)である。

ⅱ）$\frac{5x+y}{4}-\frac{x-3y}{2}$ を計算すると(記述2)である。

ⅲ）$\frac{6}{\sqrt{2}}+(\sqrt{2}-1)^2$ を計算すると(記述3)である。

ⅳ）$a=\frac{1}{3}bc$ を b について解くと $b=$(記述4)である。

ⅴ）連立方程式 $\begin{cases}3x+4y=5\\x=1-2y\end{cases}$ を解くと $x=$(記述5)，$y=$(記述6)である。

ⅵ）右の図のように，円Oの円周上に3点A，B，Cがある。
$\angle OAC=20°$ のとき，$\angle x$ の大きさは(記述7)度である。

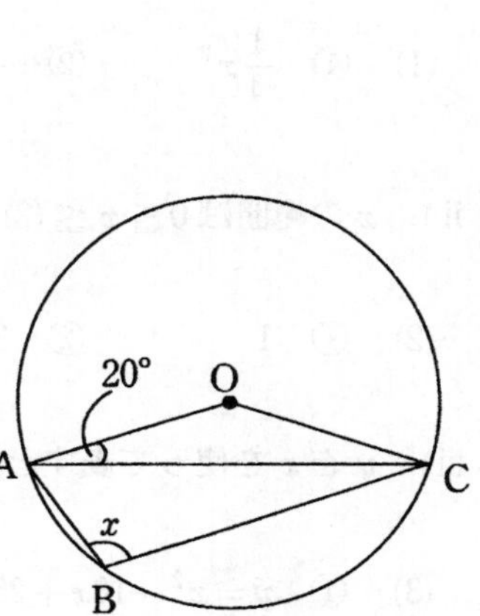

vii）右の図のような直角三角形ABCがある。DE∥ACのとき，
ADの長さは(記述8) cmである。

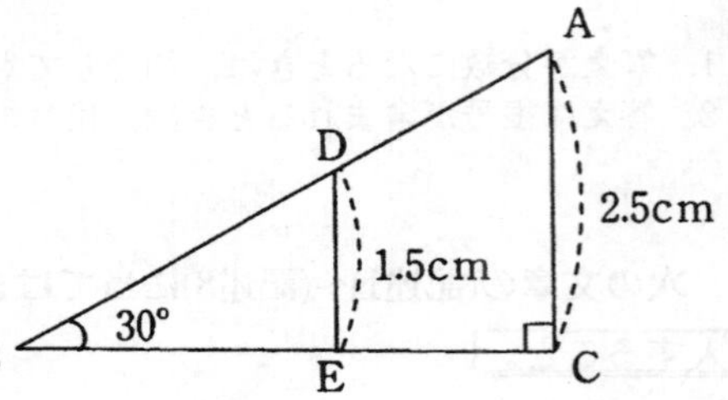

2

下の図のように長さ10cmの線分AB上を，Aを出発してBまで動く点Pと，AP＝AQ，BP＝BRとなるような2つの直角二等辺三角形APQ，BPRがある。APの長さを x cm，2つの直角二等辺三角形APQ，BPRの面積の和を y cm^2 とするとき，次の(1)～(5)に当てはまるものを答えよ。解答は①～⑤の中から１つ選び，記号解答用紙に番号のみを記入すること。○は記入しないでください。

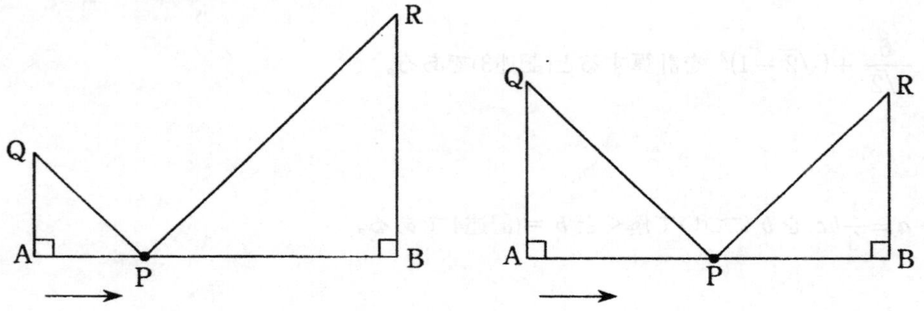

i） 直角二等辺三角形APQの面積を x を使って表すと(1)である。解答欄は 設問1

(1)　① $\frac{1}{4}x^2$　② $\frac{1}{2}x^2$　③ x^2　④ $(10-x)^2$　⑤ $x(10-x)$

ii） x の範囲は $0 \leqq x \leqq$ (2) である。解答欄は 設問2

(2)　① 1　② 3　③ 5　④ 9　⑤ 10

iii） y を x を使って表すと(3)である。解答欄は 設問3

(3)　① $y=x^2-10x+25$　② $y=x^2-10x+50$　③ $y=x^2-20x+100$

④ $y=x^2-10x$　⑤ $y=x^2$

ⅳ）　$y=26$ のとき，$x=$(4)である。解答欄は設問4

(4)　① 3　　② 4　　③ 6　　④ 3，8　　⑤ 4，6

ⅴ）　$y=30$ のとき，$x=$(5)である。解答欄は設問5

(5)　① $5+\sqrt{5}$　　② $5+2\sqrt{5}$　　③ $5\pm\sqrt{5}$

④ $5\pm2\sqrt{5}$　　⑤ $10\pm\sqrt{5}$

3　下の図のように直線 ℓ 上に点A$(-4,\ 2)$，B$(8,\ 8)$，x 座標が12の点Cがある。直線 ℓ と x 軸の交点をDとするとき，次の(6)～(11)に当てはまるものを答えよ。ただし，円周率は π とする。解答は①～⑤の中から１つ選び，記号解答用紙に番号のみを記入すること。〇は記入しないでください。

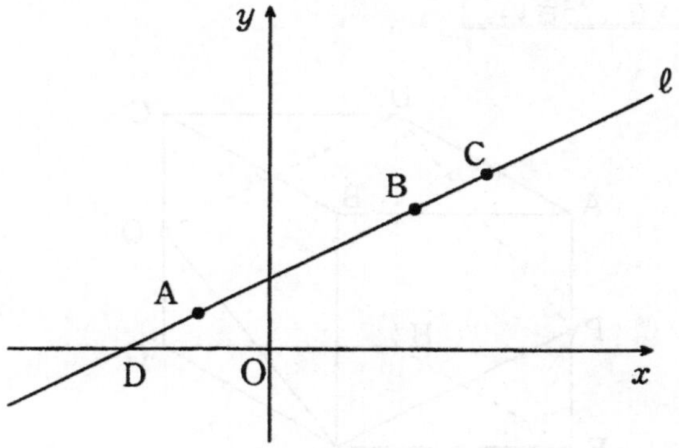

ｉ）　直線 ℓ の式は(6)である。解答欄は設問6

(6)　① $y=\dfrac{1}{2}x+3$　　② $y=\dfrac{1}{2}x+4$　　③ $y=x+4$

④ $y=2x+2$　　⑤ $y=2x+4$

ⅱ）　BCの長さは(7)，AB：BC＝(8)：(9)である。解答欄は設問7～設問9

(7)　① $2\sqrt{2}$　　② $2\sqrt{3}$　　③ $3\sqrt{2}$　　④ $2\sqrt{5}$　　⑤ $5\sqrt{2}$

(8)　① 1　　② $\sqrt{2}$　　③ $\sqrt{3}$　　④ 2　　⑤ 3

(9)　① 1　② 2　③ 3　④ 4　⑤ 5

iii)　△ADOと△BOCの面積比は(10)である。解答欄は 設問 10

(10)　① 1:1　② 1:2　③ 2:1　④ 2:3　⑤ 3:2

iv)　△CDOを x 軸を軸として1回転させてできる立体の体積は(11)である。解答欄は 設問 11

(11)　① $\frac{700}{3}\pi$　② $\frac{800}{3}\pi$　③ 400π　④ $\frac{2000}{3}\pi$　⑤ 1000π

4

下の図のように体積が $64\,\mathrm{cm}^3$ の立方体がある。辺AE，CGの中点をそれぞれP，Qとし，4点D，P，F，Qを通る平面でこの立方体を切る。このとき，次の(12)～(16)に当てはまるものを答えよ。解答は①～⑤の中から1つ選び，記号解答用紙に番号のみを記入すること。〇は記入しないでください。

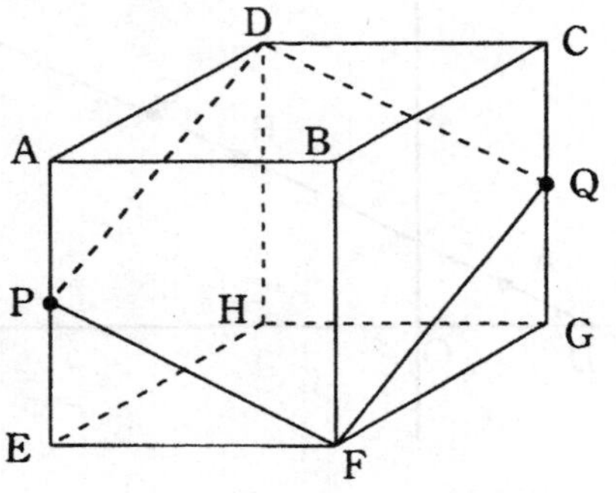

i)　立方体の1辺の長さは(12)cmである。解答欄は 設問 12

(12)　① 3　② 4　③ $4\sqrt{2}$　④ 6　⑤ 8

ii)　切り口の四角形DPFQの1辺PFの長さは(13)cmである。解答欄は 設問 13

(13)　① $2\sqrt{2}$　② $2\sqrt{3}$　③ $3\sqrt{2}$　④ $2\sqrt{5}$　⑤ $5\sqrt{2}$

iii)　対角線PQの長さは(14)cmである。解答欄は 設問 14

(14)　① 3　② 4　③ $4\sqrt{2}$　④ 6　⑤ $4\sqrt{3}$

iv) 対角線DFの長さは(15)cmである。解答欄は 設問 15

(15) ① 3　② 4　③ $4\sqrt{2}$　④ 6　⑤ $4\sqrt{3}$

v) 切り口の四角形DPFQについて正しいものは(16)である。解答欄は 設問 16

(16) ① PQ⊥DF　② PQ＝DF　③ ∠PDQ＝∠DPF

④ ∠DPF＝90°　⑤ ∠PDQ＝90°

5 　下の図のように白玉が2個，赤玉が1個，青玉が1個の全部で4個の玉が入った箱がある。この箱から，玉を1個取り出し，取り出した玉はもとにもどさない。これを3回繰り返し，取り出した順に左から1列に並べるとき，次の(17)～(21)に当てはまるものを答えよ。解答は①～⑤の中から1つ選び，記号解答用紙に番号のみを記入すること。○は記入しないでください。

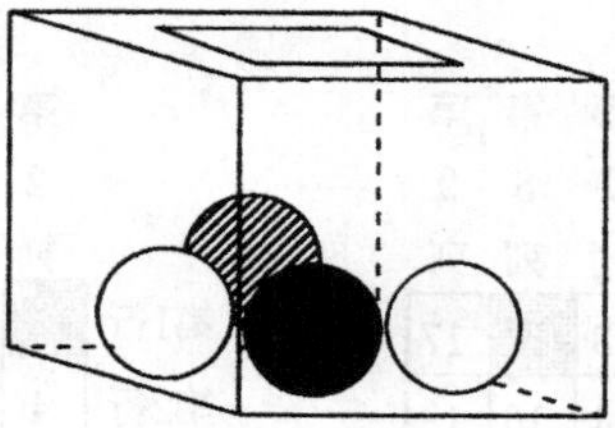

i) 左から白玉，赤玉，青玉の順に並ぶ確率は(17)である。解答欄は 設問 17

(17) ① $\frac{1}{12}$　② $\frac{1}{8}$　③ $\frac{1}{6}$　④ $\frac{1}{4}$　⑤ $\frac{1}{3}$

ii) 赤玉と青玉が隣り合って並ぶ確率は(18)である。解答欄は 設問 18

(18) ① $\frac{1}{6}$　② $\frac{1}{4}$　③ $\frac{1}{3}$　④ $\frac{1}{2}$　⑤ $\frac{3}{4}$

iii) 真ん中に赤玉が並ぶ確率は(19)である。解答欄は 設問 19

(19) ① $\frac{1}{6}$　② $\frac{1}{4}$　③ $\frac{1}{3}$　④ $\frac{1}{2}$　⑤ $\frac{3}{4}$

ⅳ) 並べた１列にすべての色が使われる確率は(20)である。解答欄は 設問 20

(20) ① $\frac{1}{6}$　② $\frac{1}{4}$　③ $\frac{1}{3}$　④ $\frac{1}{2}$　⑤ $\frac{3}{4}$

ⅴ) 並べた１列にちょうど２色が使われる確率は(21)である。解答欄は 設問 21

(21) ① $\frac{1}{12}$　② $\frac{1}{8}$　③ $\frac{1}{6}$　④ $\frac{1}{4}$　⑤ $\frac{1}{2}$

6

下の図１のように，第１列，第３列…の奇数列には第１行から第３行まで，第２列，第４列…の偶数列には第２行にだけ自然数を1，2，3，…の順で書いた。この図１の一部を，ちょうど縦３行横３列になるように抜き出す。例えば，図２は真ん中の列が第３列で，図３は真ん中の列が第４列であるように抜き出したものである。このとき，次の(22)～(26)に当てはまるものを答えよ。解答は①～⑤の中から１つ選び，記号解答用紙に番号のみを記入すること。○は記入しないでください。

	第1列	第2列	第3列	第4列	第5列	第6列	第7列	第8列	第9列	……
第1行	1		5		9		13		17	
第2行	2	4	6	8	10	12	14	16	18	……
第3行	3		7		11		15		19	

【図１】

	第2列	第3列	第4列
第1行		5	
第2行	4	6	8
第3行		7	

【図２】

	第3列	第4列	第5列
第1行	5		9
第2行	6	8	10
第3行	7		11

【図３】

ⅰ) 第７列が真ん中にくるように抜き出したとき，抜き出したすべての数の和は(22)である。解答欄は 設問 22

(22) ① 50　② 60　③ 70　④ 80　⑤ 90

ⅱ) 第n列の第2行の数を n を用いて表すと(23)である。解答欄は 設問 23

(23) ① $2n-1$　② $2n$　③ $2n+1$　④ n^2　⑤ n^2+n

ⅲ) 第n列が真ん中にくるように抜き出したとき，抜き出したすべての数の和を，nを用いて表すと，nが奇数の場合は(24)，nが偶数の場合は(25)である。ただし，$n \geqq 2$ とする。解答欄は 設問 24 ～ 設問 25

(24) ① $10n$ ② $11n$ ③ $12n$ ④ $13n$ ⑤ $14n$

(25) ① $10n$ ② $11n$ ③ $12n$ ④ $13n$ ⑤ $14n$

ⅳ) 抜き出したすべての数の和が1400のとき，真ん中の列は第(26)列である。解答欄は
設問26

(26) ① 70 ② 80 ③ 90 ④ 100 ⑤ 140

【記述問題 31～40】(記述問題用の解答用紙を使用してください)

一

31～35の――線部の漢字の読みがなをそれぞれひらがなで書きなさい。

31 神社の境内で遊ぶ。

32 皇位を継承する。

33 錠剤の風邪薬を飲む。

34 図書を閲覧する。

35 生徒を諭す。

二

36～40の――線部のカタカナをそれぞれ漢字になおしなさい。

36 ごちそうを食べてマンゾクする。

37 ガイトウ演説に耳を傾ける。

38 ユザましで薬を飲む。

39 昨夜キュウキュウ車で病院に運ばれた。

40 窓を開けるとココロヨい風が吹いてきた。

2　日本人が国際政治の舞台でも、消極的で引っ込み思案なのは、日本神話の時代からの「うむ」の考え方が浸透してきたためであり、今後は改めていかなければならない。

3　「柿の実がなる」というのは、自然のなりゆきで生まれたものであると考えるか、創造的なエネルギーによって生まれたのかと考えることが日本人には必要である。

4　中国の老荘思想でいう「無為自然」とは、何もしない、怠けることが美徳というのではなく、自然のなすがままにして、人間の力を加えずにおくという考えのことである。

5　最近、いかに生きるか、いかに死ぬかといったことが大きなテーマになってきたのは、人間が、人間自身積極的に築いてきた近代文明に限界を感じ始めたからである。

30

この文章に題名をつけるとしたらどのようなものがふさわしいか。1～5の中から一つ選び、その番号を書きなさい。解答番号は30

1　日本人が消極的な理由は神話にある
2　日本人は「なる」という言葉に積極性をこめる
3　日本神話の根底には「なる」「つくる」「うむ」の単語がある
4　日本人は昔から自然に任せる生き方をしてきた
5　日本語の「なる」には消極的・受動的な意味がこめられている

27

文中の――線部F「日本人本来の英知」とは、どのようなものか。1～5の中から一つ選び、その番号を書きなさい。解答番号は 27

1　世の中には、自然と人間と一体になった努力というものが存在しており、人間が意志的、積極的な努力を重ねることによって、自然もそれに影響してくるという知恵。

2　世の中には、人間よりももっと偉大な意志を持つ自然というものが存在し、その自然が積極性をもって、時には神さままでもつくりだしてしまうものだという知恵。

3　世の中は、我を張らずに、柿の実が自然になるように、焦らずに時間の移り変わりや自然の作用に身を任せていけばすべてうまくいくものだという知恵。

4　世の中には、努力して外交官になったり、柿が実をつけたりするように、何事もあきらめず最後までやり通すという固い意志とたゆまぬ努力が大切だという知恵。

5　世の中には、自然レベルと人間レベルの努力というものが存在し、自然レベルの積極的な努力に、人間レベルの努力は勝つことができないという知恵。

28

文中の――線部G「そのような積極性」とは、どのようなものか。1～5の中から一つ選び、その番号を書きなさい。解答番号は 28

1　日本人の中にある「なる」という精神を、消極的だとか受身的だとか非難するのではなく、「なる」にこめられた、自然と一体になって努力を続けようとする積極性。

2　自然が持つ、時間が経てば自然に柿の実がなるという力を信じ、自然の状態やリズム、時間の流れを十分に学んで、少しでも優れた結果を生み出そうとする積極性。

3　いろいろなことが自然な熟成の中でつくられてゆくということを忘れずに、意志を持ち、じっくりと自然な時間の流れやその時々の状態の変化に合わせて解決してゆこうとする積極性。

4　近代文明に惑わされることなく、古来からの日本人本来の英知を学びなおし、それを今後の国際社会のあらゆる場面で活用していこうとする積極性。

5　柿の実がなるために時間をかけて自然が努力してきたのと同じように、人間も外交官になるために地道に時間をかけて最後まで努力を重ねようとする積極性。

29

この文章の内容に合っているものを1～5の中から一つ選び、その番号を書きなさい。解答番号は 29

1　「なる」は高い生産性と創造力があることばであるが、その反面、気ままで、なりゆき任せであるといった消極的で受身的な意味も備わっており、使い方が難しい単語である。

全てをつくるのだから、人間は神に任せるという考え方になり、消極的で受動的になった。

2 日本の神話は、神さまの生殖行為によって「国」が生まれるという内容である。その結果、日本人には「うむ」という動詞が基本となり、自然に生まれ、意志が働くことがないので消極的で受身的になった。

3 日本の神話は、自然界の霊力によって神さまが出現し、その霊力以外に意志を持つ者がいない。その結果、日本人は「なる」という動詞が基本となり、自然になるのだから、意志が働くことなく、消極的で受身的になった。

4 日本神話は、世界に内在する神秘的な霊の力によって宇宙が出現したという内容である。その内容を受けて、日本人は神秘的な霊の力には勝つことができないと考え、強大な力の前では消極的で受身的になった。

5 日本神話は、世界の神話にある三系統の神話がまとめられてできたものである。その結果、日本人は他の国々の考え方を参考にして考える習慣が根付いてしまい、他者の前では自然と消極的になってしまった。

25 文中の――線部D「この自然の働き」とは、どのようなものか。1～5の中から一つ選び、その番号を書きなさい。解答番号は 25

1 人工衛星をつくること。

2 火星まで飛ぶこと。

3 細胞を人工的につくること。

4 神話をつくること。

5 柿の実をつくること。

26 文中の――線部E「この考え」とは、どのようなものか。1～5の中から一つ選び、その番号を書きなさい。解答番号は 26

1 自然は創造的なエネルギーと高い生産性を持ち、意志的に働き、宇宙を生み出し神さままでもつくりだす積極性のあるものであるという考え。

2 自然は霊力というエネルギーを持ち、宇宙や神さまをはじめとしたあらゆるものを創造し、成長させ支配するという意志を持った存在だという考え。

3 自然は霊力によって生み出されたもので、霊力以外に意志を持っておらず、その結果あらゆるものは消極的で、受身的にならざるを得なかったという考え。

4 自然は神さままでも生み出す絶大な存在で、「つくる」という動詞があてはまるが、同じように「うむ」や「なる」も当てはまるという考え。

5 自然は人間よりもっと超越的な意志や生産性を持った存在であり、人間は自然の力には全く立ち向かうことはできないという考え。

22 文中の――線部A「日本人は、どうみても消極的だ」とあるが、その理由について丸山真男氏はどのように考えているか。1～5の中から一つ選び、その番号を書きなさい。解答番号は 22

1 日本人は、まだ国際政治に慣れていないため、自分の考えで発言したり、リーダーシップをとったりするにはどうしたらいいのか分かっていないからだと考えている。

2 日本人は、日本神話の「なる」という言葉に象徴されるように、能動的に、意志的に行動するのではなく、自然の流れに身を任せて生きてきたからだと考えている。

3 日本人は、宇宙創成論に象徴されるように人格的創造者である神が宇宙をつくったという意識が働き、自然が積極的に働くという考え方を受け入れなかったからだと考えている。

4 日本人は、現在でも、世界に内在する神秘的な霊の力によって宇宙が出現したという神話に影響され、そのような神秘的な霊力には従うようにしてきたからだと考えている。

5 日本人は、昔からわれわれに恵みを与えてくれる自然界の「霊力」に感謝し、その「霊力」の意志を尊重し、自然に任せる生き方をしてきたからだと考えている。

23 文中の――線部B「私も、そう思う」の「そう」の指す内容を1～5の中から一つ選び、その番号を書きなさい。解答番号は 23

1 日本の神話は、能動的に、意志的に行動するのではなく、自然の流れに身を任せるという内容のもので、その基本となる動詞は「うむ」であるということ。

2 日本の神話は、人格的創造者である神が宇宙をつくったというユダヤ教やキリスト教と同じ系統のもので、その基本となる動詞は「つくる」であるということ。

3 日本の神話は、神々の生殖行為によって宇宙が生まれたというキリスト教と同じ系統のもので、その基本となる動詞は「うむ」であるということ。

4 日本の神話は、世界に内在する神秘的な霊力によって宇宙が出現するという系統のもので、その基本となる動詞は「なる」であるということ。

5 日本の神話は、世界の神話と同様に宇宙創成論が語られたもので、その基本となる動詞は「つくる」と「うむ」と「なる」であるということ。

24 文中の――線部C「丸山氏の主張」の内容を1～5の中から一つ選び、その番号を書きなさい。解答番号は 24

1 日本の神話は、人格的創造者である神が宇宙をつくったされる。その結果、日本人は「つくる」という動詞が基本になり、神が

私たちも、近代文明に惑わされることなく、F日本人本来の英知に学んで、自然と一体になった人間の努力というものを考えるべきだ。「なる」の精神は、消極的だとか受け身的だなどと非難されるべきものではない。自然な時間の流れを考えるのもよいだろう。状態のリズムを測りながらことを解決してゆくのもよいだろう。Gそのような積極性をもって日本人は世界にのぞむべきだ、と私は思うのである。

（中西　進『日本人とは何か』による）

※　不遜 ―― 思い上がっていること。おごりたかぶっていること。また、そのさま。

[16]～[19]　文中の [ア]～[エ] に入る語句をそれぞれ1～5の中から一つずつ選び、その番号を書きなさい。解答番号はアが[16]、イが[17]、ウが[18]、エが[19]。

	1	2	3	4	5
ア	もし	いや	第一に	なぜなら	まさか
イ	決して	なるほど	なぜ	だから	だが
ウ	たとえ	ますます	さて	ちょうど	しかも
エ	むしろ	少しも	もっとも	どうして	ところで

[20]　文中の [X] に入るものを1～5の中から一つ選び、その番号を書きなさい。解答番号は[20]

1　柿がなるのは自然界の霊力の意志によるものである
2　柿がなるのは自然そのものに生産性があるからである
3　柿がなるのは自然の働きにエネルギーがあるからである
4　柿がなるのは自然の気ままな働きの結果である
5　柿がなるのは自然の神さまの生殖行為が形になったものである

[21]　文中の [Y] に入る語句を1～5の中から一つ選び、その番号を書きなさい。解答番号は[21]

1　文明
2　神
3　老荘思想
4　霊力
5　自然

たとえば、「柿の実がなる」という。柿の実は人間が人工的につくることはできない。人工衛星を火星まで飛ばすことができても、人間は細胞ひとつ人工的につくることはできないのである。まして、柿の実をつくることはまったく不可能だ。

自然はそれができる。

Dこの自然の働きをどう評価するか。

どうせ自然の気ままな働きの結果なのだから、なりゆきで生まれた実にすぎないと考えるか。それとも、自然の働きにこそ創造的なエネルギーがある。自然それ自体に非常に高い生産性がある、と考えるか。

丸山氏は、［　X　］、という考えだった。だから、自然になることは、消極的、受け身的でしかない、と考えたのだろう。

しかし、人間として生まれてくることを「人と、なり出る」というように、そもそも「なる」には「うまれる」という意味がある。「なりわい」は商業を意味し、積極的に生業をいとなむことを示す。「人となり」は努力の結果得られた、成熟した人格をいう。「なる」という日本語にはこうした高い生産性と創造力がある。

だから、神さまだって、自ずから「なる」のだ。自然の意志的な、創造的な働きの結果として神さまでさえつくられる。一神教のキリスト教や回教では、神さまが自然をつくるのに、日本の自然は、神さまをつくってしまう。

そういう積極的なものとして、古代日本人は自然を考えた。

いや、Eこの考えは日本だけではない。中国の老荘思想もそうである。

老荘思想でいう「無為自然」とは、何もしないことが最高の美徳だという考えである。文字どおりに解釈すると、怠けるのがいいことだと誤解されがちだが、怠けるのとは違う。自然の働きを抑制したり、歪めたりしないで、［　エ　］、自然が持つ高い生産性を解放して、自然のなすがままにしておくことが最高の美徳である、という考えなのである。

こういう考え方の背景には、人間の意志を超えたところに、人間よりもっと偉大な、もっと超越的な意志があるという思想がある。古代の人々は、それを体で知っていた。

最近、いかに生きるか、いかに死ぬかということが大きなテーマになってきた。そういうテーマを扱っている本をめくると、人間は生きているのではなく、より大きな力によって生かされている、という表現がよく目につく。

人生とか、生命などの問題を正面から見つめると、人間は、とても、自分で生きている、などという※不遜《ふそん》な考え方になれなくなるのだろう。［　Y　］の偉大さの前では、どうしても謙虚になってくる。

近代文明は人間の力を最大限に評価して、見事な文明をつくった。しかし、自然が持つ、自然な成熟の中につくられてゆく生産性を忘れてはいけない。

丸山氏は、「なる」を消極的な意味にだけとらえているが、「なる」にはたとえば努力して外交官になる、というような積極的な意味もある。

努力して外交官になることも、自然に柿の実がなることも、実は、同じ「なる」なのである。そこでは働いている意志が、人間レベルか、自然レベルかの違いを区別しない。いかに外交官になるように努力したつもりでいても、自然レベルの意志と無関係ではないと日本人は考える。柿の実がなるのも、自然が努力して実らせたと考える。

5　彼はクラブで教室の掃除をすることができなかったので、私は、情けは人のためならずの通りこころよく当番を代わってあげた。

九　次の文章を読み、後の問いに答えなさい。

こんな話を、よく聞かないだろうか。

ヨーロッパ人やアメリカ人と比べると、A日本人は、どうみても消極的だ。受け身的といってもよい。［ア］、欧米人と比べてというより、他のアジア人と比べても、日本人は積極的に自分の意見をいわないし、引っ込み思案なところがある。

とくに国際政治の舞台になると、これが非常に目立ってくる。アメリカなどに追随するばかりで、自分の考えで発言したり、行動したり、ましてやリーダーシップをとることはできない、と。

しかし、いくら国際政治に慣れていないからといっても、自分の意見ぐらいはっきりいったらどうか。

どうして、日本人はそれほど消極的なのだろう。

ところが、日本を代表する政治学者であった丸山真男氏（元東京大学教授）は、こういう日本人の性格は昔からのものだ、という。

日本人は、昔から、自然に任せる生き方をしてきた。能動的に、意志的に行動するのではなく、自然の流れに身を任せてきた、というのである。

そういう日本人の姿を象徴するものとして、丸山氏が挙げるのは、「なる」という言葉である。

丸山氏によると、世界の神話にある宇宙創世論の根底には、三つの基本動詞がみられるという。「つくる」と「うむ」と「なる」である。

たとえば、ユダヤ教やキリスト教では、人格的創造者である神が宇宙をつくった、と考える。［イ］ユダヤ系の神話の根底にある基本の動詞は「つくる」である。また、神々の生殖行為によって宇宙がうまれた、という神話もある。この場合は「うむ」が基本の動詞となる。

これに対して、世界に内在する神秘的な霊の力によって宇宙が出現した、という系統の神話もある。この系統の基本動詞が「なる」である。丸山氏は、日本の神話はこの系統に属するという。

B私も、そう思う。

そこで丸山氏は、なぜ、だから日本人は消極的なのだ、と主張するのか。

「つくる」という場合は、明らかに、つくろうとする者の意志が働いている。積極的、能動的である。それに対して、「なる」の場合は、自然になるのだから、意志は働いていない。消極的である。

［ウ］、日本の神話は、神が自然をつくるどころか、自然界の霊力によって神さまが出現し、その神さまの生殖行為によって「国」がうまれたとする。そこには、自然界の「霊力」以外に、何者の意志も存在しない。

これがC丸山氏の主張である。

しかし、自然に「なる」ことが、消極的で受け身的なのであろうか。

私はそうは思わない。

四 10・11の語句の対義語をそれぞれ1～5の中から一つずつ選び、その番号を書きなさい。解答番号は10・11

10 総合　1 分析　2 部分　3 単独　4 分担　5 分割

11 特殊　1 大衆　2 通常　3 平均　4 一般　5 一部

五 ――線部の動詞の活用の種類を1～5の中から一つ選び、その番号を書きなさい。解答番号は12

この本を読んだことをすっかり忘れていた。

1 ラ行下一段活用　2 ワ行上一段活用　3 ラ行五段活用　4 サ行変格活用　5 ワ行五段活用

六 四字熟語の表記として適切なものを1～5の中から一つ選び、その番号を書きなさい。解答番号は13

1 五里夢中　2 意味慎重　3 紛骨砕身　4 異口同音　5 言語同断

七 国語に関連する内容の記述として適切なものを1～5の中から一つ選び、その番号を書きなさい。解答番号は14

1 尊敬語は相手に対し直接敬意を表す言い方で、動詞や「……れる・……られる」、「お（ご）……する」の形を用いる。

2 「祇園精舎の鐘の声…」で始まる平家物語は、平清盛一門と光源氏との争いを描いたもので、琵琶にあわせて語ったものである。

3 自立語で活用がある「動詞」・「形容詞」・「形容動詞」を用言といい、自立語で主語となる「名詞」・「代名詞」を体言という。

4 漢文で返り点・送り仮名などを付けていないものを原文といい、漢字とひらがなで日本語の語順にしたものを書き下し文という。

5 元号「令和」の出典である奈良時代の『万葉集』と平安時代の『古今和歌集』と鎌倉時代の『小倉百人一首』を三大歌集という。

八 ――線部の語句の使い方として適切なものを1～5の中から一つ選び、その番号を書きなさい。解答番号は15

1 彼と私の国語の成績は五十歩百歩で、私は常に彼の成績の半分以下。どうがんばっても彼を抜くことができないのはなぜだろう。

2 メニューに好きな食べ物がなく、空腹のあまり苦手なシチューを食べようとしたが、やはり背に腹はかえられぬ。食べられない。

3 先生から怖い顔で「なぜまた同じ失敗をするのだ」と何度も同じ注意を繰り返されたが、先生はそのつど舌を巻いていた。

4 新入生歓迎会であいさつをした際、最初の方は何とか話せたが、後半では緊張して二の句がつげずにしばらく絶句してしまった。

二〇二〇年度 京華商業高等学校

【国語】（四五分）〈満点：一〇〇点〉

【記号問題 [1]～[30]】（記号問題用の解答用紙を使用してください）

一

[1]～[5]の文学作品の作者名をそれぞれ1～5の中から一つずつ選び、その番号を書きなさい。解答番号は[1]～[5]

[1] 『次郎物語』　1 二葉亭四迷　2 幸田露伴　3 下村湖人　4 樋口一葉　5 正岡子規

[2] 『黒い雨』　1 井伏鱒二　2 坪内逍遙　3 国木田独歩　4 斎藤茂吉　5 井上　靖

[3] 『友情』　1 萩原朔太郎　2 志賀直哉　3 芥川龍之介　4 川端康成　5 武者小路実篤

[4] 『生まれ出づる悩み』　1 高村光太郎　2 有島武郎　3 北原白秋　4 島崎藤村　5 与謝野晶子

[5] 『吾輩は猫である』　1 宮沢賢治　2 森　鷗外　3 夏目漱石　4 壺井　栄　5 太宰　治

二

[6]・[7]の慣用句の意味をそれぞれ1～5の中から一つずつ選び、その番号を書きなさい。解答番号は[6]・[7]

[6] 目がない

1 どこで終わるかわからないこと。
2 最初から思いこんでしまうこと。
3 善悪を判断することができないこと。
4 たいへん好きであること。
5 どうしてよいかわからないこと。

[7] 悦に入る

1 自分の考えに納得すること。
2 心の中でたいそう喜ぶこと。
3 人を大いに楽しませること。
4 それとなく他人に誇ること。
5 笑いが止まらなくなること。

三

[8]・[9]の語句の類義語をそれぞれ1～5の中から一つずつ選び、その番号を書きなさい。解答番号は[8]・[9]

[8] 親切　1 誠意　2 慈善　3 奉仕　4 好意　5 厚意

[9] 同意　1 支援　2 賛成　3 意志　4 同情　5 友好

英語解答

1 [1] ③　[2] ②　[3] ①　[4] ①
[5] ④

2 [6] ③　[7] ①　[8] ④　[9] ⑤
[10] ②

3 [11] ④　[12] ①　[13] ③　[14] ①
[15] ①　[16] ③　[17] ②　[18] ②
[19] ④　[20] ①

4 [21] ③　[22] ④　[23] ④

5 [24] ①　[25] ⑤　[26] ③

6 [27] ③

7 [28] ①

8 [29] ①

9 [30] ④

10 [31] ②

11 [32] ①　[33] ③

12 [34] ②　[35] ③

【記述問題】

記述１	our	記述２	saw
記述３	watches	記述４	many
記述５	driver	記述６	playing
記述７	dictionary	記述８	student
記述９	What	記述10	Whose

1〔長文読解─物語─内容一致〕

≪全訳≫❶昔，飛行機がまだあまり大きくもなく頑丈でもなかった頃，乗客は全員荷物を持って体重を量る必要があったので，飛行機は安全に運べる以上の量を運ぶ必要がなかった。それから後，飛行機がより大きくより頑丈になると，荷物の重さだけを量る必要があった。そして今では非常に多くの場合，航空会社にとっては重さよりも大きさが重要なので，荷物は大きさを測る必要がある。現在，飛行機は大変大きくて頑丈なので，ほとんどどんな重さのものでも運ぶことができる。❷しかし，ハワイアン航空で旅行する前に，乗客はいまだに体重を量る必要がある。かつて，ある太った男性が航空会社の係員に体重はどれくらいかを尋ねられたとき，彼は数秒間考えて彼女に言った。❸「服を着たままですか，脱いでですか？」❹「あの，お客様」と彼女は驚いて答えた。「どのように旅行するおつもりですか？」

[1]「昔，乗客は荷物を持って体重を量る必要があった，なぜなら飛行機は」─③「ほとんどどんな重さでも運べるほど十分に頑丈ではなかった」　第１段落第１文参照。　[2]「数年後，飛行機はより大きくより頑丈になったので，」─②「荷物だけ重さが量られた」　第１段落第２文参照。　[3]「現在，荷物は大きさを測られている，なぜなら」─①「飛行機はほとんどどんな重さのものでも運ぶことができるので，大きさの方が重要だからだ」　第１段落第２文参照。　[4]「乗客はハワイアン航空を利用すると，」─①「体重を尋ねられる」　第２段落第１文参照。　[5]「ハワイアン航空の係員が『どのように旅行するおつもりですか？』と言うとき，彼女が意味するのは」─④「『あなたは服を着ずに空の旅をするおつもりですか？』」　第３，４段落参照。

2〔対話文完成─適文選択〕

≪全訳≫❶〈空港で〉❷係員（C）：パスポートを見せてください。❸観光客（T）：[6]はい，どうぞ。❹C：訪問の目的は何ですか？❺T：ごめんなさい，意味がわかりません。❻C：ここへは仕事で来られたのですか？❼T：[7]いいえ，休暇です。❽C：わかりました。以前アメリカを訪れたことはありますか？　アメリカを訪れるのは今回が初めてですか？❾T：ああ，なるほどね。はい，そうです。❿C：[8]どのくらいここに滞在する予定ですか？⓫T：２週間ここにいます。⓬C：わかりました。[9]どこに滞在しますか？ 13 T：ニューヨークのウォーターフロントホテルです。 14 C：わかりました。ありがとうございました，以上です。 15 T：(10)次はどうするのですか？ 16 C：荷物を受け取って，税関を通ってください。 17 T：ありがとうございます。

[6]直前でパスポートを見せるように言われているので，③が適切。　[7]仕事で来たのかと尋ねられているので，それを否定して「休暇で」と伝える内容の①が適切。　on business「仕事で」　on vacation「休暇で」　[8]直後で2週間ここにいると答えているので，滞在期間を尋ねる④が適切。

[9]直後でニューヨークのホテルの名前を答えているので，滞在場所を尋ねる⑤が適切。　[10]直後で旅行客がとるべき行動を説明しているので，どうすればいいかと尋ねる②が適切。

[3]〔適語(句)選択・語形変化〕

[11]「テーブルの上にリンゴが2個ある」　'There is/are ～.'「～がある〔いる〕」の文。空所の直後にある名詞が two apples と複数なので，are が適切。

[12]「昨日ジョンは6時に起きなかった」　文末に過去を表す語の yesterday があるので，過去形が当てはまる。

[13]「私はまだ朝食を食べていない」　直後に過去分詞 eaten があるので，'have/has＋過去分詞' という現在完了の文にする。主語が I なので，haven't が適切。　not ～ yet「まだ～ない」

[14]「木にいる鳥を見なさい」　「木の中にいる鳥」という意味になると考えて，in「～の中に」を用いる。

[15]「急ぎなさい，そうすればあなたは最終バスに乗れる」　'命令文…, and ～' で「…しなさい，そうすれば～」。

[16]「マイクはピアノを弾くのが上手だ」　be good at ～ing で「～するのが上手だ」。

[17]「あなたのかばんは私のより重い」　空所の直後に than があるので比較級の文にする。heavy の比較級は heavier。　heavy－heavier－heaviest

[18]「リンダは耳の大きな犬を飼っている」　空所の直前には名詞 a dog，直後には動詞 has がある。a dog のように人以外のものを先行詞とする主格の関係代名詞には，which を用いる。

[19]「彼女はなんて親切なんだろう」　'How＋形容詞＋主語＋動詞…!' で「なんて～だろう！」。

[20]「ケイコは学校に来ませんでしたよね」　一般動詞の過去の否定文の付加疑問は '主語＋didn't＋一般動詞…, did＋主語を受ける代名詞?' の形になる。

[4]〔書き換え―適語選択〕

[21]「親切な女性が私を助けた」→「私は親切な女性に助けられた」　上の文の目的語 me が，下の文では主語 I になっているので，'be動詞＋過去分詞' という受け身形の文に書き換える。主語が I で過去の文なので，be動詞は was が適切。

[22]「彼は私に銀行への道順を教えてくれた」→「彼は私に銀行への行き方を教えてくれた」　the way to ～ は「～への道順」という意味なので，how to ～「～する方法」を用いて how to get to ～「～への行き方」でほぼ同じ意味を表せる。　get to ～「～に到着する」

[23]「私は友達と踊るのが大好きだ」→「私の大好きなことは友達と踊ることだ」　「～すること」は動名詞(～ing)で表せるので，dancing が適切。

[5]〔整序結合〕

24「～をいかがですか」は Would you like ～？で表せる。「コーヒーを一杯」は「一杯のコーヒー」と読み換えて，like の後に a cup of coffee を置く。 Would you like a cup of coffee？

25 These are pictures「これらは写真です」が文の骨組み。「ケンによって撮られた写真」は pictures の後に受け身の意味を持つ形容詞的用法の過去分詞 taken を置き，その後に by Ken「ケンによって」を続ける。 These are pictures taken by Ken.

26「～したことがあります」は，‘経験’を表す現在完了(‘have/has＋過去分詞’)の文で表す。「～に行ったことがある」は have/has been to ～。twice「２回」は文末に置く。 I have been to Australia twice.

6 〔英問英答―対話文〕

≪全訳≫❶トム(Ｔ)：この新しい企画について君と話したいんだ。❷ジュリー(Ｊ)：今日は時間がないわ，それに私は明日中国へ行く予定よ。❸Ｔ：明日は９月４日だよね？ どれくらいそこに滞在する予定なの？❹Ｊ：６日間よ。❺Ｔ：君が日本に戻ったらすぐに会いたいな。

27「この２人はいつ会って新しい企画について話すつもりか」―③「９月10日」 第３～５段落参照。ジュリーは明日(９月４日)から６日間中国に滞在する予定だと言っているので，10日に日本に戻ってくると考えられる。そして，トムはジュリーが日本に戻ったらすぐに会いたいと言っているので，「９月10日」が適切。

7 〔用法選択〕

28「絵を描くのにあなたは何本鉛筆を持っていますか」 このhave は「持っている，～がある」という意味の動詞。同じ用法，意味の have は①の「あなたには兄弟か姉妹がいますか」。 ②「毎週日曜日はあなたは学校へ行く必要はない」 don’t have to ～「～する必要はない」 ③「私は毎朝朝食を食べる」 「食べる」という意味の動詞。 ④「私は宿題を終えた」 現在完了‘have＋過去分詞’という現在完了の文の have。

8 〔英問英答〕

≪全訳≫あなたは図書館で勉強している。大きな声で話している少年が何人かいる。あなたは彼らに静かにしてほしいと思っている。あなたは何と言うか。

29①「話すのをやめていただけませんか」が適切。 ②は「窓を開けていただけませんか」，③は「そんなに静かにする必要はありません」，④は「もっと大きな声で話していただけませんか」。

9 〔文の強勢〕

30 Ａ：英語はあなたの大好きな科目ですか？／Ｂ：いいえ。私の大好きな科目は数学です。∥大好きな科目は英語かと聞かれて No. と答えているので，自分の本当に大好きな科目を伝えるため，math「数学」を強く発音する。

10 〔文の区切り〕

31「なぜ彼は私に腹を立てているのかあなたは知っていますか」 why 以下が‘疑問詞＋主語＋動詞…’という間接疑問のまとまりになっているので，その前で区切る。

11 〔単語のアクセント〕

32 ① to-mór-row ② stá-di-um ③ éx-er-cise ④ mém-o-ry

33 ① de-lí-cious ② con-dí-tion ③ cóm-pa-ny ④ va-cá-tion

12〔単語の発音〕

㉞ station[ei]　① animal[æ]　② potato[ei]　③ chair[e]　④ bath[æ(:)]

㉟ meat[iː]　① breakfast[e]　② sweater[e]　③ dream[iː]　④ learn[əːr]

【記述問題】

記述１＜語形変化＞「これらは私たちの本で，あれらは彼らのだ」　直後に名詞 books があるので，所有格の our にする。　we－our－us

記述２＜語形変化＞「メアリーは昨日その男性を見た」　文末に過去を表す yesterday があるので，see は過去形の saw にする。　see－saw－seen

記述３＜語形変化＞「タケシは２本の腕時計を持っている」　直前に複数を表す two があるので，複数形の watches にする。

記述４＜書き換え＞「私の母はたくさんのかばんを持っている」　‘a lot of＋複数名詞’「たくさんの～」は，‘many＋複数名詞’ を使ってほぼ同じ意味を表せる。

記述５＜書き換え＞「私の父は慎重に運転する」→「私の父は慎重な運転手だ」　動詞 drive「運転する」を，名詞 driver「運転手」を使ってほぼ同じ意味の文に書き換える。

記述６＜書き換え＞「私はピアノを弾いているその少年を知っている」　上の文の who is playing（主格の関係代名詞 who＋be動詞＋動詞の ing形）は，形容詞的用法の現在分詞 playing を使って書き換えられる。

記述７＜単語の定義＞「ある言語の単語のリストが載っていて，その単語の意味を説明する本」は，dictionary「辞書」。

記述８＜単語の定義＞「学校で勉強する人」は，student「生徒，学生」。

記述９＜適語補充＞A：あなたはどんな種類の音楽が好きですか？／B：私はクラシック音楽が好きです。∥Bが classical music「クラシック音楽」と好きな音楽の種類を答えているので，What kind of ～？「どんな種類の～」が適切。この kind は名詞で「種類」という意味。

記述10＜適語補充＞A：これらは誰のくつですか？／B：彼女のです。∥Bが hers「彼女のもの」と持ち主を答えているので，所有者を尋ねる ‘Whose＋名詞 ～?’「誰の～」が適切。

数学解答

1 i） −6　ii） $\frac{3x+7y}{4}$　iii） $3+\sqrt{2}$

iv） $\frac{3a}{c}$

v） 記述５…３　記述６…−１

vi） 110　vii） 2

2 i） ②　ii） ⑤　iii） ②　iv） ⑤

v） ③

3 i） ②　ii） (7)…④　(8)…⑤　(9)…①

iii） ①　iv） ②

4 i） ②　ii） ④　iii） ③　iv） ⑤

v） ①

5 i） ①　ii） ③　iii） ②　iv） ④

v） ⑤

6 i） ③　ii） ②

iii） (24)…①　(25)…⑤　iv） ④

1 〔独立小問集合題〕

i）＜数の計算＞与式$=9-4\times\frac{15}{4}=9-15=-6$

ii）＜式の計算＞与式$=\frac{5x+y-2(x-3y)}{4}=\frac{5x+y-2x+6y}{4}=\frac{3x+7y}{4}$

iii）＜平方根の計算＞与式$=\frac{6\times\sqrt{2}}{\sqrt{2}\times\sqrt{2}}+(2-2\sqrt{2}+1)=\frac{6\sqrt{2}}{2}+(3-2\sqrt{2})=3\sqrt{2}+3-2\sqrt{2}=3+\sqrt{2}$

iv）＜等式の変形＞左辺と右辺を入れかえて，$\frac{1}{3}bc=a$，両辺を３倍して，$bc=3a$，両辺をcでわって，$b=\frac{3a}{c}$となる。

v）＜連立方程式＞$3x+4y=5$……①，$x=1-2y$……②とする。②を①に代入して，$3(1-2y)+4y=5$，$3-6y+4y=5$，$-2y=2$　$\therefore y=-1$　これを②に代入して，$x=1-2\times(-1)$　$\therefore x=3$

vi）＜図形—角度—円周角と中心角＞右図１のように，半径AOを延長して，円Oとの交点をDとする。$\overset{\frown}{\mathrm{CD}}$に対する円周角と中心角の関係より，$\angle\mathrm{COD}=2\angle\mathrm{OAC}=2\times20^\circ=40^\circ$となるので，$\overset{\frown}{\mathrm{ADC}}$に対する中心角は，$180^\circ+40^\circ=220^\circ$である。よって，同じ弧に対する円周角と中心角の関係より，$\angle x=\frac{1}{2}\times220^\circ=110^\circ$となる。

図１

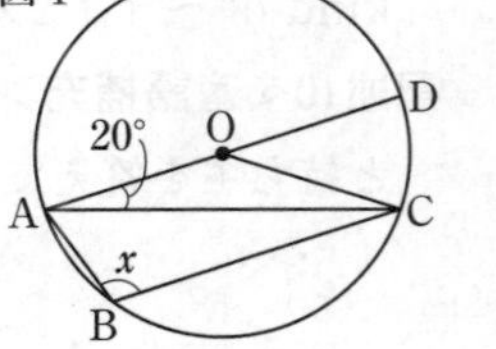

vii）＜図形—長さ—特別な直角三角形＞右図２で，DE∥ACの同位角より，$\angle\mathrm{DEB}=\angle\mathrm{ACB}=90^\circ$となる。$\angle\mathrm{ABC}=30^\circ$だから，△ABC，△DBEはともに３辺の比が$1:2:\sqrt{3}$の直角三角形である。よって，$\mathrm{AB}=2\mathrm{AC}=2\times2.5=5$，$\mathrm{DB}=2\mathrm{DE}=2\times1.5=3$となり，$\mathrm{AD}=\mathrm{AB}-\mathrm{DB}=5-3=2$(cm)である。

図２

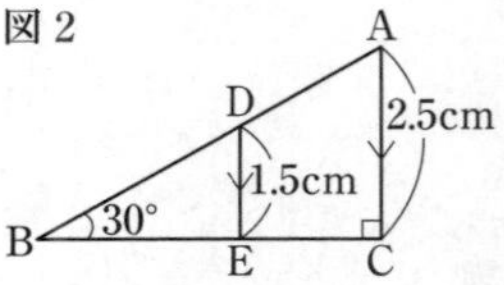

2 〔関数—関数と図形・運動〕

i）＜面積＞右図で，△APQはAP＝AQ＝xの直角二等辺三角形だから，$\triangle\mathrm{APQ}=\frac{1}{2}\times\mathrm{AP}\times\mathrm{AQ}=\frac{1}{2}\times x\times x=\frac{1}{2}x^2$(cm²)と表せる。

ii）＜xの変域＞右図で，点PはAを出発してBまで動くので，$0\leqq\mathrm{AP}\leqq\mathrm{AB}$である。よって，$x$の範囲は$0\leqq x\leqq10$である。

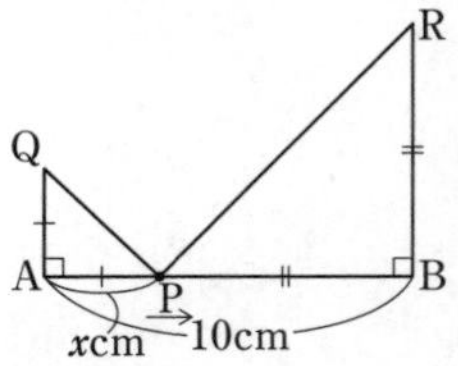

iii)＜関係式＞前ページの図で，$BP=AB-AP=10-x$ より，△BPR は $BP=BR=10-x$ の直角二等辺三角形だから，$\triangle BPR=\frac{1}{2}\times BP\times BR=\frac{1}{2}\times(10-x)\times(10-x)=\frac{1}{2}\times(100-20x+x^2)=\frac{1}{2}x^2-10x+50$ と表せる。i)より，$\triangle APQ=\frac{1}{2}x^2$ だから，$\triangle APQ+\triangle BPR=\frac{1}{2}x^2+\frac{1}{2}x^2-10x+50=x^2-10x+50$ となり，$y=x^2-10x+50$ である。

iv)＜x の値＞iii)より，$y=x^2-10x+50$ だから，$y=26$ のとき，$26=x^2-10x+50$ が成り立つ。これを解くと，$x^2-10x+24=0$，$(x-4)(x-6)=0$ より，$x=4$，6 となり，ともに $0\leqq x\leqq 10$ を満たすので，$x=4$，6 である。

v)＜x の値＞iv)と同様に，$y=30$ のとき，$30=x^2-10x+50$ が成り立つ。これを解くと，$x^2-10x+20=0$ より，$x=\frac{-(-10)\pm\sqrt{(-10)^2-4\times1\times20}}{2\times1}=\frac{10\pm\sqrt{20}}{2}=\frac{10\pm2\sqrt{5}}{2}=5\pm\sqrt{5}$ となり，ともに $0\leqq x\leqq 10$ を満たすので，$x=5\pm\sqrt{5}$ である。

3 〔関数―一次関数〕

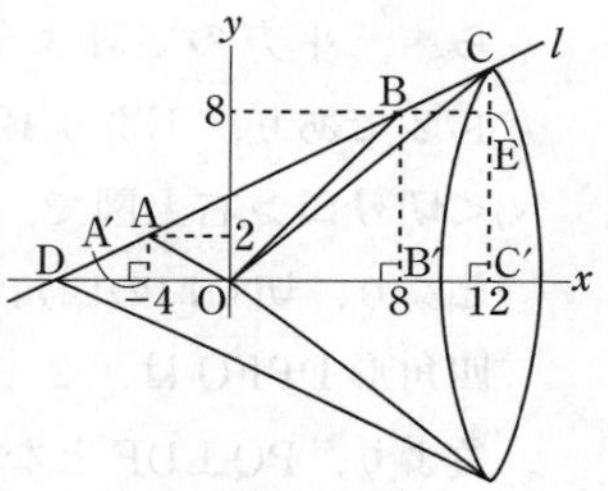

i)＜直線の式＞右図で，A$(-4,\ 2)$，B$(8,\ 8)$ より，直線 l の傾きは $\frac{8-2}{8-(-4)}=\frac{6}{12}=\frac{1}{2}$ となるので，その式は $y=\frac{1}{2}x+b$ とおける。A$(-4,\ 2)$を通ることより，$x=-4$，$y=2$ を代入して，$2=\frac{1}{2}\times(-4)+b$，$2=-2+b$，$b=4$ となる。よって，直線 l の式は $y=\frac{1}{2}x+4$ である。

ii)＜長さ，長さの比―三平方の定理＞右上図で，点Cは直線 $y=\frac{1}{2}x+4$ 上にあり，x 座標が12だから，$y=\frac{1}{2}\times12+4=10$ より，C$(12,\ 10)$である。点Bを通り x 軸に平行な直線と，点Cを通り y 軸に平行な直線の交点をEとすると，B$(8,\ 8)$だから，$BE=12-8=4$，$CE=10-8=2$ となる。よって，△BEC で三平方の定理より，$BC=\sqrt{BE^2+CE^2}=\sqrt{4^2+2^2}=\sqrt{20}=2\sqrt{5}$ である。次に，3点A，B，Cから x 軸にそれぞれ垂線 AA′，BB′，CC′ を引く。AA′∥BB′∥CC′ だから，AB：BC=A′B′：B′C′ となる。3点A，B，Cの x 座標がそれぞれ−4，8，12 より，$A'B'=8-(-4)=12$，$B'C'=12-8=4$ だから，AB：BC=A′B′：B′C′=12：4=3：1 である。

iii)＜面積比＞右上図で，点Dは直線 $y=\frac{1}{2}x+4$ と x 軸の交点だから，$y=0$ を代入して，$0=\frac{1}{2}x+4$，$-\frac{1}{2}x=4$，$x=-8$ より，D$(-8,\ 0)$である。△ADO と△BOC は，辺 DA，辺 BC が直線 l 上にあり，頂点Oは共通なので，辺 DA，辺 BC を底辺と見ると，2つの三角形の高さは等しくなる。よって，△ADO：△BOC=DA：BC となる。AA′∥BB′∥CC′ より，DA：BC=DA′：B′C′=$\{(-4)-(-8)\}$：4=4：4=1：1 となるから，△ADO：△BOC=1：1 である。

iv)＜体積―回転体＞右上図で，△CDO を x 軸を軸として1回転させてできる立体は，底面の半径を CC′，高さを DC′ とする円錐から，底面の半径を CC′，高さを OC′ とする円錐を取り除いた立体である。$CC'=10$，$DC'=12-(-8)=20$，$OC'=12$ だから，求める体積は，$\frac{1}{3}\times\pi\times10^2\times20-\frac{1}{3}\times\pi$

$\times 10^2 \times 12 = \frac{800}{3}\pi$ である。

4〔空間図形―立方体〕

i)＜長さ＞立方体の体積が64cm^3だから，$64 = 4^3$ より，立方体の１辺の長さは4cmである。

ii)＜長さ―三平方の定理＞右図で，$\angle PEF = 90^\circ$ だから，$\triangle PEF$ で三平方の定理より，$PF = \sqrt{PE^2 + EF^2}$ である。i)より，$AE = EF = 4$ だから，$PE = \frac{1}{2}AE = \frac{1}{2} \times 4 = 2$ となり，$PF = \sqrt{2^2 + 4^2} = \sqrt{20} = 2\sqrt{5}$(cm)となる。

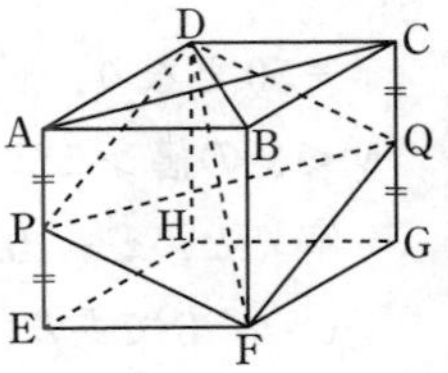

iii)＜長さ―特別な直角三角形＞右図で，２点A，Cを結ぶと，２点P，Qが辺AE，辺CGの中点より，四角形APQCは長方形となる。よって，$PQ = AC$ である。$\triangle ABC$ は直角二等辺三角形だから，３辺の比が$1 : 1 : \sqrt{2}$ より，$AC = \sqrt{2}AB = \sqrt{2} \times 4 = 4\sqrt{2}$ となる。よって，$PQ = 4\sqrt{2}$(cm)である。

iv)＜長さ―三平方の定理＞右上図で，２点D，Bを結ぶと，$\triangle BDF$ は$\angle DBF = 90^\circ$ の直角三角形だから，三平方の定理より，$DF = \sqrt{BD^2 + BF^2}$ である。四角形ABCDは正方形だから，$BD = AC = 4\sqrt{2}$ であり，i)より$BF = 4$ だから，$DF = \sqrt{(4\sqrt{2})^2 + 4^2} = \sqrt{48} = 4\sqrt{3}$(cm)である。

v)＜切り口＞右上図で，$\triangle PAD$，$\triangle PEF$，$\triangle QCD$，$\triangle QGF$ は合同となるから，$PD = PF = QD = QF$ となり，切り口の四角形DPFQはひし形である。また，iii)，iv)より，$PQ = 4\sqrt{2}$，$DF = 4\sqrt{3}$ だから，四角形DPFQは，２本の対角線PQ，DFの長さが異なり，正方形ではない。よって，ひし形の性質より，$PQ \perp DF$ となる。

5〔確率―白玉・赤玉・青玉〕

i)＜確率＞２個の白玉を白$_1$，白$_2$とする。１回目は４個の中から１個取り出すので４通りの取り出し方があり，そのそれぞれに対し，２回目は残りの３個の中から１個取り出すので３通り，３回目は残り２個の中から１個取り出すので２通りの取り出し方がある。よって，３回繰り返したときの玉の取り出し方は全部で，$4 \times 3 \times 2 = 24$(通り)ある。このうち，左から白玉，赤玉，青玉の順に並ぶのは，白$_1$→赤→青，白$_2$→赤→青の順に取り出す２通りだから，求める確率は$\frac{2}{24} = \frac{1}{12}$ である。

ii)＜確率＞24通りの取り出し方のうち，赤玉と青玉が隣り合って並ぶのは，白$_1$→赤→青，白$_1$→青→赤，白$_2$→赤→青，白$_2$→青→赤，赤→青→白$_1$，青→赤→白$_1$，赤→青→白$_2$，青→赤→白$_2$の順に取り出す８通りある。よって，求める確率は$\frac{8}{24} = \frac{1}{3}$ である。

iii)＜確率＞24通りの取り出し方のうち，真ん中に赤玉が並ぶのは，白$_1$→赤→白$_2$，白$_2$→赤→白$_1$，白$_1$→赤→青，青→赤→白$_1$，白$_2$→赤→青，青→赤→白$_2$の順に取り出す６通りある。よって，求める確率は$\frac{6}{24} = \frac{1}{4}$ である。

iv)＜確率＞24通りの取り出し方のうち，並べた１列に全ての色が使われるのは，白$_1$と赤と青を取り出すときか，白$_2$と赤と青を取り出すときである。白$_1$と赤と青を取り出すときは，白$_1$→赤→青，白$_1$→青→赤，赤→白$_1$→青，赤→青→白$_1$，青→白$_1$→赤，青→赤→白$_1$の６通りある。白$_2$と赤と青を取り出すときも同様に６通りある。よって，並べた１列に全ての色が使われる取り出し方は$6 + 6 = 12$(通り)だから，求める確率は$\frac{12}{24} = \frac{1}{2}$ である。

v)＜確率＞24通りの取り出し方のうち，並べた１列にちょうど２色が使われるのは，白$_1$と白$_2$と赤を取り出すときか，白$_1$と白$_2$と青を取り出すときである。iv)と同様にして，それぞれ６通りだから，並べた１列にちょうど２色が使われる取り出し方は $6+6=12$(通り)となり，求める確率は $\frac{12}{24}=\frac{1}{2}$ である。

≪別解≫１列に並べた玉の色は，全ての色が使われるか，ちょうど２色が使われるかのどちらかである。iv)より，24通りの取り出し方のうち，全ての色が使われる場合は12通りだから，ちょうど２色が使われる場合は $24-12=12$(通り)である。よって，求める確率は $\frac{12}{24}=\frac{1}{2}$ となる。

6 〔特殊・新傾向問題─規則性〕

図１

i)＜数の和＞第７列が真ん中にくるように抜き出すと，右図１のようになる。よって，求める数の和は，$12+13+14+15+16=70$ である。

ii)＜第２行の数＞第２行の数は，第１列から順に２，４，６，８，10，……と偶数が小さい順に並んでいる。よって，第 n 列の第２行の数は $2n$ となる。

図２

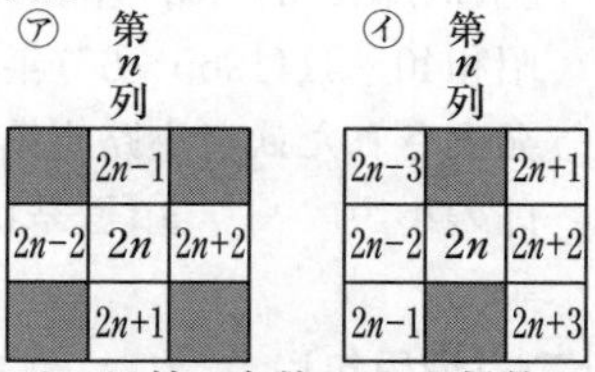

nが１以外の奇数　　nが偶数

iii)＜数の和＞ ii)より，第 n 列の第２行の数は $2n$ だから，第 n 列が真ん中にくるように抜き出すと，n が１以外の奇数のとき右図２の㋐のようになり，n が偶数のとき㋑のようになる。n が１以外の奇数のとき，数の和は，$(2n-2)+(2n-1)+2n+(2n+1)+(2n+2)=10n$ と表せる。n が偶数のとき，数の和は，$(2n-3)+(2n-2)+(2n-1)+2n+(2n+1)+(2n+2)+(2n+3)=14n$ と表せる。

iv)＜列の番号＞抜き出した全ての数の和が1400だから，iii)より，n が１以外の奇数のとき，$10n=1400$……(ｱ)が成り立ち，n が偶数のとき，$14n=1400$……(ｲ)が成り立つ。(ｱ)を解くと，$n=140$ となり，奇数ではないので，適さない。(ｲ)を解くと，$n=100$ となり，偶数なので，適する。よって，真ん中の列は，第100列である。

国語解答

【記号問題】

一　1 3　2 1　3 5　4 2
5 3

二　6 4　7 2

三　8 5　9 2

四　10 1　11 4

五　1

六　4

七　3

八　5

九　16 2　17 4　18 5　19 1
20 4　21 5　22 2　23 4
24 3　25 5　26 1　27 2
28 3　29 4　30 2

【記述問題】

一　31 けいだい　32 けいしょう
33 じょうざい　34 えつらん
35 さと

二　36 満足　37 街頭　38 湯冷
39 救急　40 快

【記号問題】

一〔文学史〕

1『次郎物語』は，昭和16～29(1941～54)年に刊行された下村湖人の未完の小説。　2『黒い雨』は，昭和40～41(1965～66)年にかけて発表された井伏鱒二の小説。　3『友情』は，大正8(1919)年に発表された武者小路実篤の小説。　4『生れ出づる悩み』は，大正7(1918)年に発表された有島武郎の小説。　5『吾輩は猫である』は，明治38～39(1905～06)年にかけて発表された夏目漱石の小説。

二〔慣用句〕

6「目がない」は，非常に好きである，という意味。　7「悦に入る」は，物事がうまくいって満足して喜ぶ，という意味。

三〔語句〕

8「親切」は，思いやりが深く人のために尽くすこと。「厚意」は，優しい思いやりのある心のこと。
9「同意」も「賛成」も，考えや意見に対して自分も同じ気持ちであると示すこと。

四〔語句〕

10「総合」は，別々のものを一つに合わせてまとめ上げること。「分析」は，性質などを明確にするために物事をいくつかの要素に分けていくこと。　11「特殊」は，性質や内容が他と違って特別であること。「一般」は，広く全体に共通して認められていること。

五〔品詞〕

終止形は「忘れる」。活用は，「忘れ(未然形)／忘れ(連用形)／忘れる(終止形)／忘れる(連体形)／忘れれ(仮定形)／忘れろ・忘れよ(命令形)」となる。

六〔四字熟語〕

「五里霧中」，「意味深長」，「粉骨砕身」，「言語道断」が正しい。

七〔敬語・文学史・品詞・漢文の訓読〕

1．尊敬語は，動作主に対して敬意を表す表現で，「お～になる」などの形を用いる。「お～する」は謙譲表現。　2．『平家物語』は，平家の興亡が記された軍記物語で，鎌倉時代に成立した。光源氏は，『源氏物語』の主人公。　3．自立語の中で活用のある動詞と形容詞と形容動詞を用言といい，主語となる名詞と代名詞を体言という。　4．漢文で，返り点や送り仮名を施していないものは白文という。　5．一般に三大歌集といえば『万葉集』『古今和歌集』『新古今和歌集』を指す。

八〔故事成語・ことわざ・慣用句〕

1.「五十歩百歩」は，少しの違いはあるものの大差はない，という意味。　2.「背に腹はかえられぬ」は，大切なことのためには少しの犠牲はやむを得ない，という意味。　3.「舌を巻く」は，あまりにも優れているために感心して驚く，という意味。　4.「二の句がつげない」は，あきれてしまって次に言うべき言葉が出ない，という意味。　5.「情けは人のためならず」は，人に施した親切はやがては良い報いとなって自分に戻ってくる，という意味。

九〔論説文の読解―文化人類学的分野―日本人〕出典；中西進『日本人とは何か』。

≪本文の概要≫丸山真男氏は，積極的に自分の意見を言わないし引っ込み思案なところがある日本人の性格について，それは，昔からのものだと指摘している。丸山氏は，日本の神話が動詞の「なる」を基本としていることに着目し，積極的で能動的な意志がはたらいている「つくる」ではなく，自然界の霊力以外に何の意志も存在しないとする「なる」という動詞が，日本人の姿を象徴していると主張しているのである。しかし，神話において神さえもつくり出す自然のはたらきには，創造的なエネルギーや高い生産性があるとみる考え方もある。そのような積極的なものとして，古代日本人は，自然を考えたのであり，老荘思想の「無為自然」も，自然の持つ高い生産性を解放することが美徳であると説いている。このような考え方の背景には，人間の意志を超えたところに，人間より偉大な意志があるという思想がある。だから，「なる」の精神は，消極的だなどと非難されるべきものではないのであり，私たちは，日本人本来の英知に学んで，自然と一体になった人間の努力というものを考えるべきなのである。

⑯～⑲**＜接続語＞**⑯ヨーロッパ人やアメリカ人と比べて，日本人は「消極的」であり，「受け身的」であるといえるが，「欧米人」とだけ比べてそのようなことがいえるのではなく，「他のアジア人」と比べても，日本人は「積極的に自分の意見をいわないし，引っ込み思案なところ」がある。

⑰ユダヤ教やキリスト教では「人格的創造者である神が宇宙をつくった」と考えるので，「ユダヤ系の神話の根底にある基本の動詞」は「つくる」である。　⑱日本の神話の根底にある「なる」は，積極的，能動的な「つくる」と違い，「意志は働いていない」し「消極的」であるうえに，日本の神話は，「神が自然をつくるどころか，自然界の霊力によって神さまが出現」するのである。

⑲「無為自然」という思想は，本来は「自然の働きを抑制したり，歪めたり」しないで，どちらかといえば，「自然が持つ高い生産性を解放して，自然のなすがままにしておくことが最高の美徳である」という考え方である。

⑳**＜文章内容＞**「日本人は消極的なのだ」と主張する丸山氏は，「柿の実がなる」ことについて，「自然それ自体に非常に高い生産性がある」と考えるのではなく，「自然の気ままな働きの結果」だとする立場だった。そのため，「自然になる」ことを，「消極的，受け身的でしかない」と指摘したのである。

㉑**＜文章内容＞**自然には創造性や生産性があるとする，日本人の考え方や老荘思想の背景には，「人間の意志を超えたところに，人間よりもっと偉大な，もっと超越的な意志があるという思想」がある。だから，偉大な自然の前では，人間はおのずと「謙虚になってくる」のである。

㉒**＜文章内容＞**丸山氏は，日本の神話が「なる」を基本とする系統の神話に属していることに着目し，「なる」という動詞は，「自然になる」のだから「意志は働いていない」のであり，「消極的である」と主張した。そして，昔から日本人は，「なる」を基本としてきたので，「能動的に，意志的に行動する」のではなく，「自然の流れに身を任せてきた」と考えたのである。

㉓**＜指示語＞**「私」も，丸山氏が指摘しているように，日本の神話の基本動詞が「なる」であり，日本の神話が，「世界に内在する神秘的な霊の力によって宇宙が出現した」と考えられている系統の

神話に属するものであると考えている。

24＜**文章内容**＞丸山氏は,「なる」という動詞を基本とする日本の神話は「自然界の霊力によって神さまが出現」したとするものであるから，そこには自然界の「霊力」以外に「何者の意志も存在しない」と考えた。そして丸山氏は，この神話のあり方から，日本人は古来より,「なる」を基本としてきたので，自分の意志を表さず，消極的になったのだという考えを導いたのである。

25＜**指示語**＞人工衛星を火星まで飛ばすことができる人間も,「柿の実をつくることはまったく不可能」であるが，自然は「柿の実をつくること」ができるのである。

26＜**指示語**＞「自然の働き」にこそ「創造的なエネルギー」や「非常に高い生産性」があるとし，自然を積極的なものととらえる日本人の考え方と同じように,「中国の老荘思想」における「無為自然」も,「自然が持つ高い生産性を解放して，自然のなすがままにしておくことが最高の美徳である」という考え方である。

27＜**文章内容**＞現代では，自然に「なる」ことを消極的だと考えるが，古来より日本人は，自然のはたらきに，創造的なエネルギーや高い生産性という積極的な,「人間よりもっと偉大な，もっと超越的な意志」を見ていた。

28＜**指示語**＞「柿の実がなる」のも「自然が努力して実らせた」と考えることができるし,「努力して外交官になる」という表現からもわかるように,「なる」には，積極的な意味がある。だから,「なる」の精神を消極的なものと考えるのではなく，そこに自然の持つ「自然な成熟の中につくられてゆく生産性」を意識し,「自然な時間の流れ」や「状態のリズム」を考えながら，じっくりと物事を解決していくような積極性を持って，日本人は，世界に臨むべきなのである。

29＜**要旨**＞「無為自然」は,「何もしないことが最高の美徳だという考え」であるが,「怠けるのがいいことだ」ということではない。それは，人為によって「自然の働きを抑制したり，歪めたり」しない，つまり,「自然が持つ高い生産性を解放して，自然のなすがままにしておくことが最高の美徳である」という考え方である。

30＜**主題**＞日本人が消極的であるといわれているのは，日本の神話の根底にある「なる」に由来しているという指摘もあるが,「なる」の精神は,「自然の気ままな働き」を表すものではなく,「自然の働きにこそ創造的なエネルギー」や「非常に高い生産性」があることを示すものである。だから,「なる」の精神は，消極的だと非難されるべきものではなく，今こそ日本人は,「なる」の精神を見直し,「自然と一体になった人間の努力」というものを考え，積極的に世界に臨むべきなのである。

【記述問題】

一〔**漢字**〕

31「境内」は，神社や寺院の敷地の中のこと。　32「継承」は，身分や権利や財産などを受け継ぐこと。　33「錠剤」は，一定の形に圧縮して服用しやすくした薬剤。　34「閲覧」は，図書などを読んだり調べたりすること。　35音読みは「説諭」などの「ユ」。

二〔**漢字**〕

36「満足」は，心が満ち足りていること。　37「街頭」は，市街地の道路や広場。　38「湯冷まし」は，湯を冷ましたもの。　39「救急」は，けが人や病人に応急の手当てを施すこと。　40音読みは「快適」などの「カイ」。

Memo

Memo

2025年度用

高校スーパー過去問

■編集人　声の教育社・編集部

■発行所　株式会社　声の教育社

〒162-0814 東京都新宿区新小川町8-15

☎03-5261-5061㈹ FAX03-5261-5062

https://www.koenokyoikusha.co.jp

京華商業高等学校

別冊 解答用紙

丁寧に抜きとって、別冊としてご使用ください。

★合格者最低点

2024年度	2023年度	2022年度	2021年度	2020年度
男 140 女 144	男 132 女 143	男 131 女 135	男 122 女 125	男 135 女 132

★合格者平均点

年度	英語	数学	国語
2024	59.7	65.1	52.3
2023	58.2	53.4	54.2

解けると
春が来るんだね。

注意

○ 解答用紙は、収録の都合により縮小したものや、小社独自に作成したものもあります。
○ 学校配点は学校発表のもの、推定配点は小社で作成したものです。
○ 無断転載を禁じます。
○ 解答用紙を拡大コピーする場合、表示した拡大率に対応する用紙サイズは以下のとおりです。
101%～102%＝B5　103%～118%＝A4　119%～144%＝B4　145%～167%＝A3
（タイトルと配点表は含みません）

２０２４年度　京華商業高等学校

英語解答用紙

評点	／100

受験番号	フリガナ	
	氏名	

受験番号					フリガナ	
					氏名	

設問	解答番号	設問	解答番号	設問	解答番号
1		21		41	
2		22		42	
3		23		43	
4		24		44	
5		25		45	
6		26		46	
7		27		47	
8		28		48	
9		29		49	
10		30		50	
11		31			
12		32			
13		33			
14		34			
15		35			
16		36			
17		37			
18		38			
19		39			
20		40			

［解答用紙マークシートの記入上の注意］

1. 解答用紙は、1枚です。
2. 記入は黒色の鉛筆又はシャープペンシルを使用して下さい。
3. 訂正するときは、消し残りがないように、きれいに消して下さい。
4. 解答用紙は折り曲げたり、汚したりしないでください。
5. 提出するときは、消しくずをきれいにとってください。
6. 解答番号の記入例（＊所定の欄に正しく記入すること）
7. 数字のみ記入。①は1、②は2、③は3、④は4、⑤は5

0	1	2	3	4
5	6	7	8	9

（注）この解答用紙は実物を縮小してあります。Ｂ４用紙に125％拡大コピーすると、ほぼ実物大で使用できます。（タイトルと配点表は含みません）

推定配点		計
	1～17　各２点×50	100点

２０２４年度　京華商業高等学校

数学解答用紙

評点	／100

受験番号	フリガナ	
	氏名	

受験番号					フリガナ	
					氏名	

設問	解答番号	設問	解答番号	設問	解答番号
1		21		41	
2		22		42	
3		23		43	
4		24		44	
5		25		45	
6		26		46	
7		27		47	
8		28		48	
9		29		49	
10		30		50	
11		31			
12		32			
13		33			
14		34			
15		35			
16		36			
17		37			
18		38			
19		39			
20		40			

［解答用紙マークシートの記入上の注意］

1. 解答用紙は、1枚です。
2. 記入は黒色の鉛筆又はシャープペンシルを使用して下さい。
3. 訂正するときは、消し残りがないように、きれいに消して下さい。
4. 解答用紙は折り曲げたり、汚したりしないでください。
5. 提出するときは、消しくずをきれいにとってください。
6. 解答番号の記入例（＊所定の欄に正しく記入すること）
7. 数字のみ記入。①は1、②は2、③は3、④は4、⑤は5

0	1	2	3	4
5	6	7	8	9

（注）この解答用紙は実物を縮小してあります。Ｂ４用紙に125％拡大コピーすると、ほぼ実物大で使用できます。（タイトルと配点表は含みません）

推定配点		計
	1　各３点×６〔iii）は完答〕 2　i）〜iii）　各３点×７　iv）　４点 3〜6　各３点×19	100点

二〇二四年度　京華商業高等学校

国語解答用紙

評点	／100

受験番号	

フリガナ	
氏名	

受験番号				

フリガナ	
氏名	

設問	解答番号
1	
2	
3	
4	
5	
6	
7	
8	
9	
10	
11	
12	
13	
14	
15	
16	
17	
18	
19	
20	

設問	解答番号
21	
22	
23	
24	
25	
26	
27	
28	
29	
30	
31	
32	
33	
34	
35	
36	
37	
38	
39	
40	

設問	解答番号
41	
42	
43	
44	
45	
46	
47	
48	
49	
50	

[解答用紙マークシートの記入上の注意]

1. 解答用紙は、1枚です。
2. 記入は黒色の鉛筆又はシャープペンシルを使用して下さい。
3. 訂正するときは、消し残りがないように、きれいに消して下さい。
4. 解答用紙は折り曲げたり、汚したりしないでください。
5. 提出するときは、消しくずをきれいにとってください。
6. 解答番号の記入例(＊所定の欄に正しく記入すること)
7. 数字のみ記入。①は1、②は2、③は3、④は4、⑤は5

0	1	2	3	4
5	6	7	8	9

(注) この解答用紙は実物を縮小してあります。Ｂ４用紙に125%拡大コピーすると、ほぼ実物大で使用できます。(タイトルと配点表は含みません)

推定配点		計
	一～十　各２点×25 十一　26～28　各２点×３　29～31　各３点×３ 32～39　各４点×８　40　３点	100点

２０２３年度　京華商業高等学校

英語解答用紙　No.1

評点	／100

受験番号

フリガナ	
氏名	

受験番号				

フリガナ	
氏名	

設問	解答番号	設問	解答番号	設問	解答番号
1		21		41	
2		22		42	
3		23		43	
4		24		44	
5		25		45	
6		26		46	
7		27		47	
8		28		48	
9		29		49	
10		30		50	
11		31			
12		32			
13		33			
14		34			
15		35			
16		36			
17		37			
18		38			
19		39			
20		40			

［解答用紙マークシートの記入上の注意］

1. 解答用紙は、1枚です。
2. 記入は黒色の鉛筆又はシャープペンシルを使用して下さい。
3. 訂正するときは、消し残りがないように、きれいに消して下さい。
4. 解答用紙は折り曲げたり、汚したりしないでください。
5. 提出するときは、消しくずをきれいにとってください。
6. 解答番号の記入例（＊所定の欄に正しく記入すること）
7. 数字のみ記入。①は1、②は2、③は3、④は4、⑤は5

0	1	2	3	4
5	6	7	8	9

（注）この解答用紙は実物を縮小してあります。Ｂ４用紙に125％拡大コピーすると、ほぼ実物大で使用できます。（タイトルと配点表は含みません）

推定配点		計
	1, 2　各３点×10　3～12　各２点×25　【記述問題】　各２点×10	100点

2023年度　京華商業高等学校

英語解答用紙　No.2

受験番号	フリガナ	
	氏名	

記述 1	
記述 2	
記述 3	
記述 4	
記述 5	
記述 6	
記述 7	in
記述 8	w
記述 9	
記述 10	

（注）この解答用紙は実物大です。

２０２３年度　　京華商業高等学校

数学解答用紙　No.１

評点	／100

受験番号	フリガナ	
	氏　名	

(記述1)	
(記述2)	
(記述3)	$x=$
(記述4)	$y=$
(記述5)	$\angle x=$　　度
(記述6)	$\angle y=$　　度
(記述7)	％
(記述8)	m

以下余白

(注) この解答用紙は実物を縮小してあります。Ａ４用紙に115％拡大コピーすると、ほぼ実物大で使用できます。(タイトルと配点表は含みません)

２０２３年度　　京華商業高等学校

数学解答用紙　No. 2

受験番号	フリガナ	
	氏名	

受験番号					フリガナ	
					氏名	

設問	解答番号
1	
2	
3	
4	
5	
6	
7	
8	
9	
10	
11	
12	
13	
14	
15	
16	
17	
18	
19	
20	

設問	解答番号
21	
22	
23	
24	
25	
26	
27	
28	
29	
30	
31	
32	
33	
34	
35	
36	
37	
38	
39	
40	

設問	解答番号
41	
42	
43	
44	
45	
46	
47	
48	
49	
50	

［解答用紙マークシートの記入上の注意］

1. 解答用紙は、1枚です。
2. 記入は黒色の鉛筆又はシャープペンシルを使用して下さい。
3. 訂正するときは、消し残りがないように、きれいに消して下さい。
4. 解答用紙は折り曲げたり、汚したりしないでください。
5. 提出するときは、消しくずをきれいにとってください。
6. 解答番号の記入例（＊所定の欄に正しく記入すること）
7. 数字のみ記入。①は1、②は2、③は3、④は4、⑤は5

0	1	2	3	4
5	6	7	8	9

（注）この解答用紙は実物を縮小してあります。Ｂ４用紙に125％拡大コピーすると、ほぼ実物大で使用できます。（タイトルと配点表は含みません）

推定配点		計
	1　i）～iv）　各３点×５〔iii）は完答〕　v）　各２点×２ 2～6　各３点×27〔5 i），ii）はそれぞれ完答〕	100点

二〇二三年度　京華商業高等学校

国語解答用紙　No.1

評点	／100

受験番号

フリガナ	
氏名	

受験番号				

フリガナ	
氏名	

設問	解答番号	設問	解答番号	設問	解答番号
1		21		41	
2		22		42	
3		23		43	
4		24		44	
5		25		45	
6		26		46	
7		27		47	
8		28		48	
9		29		49	
10		30		50	
11		31			
12		32			
13		33			
14		34			
15		35			
16		36			
17		37			
18		38			
19		39			
20		40			

［解答用紙マークシートの記入上の注意］

1. 解答用紙は、1枚です。
2. 記入は黒色の鉛筆又はシャープペンシルを使用して下さい。
3. 訂正するときは、消し残りがないように、きれいに消して下さい。
4. 解答用紙は折り曲げたり、汚したりしないでください。
5. 提出するときは、消しくずをきれいにとってください。
6. 解答番号の記入例（＊所定の欄に正しく記入すること）
7. 数字のみ記入。

0	1	2	3	4
5	6	7	8	9

（注）この解答用紙は実物を縮小してあります。Ｂ４用紙に125％拡大コピーすると、ほぼ実物大で使用できます。（タイトルと配点表は含みません）

推定配点		計
	一〜八　各２点×15 九　16〜19　各２点×４　20〜29　各４点×10　30　２点 【記述問題】　各２点×10	100点

二〇二三年度　京華商業高等学校

国語解答用紙　No.２

一

31

32

33

二

34

（たり）

35

（みた）

36

37

38

39

（かれた）

40

（く）

受験番号

氏名　フリガナ

（注）この解答用紙は実物を縮小してあります。Ｂ４用紙に123％拡大コピーすると、ほぼ実物大で使用できます。（タイトルと配点表は含みません）

２０２２年度　京華商業高等学校

英語解答用紙　No.1

受験番号

フリガナ	
氏名	

受験番号				

フリガナ	
氏名	

設問	解答番号
1	
2	
3	
4	
5	
6	
7	
8	
9	
10	
11	
12	
13	
14	
15	
16	
17	
18	
19	
20	

設問	解答番号
21	
22	
23	
24	
25	
26	
27	
28	
29	
30	
31	
32	
33	
34	
35	
36	
37	
38	
39	
40	

設問	解答番号
41	
42	
43	
44	
45	
46	
47	
48	
49	
50	

［解答用紙マークシートの記入上の注意］

1. 解答用紙は、1枚です。
2. 記入は黒色の鉛筆又はシャープペンシルを使用して下さい。
3. 訂正するときは、消し残りがないように、きれいに消して下さい。
4. 解答用紙は折り曲げたり、汚したりしないでください。
5. 提出するときは、消しくずをきれいにとってください。
6. 解答番号の記入例（＊所定の欄に正しく記入すること）
7. 数字のみ記入。①は1、②は2、③は3、④は4、⑤は5

0	1	2	3	4
5	6	7	8	9

（注）この解答用紙は実物を縮小してあります。Ｂ４用紙に125％拡大コピーすると、ほぼ実物大で使用できます。（タイトルと配点表は含みません）

推定配点		計
	[1], [2]　各３点×10　　[3]〜[12]　各２点×25　　【記述問題】　各２点×10	100点

２０２２年度　京華商業高等学校

英語解答用紙　No. 2

評点	／100

受験番号	フリガナ	
	氏名	

記述 1	
記述 2	
記述 3	
記述 4	
記述 5	
記述 6	
記述 7	
記述 8	
記述 9	
記述 10	

（注）この解答用紙は実物を縮小してあります。Ａ４用紙に112%拡大コピーすると、ほぼ実物大で使用できます。（タイトルと配点表は含みません）

２０２２年度　　京華商業高等学校

数学解答用紙　No.１

評点	／100

受験番号	フリガナ	
	氏　名	

(記述１)	
(記述２)	
(記述３)	
(記述４)	$b=$
(記述５)	$x=$
(記述６)	
(記述７)	$\angle x=$　　　度
(記述８)	$\angle y=$　　　度

以下余白

(注) この解答用紙は実物を縮小してあります。Ａ４用紙に116％拡大コピーすると、ほぼ実物大で使用できます。(タイトルと配点表は含みません)

２０２２年度　　京華商業高等学校

数学解答用紙　No.２

受験番号

フリガナ	
氏名	

受験番号				

フリガナ	
氏名	

設問	解答番号
1	
2	
3	
4	
5	
6	
7	
8	
9	
10	
11	
12	
13	
14	
15	
16	
17	
18	
19	
20	

設問	解答番号
21	
22	
23	
24	
25	
26	
27	
28	
29	
30	
31	
32	
33	
34	
35	
36	
37	
38	
39	
40	

設問	解答番号
41	
42	
43	
44	
45	
46	
47	
48	
49	
50	

［解答用紙マークシートの記入上の注意］

1. 解答用紙は、1枚です。
2. 記入は黒色の鉛筆又はシャープペンシルを使用して下さい。
3. 訂正するときは、消し残りがないように、きれいに消して下さい。
4. 解答用紙は折り曲げたり、汚したりしないでください。
5. 提出するときは、消しくずをきれいにとってください。
6. 解答番号の記入例（＊所定の欄に正しく記入すること）
7. 数字のみ記入。①は1、②は2、③は3、④は4、⑤は5

0	1	2	3	4
5	6	7	8	9

（注）この解答用紙は実物を縮小してあります。Ｂ４用紙に125％拡大コピーすると、ほぼ実物大で使用できます。（タイトルと配点表は含みません）

推定配点	1　各３点×８ 2　ⅰ）　各３点×２　ⅱ）　⑶　３点　⑷　２点　ⅲ）　各３点×３ 3～5　各３点×13 6　ⅰ）　各３点×２　ⅱ）　㉓　３点　㉔　２点　ⅲ）　各３点×２	計 100点

二〇二二年度　京華商業高等学校

国語解答用紙　No.1

評点	／100

受験番号

フリガナ	
氏名	

受験番号				

フリガナ	
氏名	

設問	解答番号
1	
2	
3	
4	
5	
6	
7	
8	
9	
10	
11	
12	
13	
14	
15	
16	
17	
18	
19	
20	

設問	解答番号
21	
22	
23	
24	
25	
26	
27	
28	
29	
30	
31	
32	
33	
34	
35	
36	
37	
38	
39	
40	

設問	解答番号
41	
42	
43	
44	
45	
46	
47	
48	
49	
50	

[解答用紙マークシートの記入上の注意]

1. 解答用紙は、1枚です。
2. 記入は黒色の鉛筆又はシャープペンシルを使用して下さい。
3. 訂正するときは、消し残りがないように、きれいに消して下さい。
4. 解答用紙は折り曲げたり、汚したりしないでください。
5. 提出するときは、消しくずをきれいにとってください。
6. 解答番号の記入例（＊所定の欄に正しく記入すること）
7. 数字のみ記入。

0	1	2	3	4
5	6	7	8	9

（注）この解答用紙は実物を縮小してあります。Ｂ４用紙に125％拡大コピーすると、ほぼ実物大で使用できます。（タイトルと配点表は含みません）

推定配点		計
	一〜八　各２点×15 九　16〜19　各２点×４　20〜29　各４点×10　30　２点 【記述問題】　各２点×10	100点

二〇二二年度　京華商業高等学校

国語解答用紙　No. 2

一

31

32

33

二

34

（く）

35

36

37

38

39

（ける）

40

（ばそう）

（注）この解答用紙は実物を縮小してあります。B４用紙に123％拡大コピーすると、ほぼ実物大で使用できます。（タイトルと配点表は含みません）

受験番号

氏名	フリガナ

２０２１年度　京華商業高等学校

英語解答用紙　No.１

受験番号	フリガナ	
	氏名	

受験番号					フリガナ	
					氏名	

設問	解答番号	設問	解答番号	設問	解答番号
1		21		41	
2		22		42	
3		23		43	
4		24		44	
5		25		45	
6		26		46	
7		27		47	
8		28		48	
9		29		49	
10		30		50	
11		31			
12		32			
13		33			
14		34			
15		35			
16		36			
17		37			
18		38			
19		39			
20		40			

[解答用紙マークシートの記入上の注意]

1. 解答用紙は、1枚です。
2. 記入は黒色の鉛筆又はシャープペンシルを使用して下さい。
3. 訂正するときは、消し残りがないように、きれいに消して下さい。
4. 解答用紙は折り曲げたり、汚したりしないでください。
5. 提出するときは、消しくずをきれいにとってください。
6. 解答番号の記入例（＊所定の欄に正しく記入すること）
7. 数字のみ記入。①は1、②は2、③は3、④は4、⑤は5

0	1	2	3	4
5	6	7	8	9

（注）この解答用紙は実物を縮小してあります。Ｂ４用紙に125％拡大コピーすると、ほぼ実物大で使用できます。（タイトルと配点表は含みません）

推定配点		計
	1, 2　各３点×10　3～11　各２点×25　【記述問題】　各２点×10	100点

２０２１年度　　京華商業高等学校

英語解答用紙　No.２

評点	／100

受験番号	フリガナ	
	氏　名	

記述1	
記述2	
記述3	
記述4	
記述5	
記述6	
記述7	
記述8	
記述9	
記述10	

（注）この解答用紙は実物大です。

２０２１年度　京華商業高等学校

数学解答用紙　No.１

評点	／100

受験番号	フリガナ	
	氏　名	

(記述１)	
(記述２)	
(記述３)	
(記述４)	$x =$
(記述５)	度
(記述６)	度

以下余白

(注) この解答用紙は実物を縮小してあります。Ａ４用紙に103%拡大コピーすると、ほぼ実物大で使用できます。(タイトルと配点表は含みません)

２０２１年度　京華商業高等学校

数学解答用紙　No.２

受験番号	フリガナ	
	氏名	

受験番号					フリガナ	
					氏名	

設問	解答番号	設問	解答番号	設問	解答番号
1		21		41	
2		22		42	
3		23		43	
4		24		44	
5		25		45	
6		26		46	
7		27		47	
8		28		48	
9		29		49	
10		30		50	
11		31			
12		32			
13		33			
14		34			
15		35			
16		36			
17		37			
18		38			
19		39			
20		40			

［解答用紙マークシートの記入上の注意］

1. 解答用紙は、1枚です。
2. 記入は黒色の鉛筆又はシャープペンシルを使用して下さい。
3. 訂正するときは、消し残りがないように、きれいに消して下さい。
4. 解答用紙は折り曲げたり、汚したりしないでください。
5. 提出するときは、消しくずをきれいにとってください。
6. 解答番号の記入例（＊所定の欄に正しく記入すること）
7. 数字のみ記入。①は1、②は2、③は3、④は4、⑤は5

0	1	2	3	4
5	6	7	8	9

（注）この解答用紙は実物を縮小してあります。Ｂ４用紙に125％拡大コピーすると、ほぼ実物大で使用できます。（タイトルと配点表は含みません）

推定配点		計
	1～4　各３点×22　　5　各４点×４　　6　各３点×６	100点

二〇二一年度　京華商業高等学校

国語解答用紙　No.1

評点	／100

受験番号	フリガナ	
	氏名	

受験番号					フリガナ	
					氏名	

設問	解答番号	設問	解答番号	設問	解答番号
1		21		41	
2		22		42	
3		23		43	
4		24		44	
5		25		45	
6		26		46	
7		27		47	
8		28		48	
9		29		49	
10		30		50	
11		31			
12		32			
13		33			
14		34			
15		35			
16		36			
17		37			
18		38			
19		39			
20		40			

［解答用紙マークシートの記入上の注意］

1. 解答用紙は、1枚です。
2. 記入は黒色の鉛筆又はシャープペンシルを使用して下さい。
3. 訂正するときは、消し残りがないように、きれいに消して下さい。
4. 解答用紙は折り曲げたり、汚したりしないでください。
5. 提出するときは、消しくずをきれいにとってください。
6. 解答番号の記入例（＊所定の欄に正しく記入すること）
7. 数字のみ記入。

0	1	2	3	4
5	6	7	8	9

（注）この解答用紙は実物を縮小してあります。Ｂ４用紙に125％拡大コピーすると、ほぼ実物大で使用できます。（タイトルと配点表は含みません）

推定配点		計
	一～八　各２点×15 九　16～20　各２点×５　21～30　各４点×10 【記述問題】　各２点×10	100点

二〇二一年度　　京華商業高等学校

国語解答用紙　No. 2

一

31

32

（って）

33

34

（げる）

35

二

36

37

38

39

（い）

40

（す）

（注）この解答用紙は実物を縮小してあります。Ａ４用紙に110％拡大コピーすると、ほぼ実物大で使用できます。（タイトルと配点表は含みません）

２０２０年度　　京華商業高等学校

英語解答用紙　No. 1

受験番号

フリガナ	
氏名	

受験番号				

フリガナ	
氏名	

設問	解答番号
1	
2	
3	
4	
5	
6	
7	
8	
9	
10	
11	
12	
13	
14	
15	
16	
17	
18	
19	
20	

設問	解答番号
21	
22	
23	
24	
25	
26	
27	
28	
29	
30	
31	
32	
33	
34	
35	
36	
37	
38	
39	
40	

設問	解答番号
41	
42	
43	
44	
45	
46	
47	
48	
49	
50	

[解答用紙マークシートの記入上の注意]

1. 解答用紙は、1枚です。
2. 記入は黒色の鉛筆又はシャープペンシルを使用して下さい。
3. 訂正するときは、消し残りがないように、きれいに消して下さい。
4. 解答用紙は折り曲げたり、汚したりしないでください。
5. 提出するときは、消しくずをきれいにとってください。
6. 解答番号の記入例（＊所定の欄に正しく記入すること）
7. 数字のみ記入。①は1、②は2、③は3、④は4、⑤は5

0	1	2	3	4
5	6	7	8	9

（注）この解答用紙は実物を縮小してあります。Ｂ４用紙に125％拡大コピーすると、ほぼ実物大で使用できます。（タイトルと配点表は含みません）

推定配点		計
	1, 2　各３点×10　　3〜12　各２点×25　　【記述問題】　各２点×10	100点

2020年度　　京華商業高等学校

英語解答用紙　No. 2

評点	／100

受験番号	フリガナ	
	氏名	

記述1	
記述2	
記述3	
記述4	
記述5	
記述6	
記述7	
記述8	
記述9	
記述10	

（注）この解答用紙は実物大です。

２０２０年度　　京華商業高等学校

数学解答用紙　No.１

評点	／100

受験番号	フリガナ	
	氏　名	

(記述１)	
(記述２)	
(記述３)	
(記述４)	$b=$
(記述５)	$x=$
(記述６)	$y=$
(記述７)	度
(記述８)	ｃｍ

以下余白

(注) この解答用紙は実物を縮小してあります。Ａ４用紙に103%拡大コピーすると、ほぼ実物大で使用できます。(タイトルと配点表は含みません)

２０２０年度　京華商業高等学校

数学解答用紙　No.２

受験番号	フリガナ	
	氏名	

受験番号					フリガナ	
					氏名	

設問	解答番号	設問	解答番号	設問	解答番号
1		21		41	
2		22		42	
3		23		43	
4		24		44	
5		25		45	
6		26		46	
7		27		47	
8		28		48	
9		29		49	
10		30		50	
11		31			
12		32			
13		33			
14		34			
15		35			
16		36			
17		37			
18		38			
19		39			
20		40			

［解答用紙マークシートの記入上の注意］

1. 解答用紙は、1枚です。
2. 記入は黒色の鉛筆又はシャープペンシルを使用して下さい。
3. 訂正するときは、消し残りがないように、きれいに消して下さい。
4. 解答用紙は折り曲げたり、汚したりしないでください。
5. 提出するときは、消しくずをきれいにとってください。
6. 解答番号の記入例（＊所定の欄に正しく記入すること）
7. 数字のみ記入。①は1、②は2、③は3、④は4、⑤は5

0	1	2	3	4
5	6	7	8	9

（注）この解答用紙は実物を縮小してあります。Ｂ４用紙に125％拡大コピーすると、ほぼ実物大で使用できます。（タイトルと配点表は含みません）

推定配点		計
	1　ｉ）～iii）　各３点×３　iv）～vii）　各４点×４ 2～6　各３点×25〔3 ii）(8)(9)は完答〕	100点

二〇二〇年度　　京華商業高等学校

国語解答用紙　No. 1

評点	／100

受験番号	フリガナ	
	氏名	

受験番号					フリガナ	
					氏名	

設問	解答番号	設問	解答番号	設問	解答番号
1		21		41	
2		22		42	
3		23		43	
4		24		44	
5		25		45	
6		26		46	
7		27		47	
8		28		48	
9		29		49	
10		30		50	
11		31			
12		32			
13		33			
14		34			
15		35			
16		36			
17		37			
18		38			
19		39			
20		40			

［解答用紙マークシートの記入上の注意］

1. 解答用紙は、1枚です。
2. 記入は黒色の鉛筆又はシャープペンシルを使用して下さい。
3. 訂正するときは、消し残りがないように、きれいに消して下さい。
4. 解答用紙は折り曲げたり、汚したりしないでください。
5. 提出するときは、消しくずをきれいにとってください。
6. 解答番号の記入例（＊所定の欄に正しく記入すること）
7. 数字のみ記入。

0	1	2	3	4
5	6	7	8	9

（注）この解答用紙は実物を縮小してあります。Ｂ４用紙に125％拡大コピーすると、ほぼ実物大で使用できます。（タイトルと配点表は含みません）

推定配点		計
	一〜三　各２点×９　　四　各３点×２　　五　２点 六〜九　各３点×18　　【記述問題】　各２点×10	100点

二〇二〇年度　京華商業高等学校

国語解答用紙　No.2

一

31 境内

32 継承

33 錠剤

34 閲覧

35 諭（す）

二

36 マンゾク

37 ガイトウ

38 ユザ（まし）

39 キュウキュウ

40 ココロヨ（い）

（注）この解答用紙は実物を縮小してあります。Ａ４用紙に110％拡大コピーすると、ほぼ実物大で使用できます。（タイトルと配点表は含みません）